東京廣域圖

日本
道
河口湖
17
富士山
19
東京
鎌倉
大阪
鹿兒島

東京23區
埼玉縣
足立區
板橋區
北區
練馬區
葛飾區
池袋
荒川區
豐島區
13
谷根千
16
淺草
晴空塔
9
10
文京區
台東區
中野區
上野
12
墨田區
武藏野市
14
吉祥寺
JR中央線
11
秋葉原
江戶川區
新宿區
三鷹市
杉並區
新宿
1
千代田區
東京車站
8
涉谷區
中央區
江東區
六本木
18
深大寺
原宿
2
7
銀座
調布市
2
6
涉谷
3
港區
千葉縣
JR小田急線
代官山
4
青山
JR山手線
5
中目黑
世田谷區
目黑區
品川區
自由之丘
15
東急東橫線
大田區
神奈川縣
橫濱/川崎

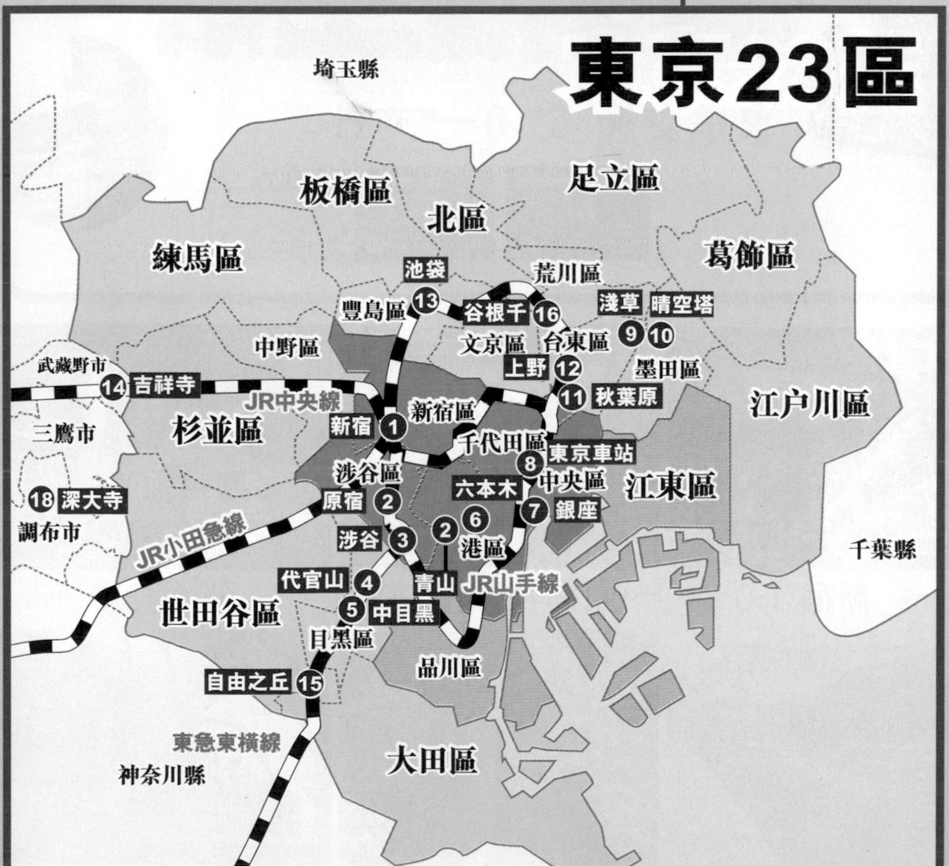

目錄

目錄

東京
Tokyo Metro & Toei Subway
Tokyo Subway
1-Day Ticket
Adult

東京
Tokyo Metro & Toei Subway
Tokyo Subway
2-Day Ticket
Adult

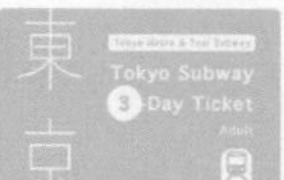
東京
Tokyo Metro & Toei Subway
Tokyo Subway
3-Day Ticket
Adult

歌舞伎町一番街

銀座 7-0

東京車站 8-0

淺草 9-1

晴空塔 10-1

秋葉原 11-0

上野 12-0

池袋 13-1

吉祥寺 14-0

自由之丘 15-1

谷根千 16-1

河口湖 17-1

深大寺 18-0

鎌倉 19-1

東・京・新・事

全球第二座
哈利波特影城

暫定2023年春季開業

交 JR 豐島園駅出站即達

2020年8月，擁有過百年歷史，被譽為日本「第一」的遊樂場豐島園正式結業。不過兩年過後，另一更吸引的「租客」在原址登場。由華納兄弟斥資興建的哈利波特主題影城（Harry Potter Studio），繼倫敦後將於2023年春季在豐島開幕。根據主辦方釋出的資料，影城佔地30,000呎，重現《哈利波特》及《怪獸與牠們的產地》的經典電影場景，包括霍格華茲城堡、斜角巷及古靈閣等。連影城附近的豐島園駅，也會化身為倫敦國王十字車站，再現九又四分之三月台，讓一眾粉絲未入樂園已感到魔法的氛圍。

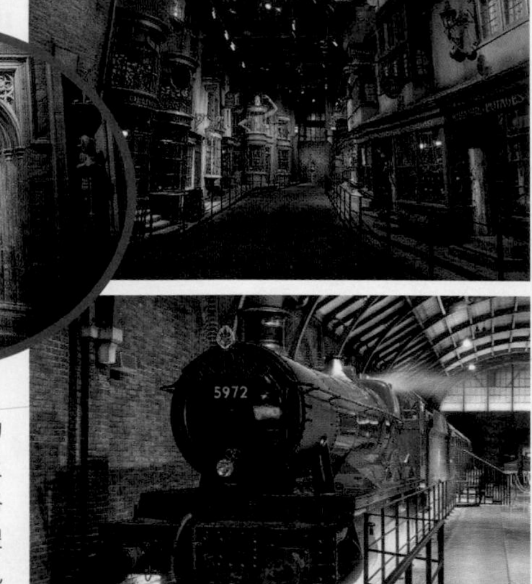

開幕日期： 2023 年春季
資料來源： https://www.wbstudiotour.jp/

原宿新地標
WITH 原宿

2020年6月開業

交 JR 原宿駅出站即達

WITH原宿位於原宿駅旁，面向老牌商店街竹下通。當中最矚目的，一定是UNIQLO旗下品牌UT的首間旗艦店。WITH原宿的UT分佔兩層，1樓的「UT FLOOR」，銷售品牌與國際級大師如村上隆的cross-over T恤作品。至於B1的style Hint，顧客只要在大平板螢幕牆其中一部平板點選心水T恤，旁邊的平板即會展示不同的配搭，非常貼心。除了UT，喜愛戶外活動的朋友，也不可錯過源自原宿的戶外用品專門店OSHMAN'S，搜羅一些既型仔又實用的運動衣飾。

OSHMAN'S戶外用品專門。

地址： 涉谷區神宮前 1-14-30 **營業時間：** 7:30am-11:30pm
網頁： https://withharajuku.jp/

文青據點
藍瓶咖啡立北谷公園店

2021年4月開業

交 JR 涉谷站ハチ公口步行 10 分鐘

來自美國的藍瓶咖啡（Blue Bottle Coffee），自2014年在東京清澄白河開設日本第一間分店後，迅即成為日本文青熱蒲的咖啡店。比起同鄉Strabucks，藍瓶咖啡通常選址較冷門的地點，而簡約的白底藍瓶商標及室內設計，更為它帶來咖啡界「Apple」的美譽。最新的藍瓶咖啡涉谷店選在相對清幽的立北谷公園，兩層的店舖以大量的棕色磁磚，完美地融入公園中。店內除了有經典的手沖咖啡，更提供全天候的早午餐，甚至葡萄酒及啤酒，餐單非常多元化，可算是涉谷鬧市中的綠洲。

地址： 涉谷區神南 1-7-3 立北谷公園內　**營業時間：** 8:00 am -10:00pm
資料來源： https://store.bluebottlecoffee.jp/pagos/shibuya

貓狗大混戰
新宿3D貓與涉谷3D秋田犬

2022年7月開始

交 JR 涉谷站ハチ公口步行 10 分鐘

2021年7月，新宿駅附近的Cross 新宿（クロス新宿）大樓，掛上了一幅巨型電視屏幕，並採用裸視3D技術及4K高畫質，播放栩栩如生的巨貓視頻，成為矚目焦點。一年後，涉谷亦不甘後人，更在車站附近一口氣設置8面3D巨型屏幕，展示涉谷標誌超可愛的秋田犬，風頭完勝新宿的貓貓。

雖然由獨領風騷變為以一敵八，新宿東口の猫仍然廣受歡迎。

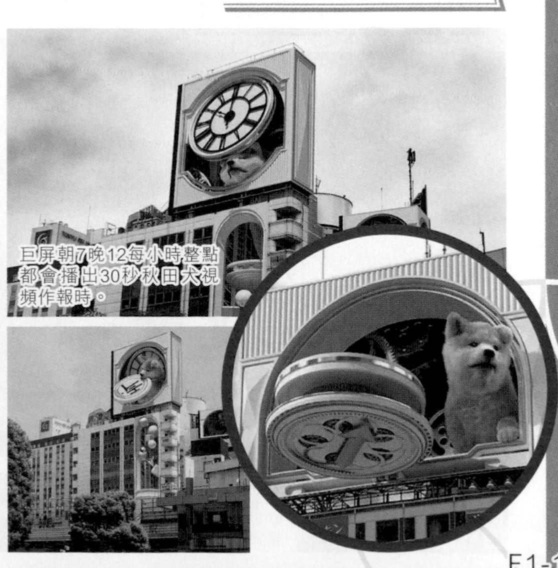

巨屏朝7晚12每小時整點都會播出30秒秋田犬視頻作報時。

地址： 新宿駅及涉谷駅附近

傳統變時興

UNIQLO 淺草店與淺草橫町

交 東京 Metro 淺草駅步行 8 分

2021年5月開業

日本人最叻活化傳統，成為受歡迎商品，最新的傑作可以在淺草搵到。2021年5月，UNIQLO淺草店正式開幕。位處東京超人氣淺草寺附近，該店特別聯乘當地著名商戶，客人可以挑選喜愛的商標，加上常見標語，即場印製「淺草限定」、獨一無二的T恤。

至於同座的4樓，亦於2021年7月開設了「淺草橫町」。該處是以日本傳統節慶為主題的美食廣場，既有打卡位又有不同的美食，周末更有傳統舞蹈表演。以後往淺草除了到淺草寺參神或仲見世通掃街，還有許多好去處。

門口的巨型燈籠長闊高有1.8米，由著名手繪提燈匠人製作。

地址： 台東區淺草 2-6-7 1-2F（UNIQLO）、4F（淺草橫町）
時間： （UNIQLO）10:00am-8:00pm、（淺草橫町）12:00nn-11:00pm
網頁： （UNIQLO）https://www.uniqlo.com/jp/ja/contents/live-station-store/1708/
（淺草橫町）https://asakusayokocho.com/

Live to Trip

東京水岸街道 TOKYO MIZUMACHI

2020年4月開幕

交 東京 Metro 淺草駅出站行經「隅田河岸步道」至對岸即達

疫後淺草率先大變身，除了前面提及的UNIQLO淺草店與淺草橫町外，由淺草站至晴空塔站之間的一段北十間川堤岸，開設了一條約500米的河岸步道，名為「TOKYO MIZUMACHI」，共設有13間富有特色的食肆與商店，以「Live to Trip」為概念設計，成為東京市內又一受歡迎的親水步行街。

無論日與夜，堤岸景色同樣醉人，更把淺草與晴空塔完美地接通。

KONCENT精選生活雜貨，兼顧美觀與實用。

LAND_A是步道最受歡迎的餐廳，從由早餐到晚餐都有提供。

地址： 墨田區向島 1-2
營業時間： 7:00am-9:00pm，不同店舖有不同營業時間
資料來源： https://www.tokyo-mizumachi.jp/

東京光影藝術水族館
UWS AQUARIUM GA☆KYO

交 百合海鷗號台場駅步行 5 分鐘即達

2022年7月開幕

持續三年的疫情，令東京台場變為重災區，人氣景點Palette Town及team-Lab美術館都相繼結業，連獨角獸高達都要進行維修。幸而有危就有機，全新矚目景點，位於台場大型商場AQUA CiTY裡的「UWS AQUARIUM GA☆KYO」，已於2022年7月隆重開幕。UWS與其他水族館的分別，在於它融合日本傳統文化及光影美學。全館分為「侘寂」、「花魁」、「萬花鏡」、「遊樂」及「龍宮」五大區段，全部經過悉心設計，把海洋生物融入和式盆景、藝伎、甚至是神話的氛圍中，讓參觀者經歷一段如夢似幻的旅程。

地址： 港區台場 1-7-1 （AQUA CiTY 3 樓）
時間： 11:00am-8:00pm；星期六、日及公眾假期至 9:00pm
費用： 成人 ￥1,200、小學生 ￥600
資料來源： https://uws-gakyo.com/

化身迷你國居民
SMALL WORLDS TOKYO

2020年6月開幕

交 百合海鷗號有明テニスの森駅（有明網球森林公園）出站步行 5 分鐘

位於台場的SMALL WORLDS TOKYO，在2020年6月開幕。這個微縮模型主題樂園分為六大區域。包括以火箭發射場為主題的「宇宙中心」、重現歐亞五國的「世界之街」、「美少女戰士」專區、「關西機場」及「EVA新世紀福音戰士」專區。這裡與Legoland微縮世界最大的分別，是夾雜現實與幻想。訪客甚至可以作真人掃瞄，為自己製作1/80的真人公仔，放在迷你國中生活。

把自己縮小成為迷你國居民，感覺非常科幻。

地址： 江東區有明 1 丁目 3-33 有明物流センター
電話： 03-3529-5161
營業時間： 10:00am-8:00pm
費用： 成人 ￥2,700，中學生 ￥1,900，小學生 ￥1,500
網頁： https://www.smallworlds.jp/

角川集團的夢幻基地
角川武藏野博物館

2022年開幕

交 JR 武藏野線「東所沢」步行約 10 分鐘

角川集團（KADOKAWA）是日本著名的出版集團，香港人熟悉的《新世紀福音戰士》、《青蛙軍曹》及《南宮春日的憂鬱》都是旗下受歡迎的作品。角川武藏野博物館是角川集團與埼玉縣所澤市共同策劃之複合式文化場所，集圖書館、美術館與博物館於一身，由日本建築大師隈研吾所設計。博物館以2萬片、每片約50至70公斤的花崗岩所組成，外型似一座堡壘，不同的日照更會顯展不同形態。館內有一座「木棚劇場」，巨型書架高8公尺，足兩層樓高，感覺非常震撼。館內不時會舉辦圍繞動漫文化為主題的展覽，動漫迷不可錯過。

地址： 埼玉縣所沢市東所沢和田 3-31-3　**營業時間：** 10:00am-6:00pm，星期五、六至 9:00pm
費用： 成人 ¥1,200、中學生 ¥1,000、小學生 ¥800　**資料來源：** https://kadcul.com/

2021年5月開幕

復古大翻身
西武園遊樂園

交 西武山口線「西武園遊樂園」出站即達

「西武園遊樂園」位於埼玉縣所澤市，由東京乘火車約一小時車程。樂園創立於1950年（昭和25年），經歷七十多年的歲月，在2021年5月再次華麗轉身，加入大量古早懷舊元素，包括斥資興建「夕日之丘商店街」，重現1960年代昭和時代的街景；又可以在動感影院欣賞全新的《哥斯拉》，讓觀眾再次感受陪伴他們成長的大怪獸全新的震撼。而樂園另一亮點，一定是日本漫畫之神手塚治虫的主題樂園「Let＇s Go！LEO LAND」。在園中，遊客可重遇《小飛俠阿童木》、《小白獅》及《藍寶石皇子》等經典漫畫角色，回憶全部返晒來！

地址： 埼玉縣所澤市山口 2964　**營業時間：** 10:00am-5:00pm，星期六、日至 8:00pm
費用： 成人 ¥4,400、兒童 ¥3,300　**資料來源：** https://www.seibu-leisure.co.jp/

DAISO
Standard
三合一旗艦店
大創DAISO銀座店

交：東京 Metro 銀座一丁目駅出站步行 2 分鐘

遊日本血拼是一大樂趣，如果買到又平又靚的手信，慳錢事小，勁有面子才是最最重要。以下超強CP值的店舖，不妨加入閣下遊日的rundown之中。

東京平價好物大搜查

剛於2022年4月開幕，位於銀座的大創DAISO旗艦店，是品牌迎接50周年的「大搞作」。除了大家熟悉的DAISO百圓商品，新店更聯乘兩大姊妹品牌—「Standard Products by DAISO」和「THREEPPY」，實行以平價好物攻佔高貴的銀座區。其中的Standard Products，專攻較成熟的顧客，產品訂價比DAISO略高，價錢約￥500-1,000，不過質素更講究，亦重視環保，近似無印良品的路線。

至於THREEPPY，除了實用性外，亦比較講求設計，例如在2021年推出的愛麗絲夢遊仙境系列雜貨，商品以￥300起錶，瞬間已征服了萬千少女。

而老大DAISO，銀座店特別設置了「駄菓子屋」，大賣古早味日本零食及玩具，更訂價￥100四件，價錢絕對是天下無敵。

Standard Products貨品較講究質素及產地，價錢亦較高。

DAISO銀座店的「駄菓子屋」。

THREEPPY產品少女味較濃。

地址： 中央區銀座 3-2-1「Marronnier Gate Ginza 2」6F
營業時間： 11:00am-9:00pm
資料來源： https://www.daiso-sangyo.co.jp/

三個銅板的吸引力
3Coins 原宿本店

交：東京 METRO 明治神宮前駅步行 5 分鐘

所謂3Coins即是三個銅板，亦即是300日圓，也是這間生活雜貨店大部分貨品的訂價。3Coins創立於1994年，原宿的旗艦店於2021年11月開幕，佔地415平方米。除了3Coins招牌的價廉物美家用品，店內更聯乘人氣甜點店「fufufu IZUMO」，銷售好睇又好食的水果三文治。另外，原宿本店特設刻字服務，客人可把心水的句子或名字印上貨品之用，如Tote Bag、圍裙甚至耳機，只額外收費￥300。

「3COINS+plus」系列取價￥1,000至2,000，這套便是近期熱銷的CACAOCAT系列。

fufufu IZUMO的水果三文治專櫃。

原宿本店不但寬敞好行，更加入不少綠色概念。

「GOOD MOOD FOOD」是3Coins自家品牌，邀請插畫師把懷舊食品重新包裝。

地址： 神宮前 6-12-22 秋田ビル 1F
營業時間： 11:00am-8:00pm
資料來源： https://www.3coins.jp/harajuku/

MUJI 首間500円店
無印良品500 atre 三鷹

交：JR 三鷹駅北口步行 3 分鐘即達

當一眾平價家品店開始攻入中價檔次的市場，中檔家品店老大哥無印良品反行其道，於2022年9月，在吉祥寺附近的三鷹開設首間500円店。比起新宿的旗艦店，這裡店面偏細，貨品種類也不算多，不過只要打著無印旗號，必定會吸引一群忠實粉絲。另外，無印在新宿的新店，亦設有特賣場，以特價銷售有輕微瑕疵的產品，是一眾無印迷尋找心頭好的掃貨點。

無印良品500 atre三鷹。

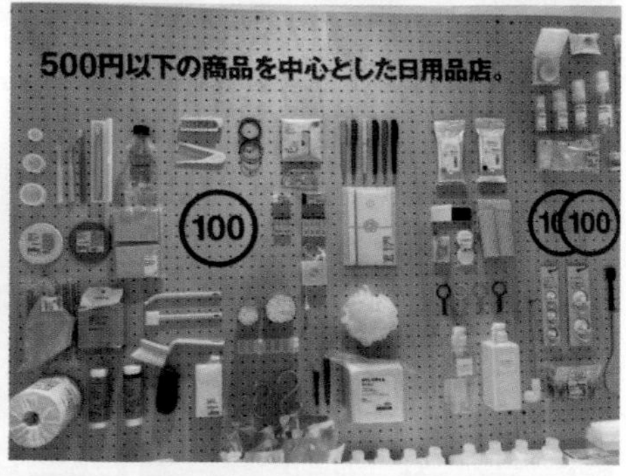

500円以下の商品を中心とした日用品店。
100
100

MUJI新宿。

地址： 三鷹市下連雀 3 丁目 46-1 三鷹駅構內 4
營業時間： 10:00am-9:00pm
資料來源： https://www.muji.com/

Can★Do

日本三大百元商店之一，成立於1993年，以「每日的新發現」為口號，在日本全國有900間以上的分店。Can★Do店舖的空間比較寬敞，自行開發以動物形象的系列商品有柴犬、水獺等，都非常受歡迎。

Can★Do在吉祥寺的旗艦店，佔地三層。

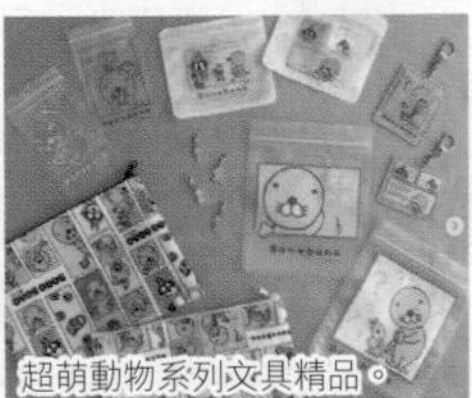
超萌動物系列文具精品。

吉祥寺旗艦店
地址： 武藏野市吉祥寺本町 1-8-6 太田ビル
網站： http://www.cando-web.co.jp/

Seria

創立於1985年，僅次於Daiso排行百元店第二位，全日本有超過1,300間分店。公司以「為每天著色」為口號，商品色顏豐富，其中小花及水果系列繽紛餐具，為生活添上元氣，非常受客戶歡迎。

Seria銀座店

聯乘其他品牌的出品。

色彩繽紛的餐具。

銀座店
地址： 中央區銀座 5-7-10 Exitmelsa 5F
網站： https://www.seria-group.com/

平價好物大比拼

Lawson Store100

日本便利店老大哥Lawson，也在2000年加入百元商店戰場，成為唯一24小時營業的百元家品店。Lawson Store100與其他百元店最大的分別在於主攻食物，由杯麵、便當、飯團或零食，大部分皆均一價￥100，比幫襯一般便利店更經濟實惠。

大部分食品訂價￥100。
便當售價￥400，但非常足料。

網站： https://store100.lawson.co.jp/

Natural Kitchen

Natural Kitchen於2001年在大阪創立，店內的商品價格範圍由￥100-1,000，如果喜愛歐式風格餐具、碗碟及佈置的朋友，這裡絕對是一個寶庫。Natural Kitchen暫時在東京市內有8間分店，最方便是新宿店位於Mylord商場6樓，除了餐廚商品更有其他手工藝飾品發售。

Natural Kitchen 新宿店
地址： 新宿 1-1-3 小田急新宿ミロード 6F
網站： https://www.natural-kitchen.jp/

東京10大人氣拉麵

店內有自助售票機，買票後直接交店員即可享用美食。

食完想返尋味，可以選購即食麵回家。

最強沾麵
つけ麵道

交 JR 龜有駅步行 5 分鐘

地址： 東京都葛飾區亀有 5-28-17
電話： 03-3605-8578
時間： 11:30am-6:00pm，星期一至二休息

沾麵不似湯麵，不會吃到「雪雪削削」。雖然沒有高湯，不過沾醬也是店家精心炮製，與麵條完美配搭。店內套餐只有三種款式，包括素沾麵(素つけ麵)、沾麵及特製沾麵套餐，後兩款的配菜有叉燒、糖心蛋及雞肉丸子等，非常簡單樸實，為的就是想你全心全意欣賞他們與別不同的麵條。

屢獲殊榮
麵屋一燈

交 JR 新小岩駅步行 5 分鐘

要選香港人較認識的日本拉麵名店，一定包括一蘭和一燈。到一燈必試他的濃厚魚介沾麵和湯麵。所謂濃厚魚介就是一燈秘製的特濃湯底，以雞湯及5種海鮮熬製而成。配料方面有豚肉及雞肉叉燒，都比其他拉麵店的更嫩滑，據說是以真空低溫烹調，可算獨一無二。

濃厚魚介沾麵

濃厚魚介拉麵

日清出品的一燈即食麵。

地址： 東京都葛飾區東新小岩 1 丁目 4-17
電話： 03-3697-9787
時間： 11:00am-3:00pm，6:00pm-9:00pm，星期三及日休息
網頁： www.menya-itto.com

隱世拉麵店
支那そば 八雲

交 東急田園都市線池尻大橋駅東口步行 8 分鐘

八雲其實是一間只有11個座位，名副其實的小店。八雲拉麵的湯底以海帶、鰹魚、鯖魚、鳳尾魚等10種海鮮熬製，招牌的餛飩麵極似廣東的雲吞，都是以鮮蝦和豬肉作餡料，加上叉燒肉邊帶紅，也像香港的叉燒，所以吃時非常有親切感。

地址： 東京都目黒區東山 3-6-15 エビヤビル 1F
電話： 03-6303-3663
時間： 11:30am-3:30pm，5:00pm-9:00pm， 星期二休息

孤高的叉燒
饗 くろ喜

交 JR 秋葉原駅步行 10 分鐘

秋葉原除了有女僕咖啡，也有出色的拉麵店。饗位於秋葉原駅附近，最方便在秋葉原掃完貨的宅男宅女休息充電。食店最有名是鹽味拉麵，除了湯頭香濃，麵條軟硬適中外，對叉燒的製作也一絲不苟，甚至以「孤高的叉燒」自稱(代表製作嚴謹？)。叉燒以豬肉及雞肉製成，而附送的雞肉卷更捲著酸黃瓜和特製醬料，味道非常特別，難怪獲得廣大食客支持，門外人龍不絕。

地址：千代田區神田和泉町 2-15 四連ビル 3 號館 1F
電話：03-3863-7117
時間：11:00am-3:00pm，6:00pm-8:00pm，
星期三 11:00am-3:00pm，星期日休息

拉麵神話
一蘭拉麵

交 JR 涉谷駅步行 3 分鐘

來自九州的一蘭，肯定是香港人最熟悉的拉麵名牌。食肆創立於1962年，分店遍佈全日本，近年延伸至香港及台灣插旗。一蘭號稱是「世界第一豚骨拉麵研究社」，一碗拉麵據説是40多位專家的成果。除了濃郁的豚骨高湯和特製生麵，一蘭引以為傲的還有元祖「秘製醬汁」，以唐辛子為基礎混合三十多種材料調成，令湯麵的味道提升至極致。而一蘭店內一格一格的座位，更為單身人客而設，而且是24小時營業，服務非常貼心。

地址：涉谷區神南 1-22-7 岩本ビル B1F
電話：03-3463-3667　時間：10:00am- 翌日 6:00am
網頁：www.ichiran.co.jp

摘星拉麵店
Soba Noodles 蔦

交 東京 Metro 千代田線代代木上原駅步行 5 分鐘

Soba Noodles蔦曾勇摘日版《米芝蓮》的一星，是日式拉麵店從未得過的殊榮。不過最特別是蔦既不是老店，老闆兼主廚也是在2012年才半途出家。但憑著老闆大西祐貴的專業精神，不斷探索新口味，終於獲公眾認同。麵店皇牌是黑松露醬油及白松露鹽味拉麵，湯底以走地雞及花蛤等海產熬製而成，麵條用4種全麥麵粉以手工製作，加上來自意大利的松露、和歌山杉木桶熟成兩年的醬油，令出品色香味俱全，堪稱極品之作。

地址：涉谷區西原 3 丁目 2-4 代々木上原 B1 フロンティア
電話：03-3943-1007
時間：11:00am-3:00pm，星期三休息
網頁：https://www.facebook.com/jsn.tsuta/

米芝蓮推薦
金色不如帰

交 JR 京王線幡ケ谷駅北口 6 號通り商店街步行 3 分鐘

金色不如帰雖然不似Soba Noodles蔦般摘星，但也曾打入米芝蓮推薦名單，實力毋庸置疑。食肆最受歡迎的是醬油拉麵和鹽味拉麵，其湯底是以豬骨、魚介及蛤貝熬煮而成，口感清新。麵條採用三河屋的出品，再加入全麥粉倍添香氣。上桌前，撒上法國產的牛肝菌菇碎及松露香油，為拉麵錦上添花，讓人一試難忘。

地址： 新宿區新宿 2- 4 -1 第 22 宮庭マンシヨン 1 階 105 号室
電話： 03-5315-4733
時間： 11:00am-1:00pm，星期六日休息
網頁： www.facebook.com/Konjikihototogisu

紫菜卡片
無敵家

位於池袋的無敵家，也是東京數一數二的人龍食肆。除了出品有水準，店內只有十多個座位也是原因之一。店內最有人氣的拉麵分別有特丸、肉玉及豚麵三款，所有麵條都是由北海道直送，最特別是附送的紫菜都印有無敵家日英中文logo，hard sell得來又特別。無敵家另一特別之處是加麵不加錢，最多可由原本的250g添到420g，啱晒大胃王幫襯。如此大方，就算人龍再長也值得支持。

交 JR 池袋駅東口步行 3 分鐘

地址： 東京都豐島區南池袋 1-17-1
電話： 03-3982-7656
時間： 10:30am-11:45pm
網頁： www.mutekiya.com

大玩懷舊
麵屋武藏

交 JR 新宿駅西口步行 5 分鐘

拉麵配料除了叉燒，更可選較少見的生蠔。

雖然麵屋武藏在香港及台灣已有多間分店，但仍然非常值得到新宿的本店「朝聖」一番。麵屋武藏成立於1996年，以劍聖宮本武藏為偶像，所以麵店內亦大玩懷舊，貼滿劍聖的電影海報。除了這些綽頭，店家實力亦非凡，曾在「電視冠軍」節目中，打敗全日本十萬家拉麵店奪冠。麵屋最著名的當然是武藏拉麵，與其他拉麵店最大的分別是店家採用東坡肉而不是一片片的叉燒，啖啖肉最啱食肉獸！

地址： 東京都新宿區西新宿 7-2-6
電話： 03-3363-4634
時間： 11:00am-10:30pm
網頁： http://menya634.co.jp

屋台風味
青葉

交 JR 中野駅步行 10 分鐘

日本的屋台近似香港的大排檔，雖然較簡陋卻很有風味。話說青葉拉麵就是以屋台起家，雖然今天分店已分佈全國，但中野的本店仍保留著屋台的風格。食物方面青葉最馳名的是中華拉麵，其湯頭融合雞、豬和魚熬製，麵條比一般拉麵店都較粗和彈牙。除了湯麵，青葉的沾麵也很受歡迎，難怪也曾在「電視冠軍」節目中獲得殊榮。

地址： 東京都中野區中野 5-58-1
電話： 03-3388-5552
時間： 10:30am-9:00pm
網頁： www.nakano-aoba.jp

同場加映
新橫濱拉麵博物館

交 JR 山手線涉谷駅乘東急東橫線至菊名駅，再轉 JR 橫濱線至新橫濱駅，出站即達

如果自問是拉麵迷，一定要走遠少少到新橫濱的拉麵博物館「朝拜」。這裡除了介紹日本拉麵的歷史，也是一個合府統請的飲食娛樂園。博物館雲集9間特色的拉麵店，設在一條重現1958年老日本風貌的街道中等待來賓品嚐。除了開餐，來賓也可在「我的拉麵」體驗區自家製獨一無二的拉麵、電動玩具賽車場IRIS操縱玩具賽車風馳電制、在「夕陽商店」選購懷舊零食，保證一家大細都玩得開心。

地址： 橫濱市港北區新橫濱 2-14-21
電話： 045-471-0503 **時間：** 11:00am-9:00pm
費用： 成人¥380，小童¥100 **網頁：** www.raumen.co.jp/hantai

IRIS賽車場

售賣懷舊零食的「夕陽商店」。

食肆推介

龍上海本店

特點在於使用以豬骨、雞骨和魚貝製成的濃厚湯頭，和32層彎折而成的極粗麵條。

利尻らーめん味楽

湯頭大量使用日本三大海帶之一的利尻海帶，曾入選米芝蓮北海道2012年特別版和2017年特別版必比登推介。

東京手信掃貨熱點

遊日本掃手信是重要活動之一，對於購物狂而言，任何藥房甚至便利店都是掃貨的目標。不過要打卡show-off收穫兼呃Like，以下幾個「戰場」或許能發掘與別不同的戰利品。

1. 東京車站 東京一番街

東京一番街是東京車站八重洲出口附近的商店區，街內有著名的Tokyo Character Street、甜品零食集中地Okashi Land及拉麵街，由美食、動漫Figure到手信雜貨通通有齊，是掃貨不二之選。

地址： JR 東京駅八重洲口出　**電話：**03-3210-0077
時間： 10:00am-8:00pm　**網頁：**https://www.tokyoeki-1bangai.

【Tokyo Character Street精選】：

Jump Shop 位置：B1/No.06

《我的英雄學院》萬用袋

《鬼滅の刃》禰豆子T恤

Jackie's Dream 位置：B1/No.09

毛絨購物袋（東京駅別著版）

Jackie Railway（東京駅別著版）

Snoopy Town 位置：B1/No.10

「北陸新幹線E7系列」紀念杯（東京駅別著版）

新幹線生日車票（東京駅別著版）

蠟筆小新專門店 位置：B1/No.04

蠟筆小新收納箱（東京駅別著版）

蠟筆小新鑰匙扣（東京駅別著版）

Ultraman World M78 位置：B1/No.23

超人手辦磁鐵

【諸国ご当地プラザ精選】：

位置：B1/No.35

「諸国ご当地プラザ」匯聚全日本各地糖果小吃，一次過試盡全國47個道都府縣的傳統滋味。

かりんころん(七福神禮盒)，淺草的果子名店，以日本名勝作包裝，內藏傳統的五色豆子，屢獲設計獎項，絕對是最佳手信。

桔梗屋信玄餅，來自山梨縣的老字號布丁。

こっこ，￥216(2個入)，静岡傳統蒸蛋糕名店，外觀可愛味道清新。

2. 晴空塔

東京晴空街道（TOKYO Solamachi）

晴空塔是東京必遊景點，縱使不打算購票登頂層鳥瞰東京全貌，位於1-4樓的東京晴空街道（TOKYO Solamachi），匯聚三百多間商店，有齊美食廣場、生活雜貨及零食手信。當中4樓更集中展示日本傳統文化的紀念品店舖，掃貨完全冇煩惱！

商場內亦有日本各縣市的地道手信。

Hello Kitty Japan中有許多以傳統風設計「晴空塔限定」的飾物。

傳統工藝商品也有許多選擇。

地址： 東京都墨田區押上 1-1-2 晴空塔 1-4F
時間： 10:00am-9:00pm，不同商戶營業時間有分別
網頁： http://www.tokyo-solamachi.jp/

2. 新宿

NeWoMan：Butter Butler

BAKE是東京近年最具人氣的餅乾蛋糕品牌，繼東京車站和晴空塔開設大排長龍的Press Butter Sand後，再於NeWoMan開設Butter Butler，集合品牌多款美食包括曲奇、泡芙、蘋果派、銅鑼燒及芝司撻等，陣容簡直是無與倫比。

【必買精選】：

Butter Galette，￥972(9個入)，法國傳統糖果，BAKE2018年最新力作。

Butter Financier，￥1,620(8個入)，以瑞士的發酵牛油及法國Gelland鹽炮製的金磚蛋糕，榮獲2017年「JR東日本手信Grand Prix」綜合大獎。

地址： JR 新宿駅 NEWoMan 2F
時間： 8:00am-10:00pm
網頁： https://butterbutler.jp/

3. 銀座

資生堂Parlour銀座本店

資生堂SHISEIDO是日本著名化妝品品牌，不過坐落於銀座的Parlour本店卻與化妝美容無關，整幢樓高11層的大廈都是食肆及會所，而地下是手信店，有不同款式的精緻法式糕點銷售。

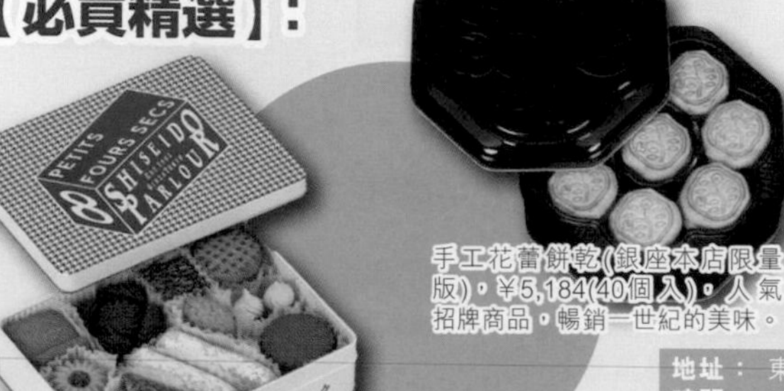

手工花蕾餅乾(銀座本店限量版)，¥5,184(40個入)，人氣招牌商品，暢銷一世紀的美味。

法式曲奇(銀座本店限量版)，¥3,780，傳統手工曲奇，充滿鄉村風味。

地址：東京都中央區銀座 8-8-3 東京銀座資生堂ビル
時間：11:30am-9:30pm，周一休息
網頁：https://parlour.shiseido.co.jp/
交通：JR「新橋站」銀座口步行 5 分鐘

4. 成田機場

TAX FREE AKIHABARA

去到機場準備回程，其實仍有掃貨的機會，甚至一些限量版手信只有機場才有，所以回程記得預早一兩小時到機場繼續血拼。TAX FREE AKIHABARA在成田機場有多間分店，不過以第二航廈3樓5番街的舖面最大，亦有最多手信選擇。

【必買精選】：

銀座草莓蛋糕，¥1,080(8個入)，蓬鬆的海綿蛋糕包著奶油和草莓醬，酸甜味perfect match。

Tokyo Banana Racco咖啡牛奶味，¥1,188(8個入)，外面是印有可愛水獺的軟綿綿蛋糕，裡面是香甜的咖啡味奶油，令人不禁心動。

ひよ子小雞饅頭，¥1,620(10個入)，百年老店出品，外形趣緻，入口香滑。

天滿屋年輪蛋糕，¥1,296(10個入)，百年老字號人氣出品。

地址：成田機場第二航廈 3 樓

東京迪士尼樂園

JR 京葉線舞浜駅南口步行約 5 分鐘即達迪士尼樂園正門 / 從新宿新南口乘迪士尼高速巴士前往，車程約需 40 分鐘，前往迪士尼海洋，需轉乘迪士尼專屬輕軌到海洋站

東京迪士尼樂園第一個海外的迪士尼樂園，同時是亞洲第一個迪士尼主題公園。樂園主要分為「東京迪士尼樂園」與「東京迪士尼海洋」。兩個樂園內都分成7大景區，因為園區佔地廣、玩遊戲及欣賞節目都要排大隊，所以要玩晒兩大樂園，起碼要兩天的時間。

迪士尼輕軌火車連接舞浜　、「東京迪士尼樂園」與「東京迪士尼海洋」，收費￥260（全日任坐），可以「SUGOCA」等交通 IC 卡搭乘。

INFO

東京都千葉縣浦安市舞濱 1-1 | 通常為 8:00am-10:00pm，有時於 9:00am 或 8:30am 開園，由於時間不定，因此建議出發前先到官網查閱 | www.tokyodisneyresort.jp/tc

資料來源： https://www.tokyodisneyresort.jp/

門票

※ 截稿前，兩天及其他日數的護照皆已停售

※※ 樂園平日、星期六、星期日及假日票價皆有不同

Passport	內容	成人（18歲以上）	學生（12-17歲）	兒童（4-11歲）
一日護照	可指定入園日期、園區，且可由開園起暢遊園區1天	￥8,400-9,400	￥7,000-7,800	￥5,000-5,600
指定入園時間護照	可選擇 1 座園區由10:30 起暢遊	￥7,900-8,900	￥6,600-7,400	￥4,700-5,300
午後護照	可選擇 1 座園區由星期六、星期日、日本國定假日的15:00起入園	￥6,800-7,400	￥5,600-6,200	￥4,000-4,400
平日傍晚護照	可由平日（日本國定假日除外）17:00起入園	￥4,800-5,400	￥4,800-5,400	￥4,800-5,400

購票程序：

於東京迪士尼網站直接購票，再把門票印於A4的白紙上，入園時讓入閘機掃瞄門票上的QR code即成。除了東京迪士尼網站，也可往其他代理如Klook或KKday訂票，但價錢相差不遠，主要視乎網站有沒有優惠。

樂園開放時間、煙花、巡遊及節目時間查詢

顯示該天的節目內容、時間及表演地點，方便規劃行程。

www.tokyodisneyresort.jp/tc/tdl/daily/calendar.html

入場人次及天氣預測

http://www15.plala.or.jp/gcap/disney/

該網頁會展示未來數月樂園訂票人數，以8級及不同顏色顯示該天人數的多寡，暫停運作的設施，又會預測當天的天氣及溫度，是訂票前必看的參考。

東京迪士尼樂園七大園區

世界市集 / World Bazaar

這裡有二十多間店，分別售賣迪士尼不同的產品，首飾、文具、服裝或者藝術擺設都有，可以在放煙花後把握最後半小時在此瘋狂掃貨。

迪士尼樂園七大園區分布

【遊園超實用工具】東京迪士尼度假區官方App

此APP方便遊客了解園內各項設施的位置及狀態，更重要是附預約功能，大大減輕排隊之苦！主要的三大功能如下：

迪士尼尊享卡（Disney Premier Access）：

以前遊園唔想排隊，可以抽FASTPASS，不過園方已把此服務下架，換上Disney Premier Access（DPA），即是付費版FASTPASS，並只可以在此App使用。每項遊樂設施DPA一次收費¥2,000，而且用完一張才可再購另一張。

迪士尼尊享卡

預約等候卡（Standby Pass）：

可免費預約遊樂設施、商店、或與迪士尼明星影相等。

園內部分遊樂設施甚至商店，都要預約才可進場。

優先入席（Entry Request）：

旅客可於一個月前，憑此APP預約迪士尼樂園或迪士尼海洋內之餐飲設施，省卻等位時間。

卡通城 / Toontown

有齊米奇、美妮和唐老鴨的家，除了可以入內參觀外，還有機會和他們合照呢！

探險樂園 / Adventureland

探險樂園中有魯賓遜家族大樹屋、Jungle Cruise、史迪奇呈獻等，以原始熱帶叢林為主題，還有西部沿河鐵路。

明日樂園 / Tomorrowland

明日樂園以未來世界為主題，要看Star Wars、史迪仔、巴斯光年和怪獸公司便要來這裡，幾個遊戲都大排長龍，還有長期人氣高企的太空山。

西部樂園 / Westernland

這部分有點像縮小版的Disney Sea，以巨山和河流作主題，比較多巨型遊戲，大家更可以乘坐模仿郵輪的豪華馬克吐溫號。

動物天地 / Critter Country

雖然叫作動物天地，但其實動物不算很多，以迪士尼電影《南部之歌》的森林作為主題。這裡的遊戲只有兩個，以飛濺山較為刺激，可以一玩。

夢幻樂園 / Fantasyland

在此可以找到童話故事裡的場景，有白雪公主、小飛俠、愛麗絲夢遊仙境、小木偶等，還有卡通人物不時跑出來與大家合照。

必玩大熱遊戲設施+表演

1. 美女與野獸園區

2020年全新園區，重現電影經典浪漫場面，遊客乘坐魔法茶杯，欣賞餐桌魔法團的特色表演，情侶必遊。

2. 小飛俠天空之旅

搭上飛天海盜船，由星空下的倫敦一路航向夢幻島，展開一段緊張刺激的冒險！

3. 怪獸電力公司

遊客搭上巡遊車、亮起手電筒，尋找躲在怪獸城市的各個角落千奇百怪的怪獸。

4. 日間巡遊「奇想飛騰」

每天定時的戶外表演，巡遊時間在下午1-2時，每程約40分鐘。若遇上萬聖節、聖誕節等日子，可能會有多一場特別巡遊。

5. 夜間巡遊「夢之光」

夜間巡遊全程約45分鐘，每晚6:15或7:30在園內和大家見面，時間會因應季節更改。

6. 炫彩夜空

每晚8:30或8:40，隨著歡欣雀躍的迪士尼樂曲響起，一朵朵繽紛閃耀的煙火將劃破夜空。煙火表演全長5分鐘，雨天會照常演出。

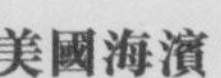

迪士尼海洋

海洋七大園區

美國海濱

迪士尼海洋以海洋為主題，當然少不了地中海的港灣風情。這裡是園內最大的區域，紀念品店也集中於此。

地中海港灣

迪士尼海洋以海洋為主題，當然少不了地中海的港灣風情。這裡是園內最大的區域，紀念品店也集中於此。

神秘島

神秘島位於樂園中心，看到火山的便是神秘島了。火山中會有過山車進出，而且又會突然爆發，就算不玩過山車的人也感到十分刺激。

失落河三角洲

除了近代的場景，還有回到古代遺跡的園區。這裡參考印加文明而設計，也有一系列以印第安冒險為主題的遊戲。

發現港

這處面積相比之下較小，但水上逗趣船卻非常好玩。此外，還有模仿20世紀初的高架電氣化電車，帶領遊客穿梭於發現港與美國海濱之間。

美人魚礁湖

這裡從水面走到水底，海底的珊瑚世界就呈現在你的眼前，這園區也是集中給小朋友的遊戲。

阿拉伯海岸

阿拉伯海岸參照阿拉伯的城堡而設計，充滿異國風情。此地比較多適合小朋友的遊戲，大人在這邊拍照也不錯，因為像真度很高，以為置身於阿拉伯國度。

迪士尼海洋必睇新節目

「堅信！夢想之海」
（Believe ！ Sea of Dreams ！）

剛於2022年11月11日在迪士尼海洋登場的「堅信！夢想之海」，每晚7:30在地中海港灣上演，全長30分鐘。除了連場歌舞，更有鐳射秀、光雕投影及大型船隻航行表演，令人目不暇給。

藤子・F・不二雄博物館

藤子 • F • 不二雄就是「叮噹」(官方名為：多啦A夢）的作者，選址於神奈川縣川崎市，那是因為他生前長年居於這裡。

這所博物館由藤子 • F • 不二雄的遺孀藤本正子負責籌備，她因為不想丈夫的手稿散失，以及希望粉絲們能樂在其中，所以建了這間博物館。全館共收藏了5萬張珍貴原稿，輪流展出約140件作品，而為了保護手稿，展示室是禁止拍照的。館內除了展示室外，更重現藤子 • F • 不二雄的工作室，還有Café 與紀念品店。

感謝館方協助拍攝。©Fujiko-Pro

地址： 神奈川縣川崎市多摩區長尾 2-8-1
電話： 570-055-245
營業時間： 10:00am-6:00pm（分四個時段入場），星期二及 12 月 30 日至 1 月 3 日休息
門票： 成人 ￥1,000，中小學生 ￥700，兒童（4 歲以上）￥500，4 歲以下免費
網頁： http://fujiko-museum.com
交通： 從新宿乘小田急線於登戶駅下車，站前有接駁車前往，車費 ￥210，每 10 分鐘一班 / 於下一站的向ケ丘遊園駅下車，南口出口沿河步行約 16 分鐘

購票攻略

為了保護參觀的質素，館方限制每日二千人入場，因此，要提前於網上或便利店 LAWSON 購買。

每天指定的進場時間為10:00am、12:00nn、2:00pm及4:00pm，而進場的時間限制為30分鐘內，換句話說，如果買了10:00am的票，便必須在最遲10:30am進場，逾時作廢。

如果怕不懂操作LAWSON售票機，可選擇出發前在 Klook 或 KKday 等網站購票，再安排把門票寄至府上。

LAWSON 便利店購票

因為館方每天限制人流 2,000 人，故建議抵達日本當日便要前往 LAWSON 便利店購票，羽田機場及成田機場均有 LAWSON 便利店。此外，LAWSON 的購票機大部分已有英文版本，不用擔心要使用日文購票。

在熒幕上點選「藤子ミユージアム」

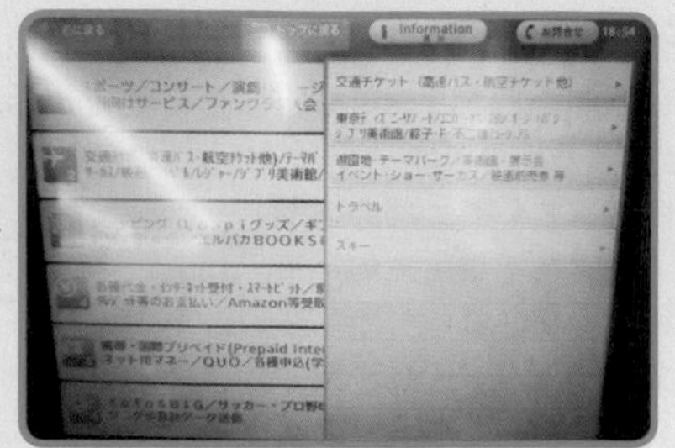

每逢看到「藤子ミユージアム」便可點選

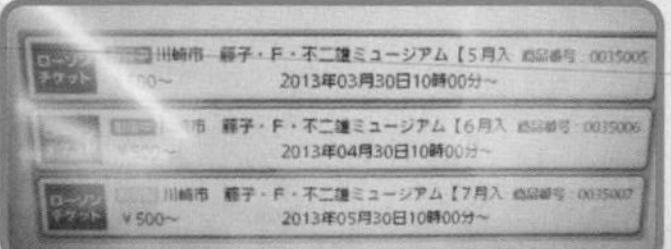

進入選擇日期的介面，「取扱中」意思是正在發售門票，而「取扱前」即是未開始發售。門票只能預售一個月。然後再選擇入場日子。

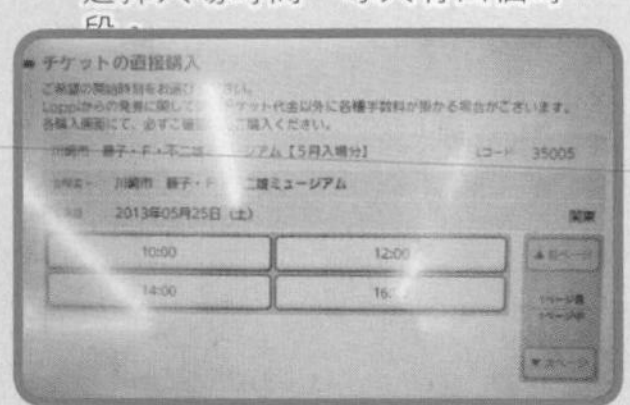

選擇入場時間，每天有四個時段。

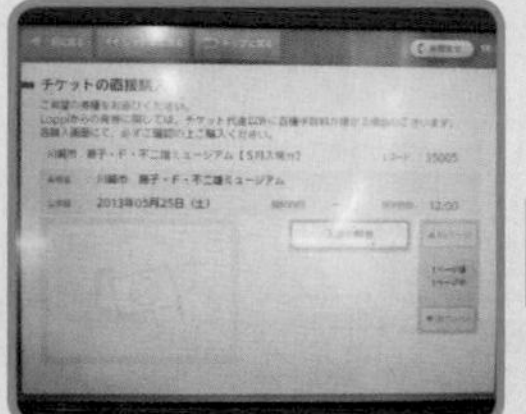

選擇完時間之後，可按「入館引換券」，然後便會知道選擇的日期有沒有門票出售。

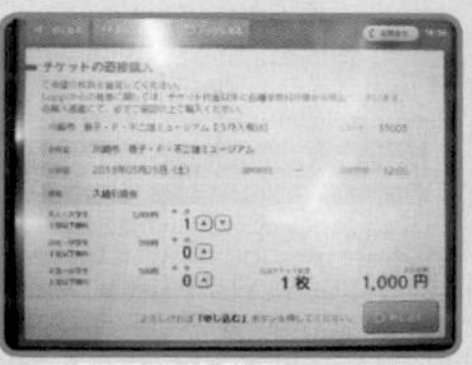

選擇門票的數量

因為不是LAWSON的會員，所以點選「いいえ」。

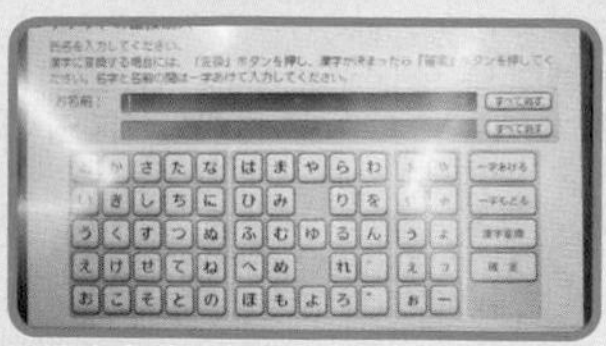

可隨意在「お名前」上輸入名字，英文版則可輸入英文姓名。

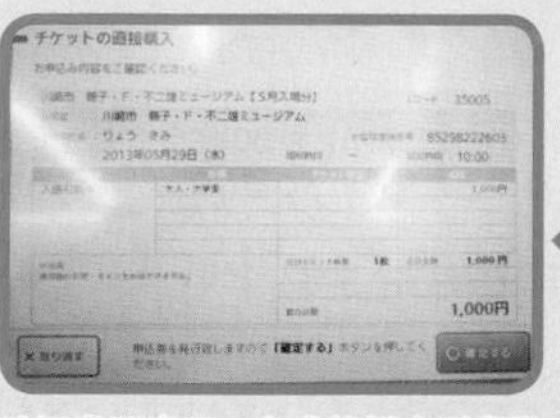

確認畫面出現，完成後便會列印發票。

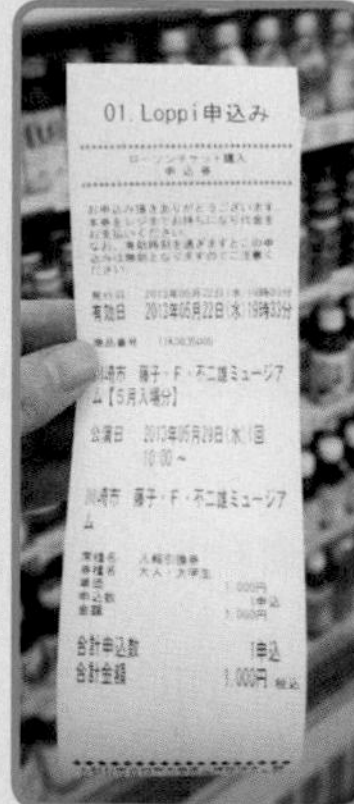

發票印好後，便拿到櫃枱付款。

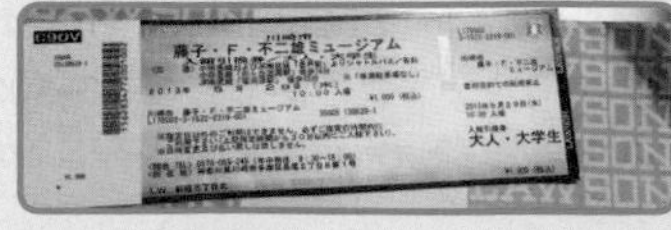

付款完畢，便利店職員會發給一張換票證。入場當日向博物館職員出示這張換票證即可。

粉絲必坐接駁巴士

在登戶駅前，館方安排了三輛不同主題的專車接送遊客到博物館，每10分鐘一班，車費是￥210。而三輛專車以藤子老師的三套膾炙人口動畫為主題，分別是多啦A夢、Q太郎和奇天烈百科全書，所以不要慳那￥210走路到博物館。

三輛專車以藤子老師的三套膾炙人口動畫為主題，分別是多啦A夢、Q太郎和奇天烈百科全書。

除了車身，車內的扶手和鐘，都是以藤子的漫畫人物作主題。

入館前你要留意！

大家不要太心急，因為在車站及館前，都有一些關於藤子F不二雄的東西！

在登戶駅前

在博物館前，牆身會有很多多啦A夢的眼睛。

博物館前靠右手邊位置，有代表了藤子F不二雄一生的鉛筆和畫紙。

室內展館

離開展館後，可抵達閱讀區，館內備有大量藤子老師的作品供入場人士閱讀，不設時間限制。

如果電話亭，大家記得嗎？

英俊版的胖虎

每位入場人士，皆可免費借用導覽機一部，有中、英及日語版，中文版是普通話發音。

館內有大型扭蛋機，無論大人小朋友也給迷倒。

手稿展館(館方協助拍攝，通常展示室是禁止攝影的。)

一般沒公開的收藏庫模樣重現眼前，展示了很多製作漫畫的用具。

在展覽品旁會有一個數字牌，只要在導覽機上輸入相應的數字，便可收聽解說。

珍貴手稿當然是這裡最大的主角

館內有3D動畫，由大雄和多啦A夢展示漫畫的製作過程，不可錯過。(對白只限日文)

藤子老師的工作枱

這是藤子老師夢想中的書櫃

室外更精彩

大家一定要走上二樓，這裡有一口井，當遊人將井升起時，會發現是一個英俊版的胖虎。這口井乃來自漫畫的其中一幕場景「樵夫之泉」。

三樓是令眾人捨不得離開的部分，這裡擺放了藤子老師筆下角色的卡通人像，當中還有多啦A夢入面的場景，包括大雄常玩樂的空地和隨意門，還有多啦A夢大長篇的「大雄的恐龍」等。

Q太郎和弟弟O仔

神奇小子，當年在亞視播映，所以認識的人不多。

館內紀念品

多啦A夢其中一年很重要的法寶竹蜻蜓，你現在也可以擁有。

館內大部分紀念品都是限定發售，在街外絕不能買到的佔一大半，如果是藤子老師的粉絲，又豈能錯過這些紀念品呢！多啦A夢的產品佔最多，除了文件夾、杯子和文具外，還有近年很流行的裝飾膠帶。這裡更有Q太郎、神奇小子、奇天烈百科全書的產品。

以多啦A夢造型為題的餐具，相當受歡迎。

技安有不少商品

館內的產品大部分屬這裡限定，很多都是在外買不到的。

多啦A夢 Café

Café在館內多啦A夢和藤子老作品為主題，裝潢簡單，重點在於餐飲上。這裡設計出多款以多啦A夢卡通為題的食物和飲品，而且會不定期更新，非常受歡迎，在午餐時間需要排隊，建議在12點前或者兩點後才光顧。

Café內有多款可愛造型的餐點，菜單不時更新，每次都有驚喜。

熱的咖啡及朱古力飲品都會畫上多啦A夢人物造型，造型由Café隨機選擇，讓你期待飲品出來的一刻。杯墊一定要留為紀念，用上漫畫的內容作設計。

Sanrio Puroland

Sanrio Puroland香港人多稱為Hello Kitty Land，場內不但到處可看見Hello Kitty，而且還有很多Sanrio卡通人物。不過，這裡機動遊戲不算太多，也不甚刺激，較為適合小朋友來到。雖然規模不及迪士尼，但各種館內限定的產品，Hello Kitty迷定必帶著不捨得離開。由於Hello Kitty Land的位置已離開東京23區，因此可配合深大寺鬼太郎茶屋和南大沢的行程，不用浪費車錢。

地址： 多摩市落合 1-31 **電話：** 04-2339-1111
營業時間： 10:00am-8:00pm（由於季節有別，請於出發前上網確定）
入場費： 大人 ¥3,900-4,300，3-17 歲 ¥2,800-3,200；
假日門票大人 ¥4,600-4,900，3-17 歲 ¥3,500-3,800
網頁： www.puroland.jp
交通： 於新宿乘京王線特急到京王多摩センタ駅下車，步行 5 分鐘
備註： 需在調布駅轉車，如未能乘坐特急，一般需花約 45 分鐘。除非於出發前已選好班次，否則不建議故意等待特急班次，這樣會更花時間。

五大必玩遊戲

Kitty女士之家

舉世知名的Kitty女士有個高貴華麗的家，這裡是她用來招待來自世界各地的朋友和粉絲，你就是她的貴賓！在此大家可看到以「Kawaii X名媛」為主題的東西，同時加入很多流行元素，喜歡Kitty的朋友，記得不能錯過。

這個是真郵箱，在館內買到postcard郵寄，館方會幫你蓋上Hello Kitty印。

大家可以在Kitty女士的家 跟Kitty女士合照

這裡有很多場景供粉絲合照

Sanrio家族飄飄船

Sanrio家族飄飄船是場內最受歡迎的機動遊戲，入場者可坐船參加Hello Kitty和所有Sanrio角色召開的派對。因為太受歡迎，所以大部分時間都要排隊，最少二十分鐘，但值得一排。

離開時可以去買回照片

My Me Road Drive

這是概念跟飄飄船很相似的遊戲，由Kurumi為Melody設計的環保小火車，帶大家一起遊覽Melody的可愛居所。整個旅程中有六個影相Check Point，完成後大家不妨去買一張相片作留念。

Hello Kitty夢遊仙境歌舞劇

由兵庫縣著名的寶塚劇團成員參與製作的童話劇，故事講述Hello Kitty和白兔凱爾的冒險故事。整套劇歷時約40分鐘，記得早10分鐘入座爭取最佳位置。每天的表演時間稍有些不同，所以入場後要在館內索取時間表，查閱時間。

Kiki&Lala閃亮之旅

Sanrio的主角還有Little Twin Star這對雙生兒，這次帶大家走到他們的故鄉夢星雲，大家在這裡享受一邊被月亮和星星包圍，一邊聽故事。

還有互動遊戲，肯定讓你有驚喜。

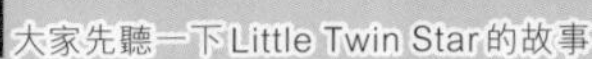

大家先聽一下Little Twin Star的故事

必做三件事

買限定手信

場內各個遊戲的出口處附近都有紀念品店，看到喜歡的東西不要猶豫，盡情購買。因為這裡的商品都是屬於該個遊戲相關的產品，就算在一樓的大型紀念品店都不會買到，而且有很多是館內限定。

1 一樓紀念品店

2 My Me Road Drive的限定商品

3、4 Kitty女士之家的紀念品

捉實主角拍照

Sanrio的卡通人物會突然出現在場館內，可能就在你身邊，隨時帶給你驚喜，粉絲要把握機會捉住拍照留念。

餐廳有驚喜

餐廳內的餐具多會印上Sanrio的人物，而且大多數也能帶回家，成為最佳的紀念品。違論還有很多不同造型的點心零食，為這次Sanrio Puroland之旅劃上完美的句號。

最易去三大Outlet

去迪士尼前放血
千葉縣 幕張Mitsui Outlet Park

乘JR中央線快速或山手線於東京駅轉車，再乘JR京葉線快速於JR海濱幕張駅下車，如果從品川或上野出發，則可乘JR京濱東北線或山手線，再於東京駅轉車

幕張Mitsui Outlet Park位於千葉縣，乘JR京葉線便可到達，如果去迪士尼的話，可以先花2至3小時在這裡逛逛，然後於下午第一次巡遊時才入園，因為只是相隔幾個站。這裡有齊大家喜歡的品牌，所以成為了很多遊客的心水Outlet，最重要的是地點離東京都心很近。

地址： 千葉縣千葉市美濱區日比野2-6-1
電話： 0120-355-231
營業時間： 10:00am-8:00pm
網頁： www.31op.com/makuh

INFO

推薦必行商店！

agnès b.

本身日本的agn è s b.貨品價格已經較香港便宜，加上這裡是Outlet，所以平上加平，一般是正價的7至8折。不過，大多數Outlet店都是賣過氣款式，如果你不是追新款的話，這裡可以找到很多心頭好。

最前面的紅色小包包， 由￥14,500減至￥10,500。

A-SITE 1F A-110

Kate Spade

Kate Spade是一個近年很受日本女士歡迎的紐約品牌，設計傾向鮮艷色彩，而且很多不同的花紋變化。Outlet店以手袋為主，也有少量鞋及小擺設等，男士系列Jack Spade則不算多，貨品一般為正價的3至8折不等。

B-SITE 1F B-124

Coach Factory

Coach幾乎是Outlet常客，不算太特別，這裡的折扣為正價7至8折居多，偶然會推出期間限定和貨尾大減價，例如有均一價貨架。

A-SITE 1F A-108

化妝品特賣場 COSMETICS Celule

Celule在三井旗下的Outlet就是常客，不過有很多品牌都是市面上少見的，因為是美容院的品牌，如果想買一般熱賣產品，這裡可能沒有。

B-SITE 2F B-229

Citizen Outlet

Citizen一向主攻成熟市場，以明星賣廣告的款式售價動輒過千元，這裡大概是正價的7至8折左右，反而吸引的副線系列，有些香港未有賣過，而且售價非常便宜，不過，如果副線未有在香港發售，手錶本身亦不會獲國際保養，這一點需要留意。

B-SITE 2F B-221

令女士尖叫 Le Creuset

Le Creuset近年風靡萬千女士，有些人更成為了收集者。就算沒有減價，只要比正價稍平，女士們也會搶購。這裡除了減價品吸引外，有些款式更可能是香港沒有的，最最最重要的是，可以退稅！

C-SITE 2F C-207

Franc Franc BAZAR

Franc Franc本身就是從日本起家，就算正常店價格都會比香港平，更何況這是特賣店呢！這裡的產品眾多，小至擺設餐具，大至傢俬電器皆有，一般是原價7至8折，當然也有大減價至兩折的呢！

D-SITE 1F D-117

40分鐘就到
Mitsui Outlet Park 多摩南大澤

從新宿駅搭乘京王線（Keio）特急列車，於南大澤駅下車，下車後步行兩分鐘

從新宿出發到南大澤Outlet只要40分鐘便可抵達，如果會去Sanrio Puroland的話，順便安排在這行程之後，因為兩者在京王電鐵的同一條路線上。又或者可以配合涉谷的行程，這樣便能shopping一整天了。惟相比幕張，這裡的規模比較小，注目的商店不算多，但如果順路可到一到。

地址： 東京都八王子市南大澤 1-600
電話： 0120-355-231
營業時間： 10:00am-8:00pm
網頁： www.31op.com/tama
INFO

推薦必行商店！

Nike Outlet Factory

Nike也是三井的常客，南大澤這間是Outlet區內最大的店，除了波鞋外，還有很多服飾發售。這裡的款式比香港要多，而且價錢非常便宜，有些款式更是日本限定，斷碼鞋可能不用￥3,000便有交易。

2F

Quiksilver

Quiksilver以售賣年輕人沙灘服裝為主，這裡有很多ROXY泳衣，而且款式都是「穩陣派」，不會過時兼老土。此外，Quiksilver，連冬天皆照顧周到，時令款式相當多，總能找到你的心頭好。

2F

Coach

都說Coach是Outlet常客，款式不舊而且價錢便宜很多。這裡有傳統的Coach Signature C，最吸引的是折扣為正價7至8折，偶然會推出期間限定和貨尾大減價，例如有均一價貨架。

1F

Beams

Beams除了服飾外，配飾的款式尤其多，而且很多更低至5折。同時，潮媽也要注意，因為這裡有Beams mini，即Beams的童裝線，很多商品都有7至8折。

1F

Levi's®

Levi's有很多過氣的日版牛仔褲款式，反而更吸引潮人來此找一些特別款。如果是斷碼款或者只剩下尺碼不多的牛仔褲，通常折扣會更多。不過店裡沒有即時的改褲服務，所以買了以後要拿回去自己改。

2F

最多款最好行
木更津 Mitsui Outlet Park

新宿駅西口 35 號巴士站、濱松町駅 1 號巴士站、東京駅八重洲口 2 號巴士站、池袋駅東口西武高速巴士站均有車前往，車程由 45-65 分鐘不等，另外橫濱、川崎、品川、町田、成田及羽田機場等大站都有直達的高速巴士，記得事先查詢巴士時刻表

木更津 Outlet 位於羽田機場附近，有直通巴士來往東京各區，車程約一小時。Outlet 內有250多間店鋪，不時會有期間限定商店，只要門口貼有免税標誌，購買滿 ¥5,000即可出示護照進行退税。這裡的餐廳有親子蓋飯雞三和、仙台牛舌利久、一風堂等，甚至有人氣排隊店天丼金子半之助，絕對可以放心逛足全日不愁三餐！

地址： 千葉縣木更津市金田東 3-1-1　**電話：** 03-5927-9320
營業時間： 商店 10:00am-8:00pm；美食廣場 10:30am-9:00pm； 餐廳 11:00am-9:00pm；
網頁： www.31op.com/kisarazu

INFO

想要慳得最多，就一定要購買來回巴士購物券套票。以新宿出發為例，套票售價 ¥5,000，包括來回巴士券及價值 ¥2,500 的 Coupon。

Coupon 須於顧客服務中心換領，每張面額 ¥500，可一併使用，而 Coupon 傳單上更有不少商店提供額外的折扣優惠(5%-10% 不等)。

推薦必行商店！

Le Creuset

在香港等LC開倉等到頸都長，況且又要排長龍進場，又要爭餐死，但在這裡輕輕鬆鬆就可以買到日本特別版及限量粉紅色系列，款式齊之餘價錢更是香港的7折，有買趁手！

Urban Zone 4070

Afternoon Tea Living

Franc Franc你常常會在Outlet看到，但同樣售賣家品雜貨的Afternoon Tea就比較少見了。主要售賣過季的日常生活雜貨、時尚家品等，偏向英式法式鄉村風格，深受少女喜愛。

Ocean Zone 7340

Mont-Bell

日本登山專業品牌Mont-Bell是山系潮人的最愛之一，賣相好之餘又兼顧功能性。雖然價錢大約是8折，但勝在款式多又齊，而且很多都是香港找不到的。

Urban Zone 3490

MAMMUT STORE OUTLET

瑞士戶外品牌長毛象Mammut一向以耐用，功能性強見稱。而日本買的Mammut總是比香港更多選擇，而且有些款式更是香港欠奉！

Green Zone 2370

Onitsuka Tiger

日本運動波鞋始祖Onitsuka Tiger在Outlet並不常見，當中經典復古的Mexico 66，比香港便宜很多。

Garden Zone 8420

Anna Sui Mini

Anna Sui的童裝系列，只有日本才有專櫃。設計走華麗風格，喜歡幫小朋友扮靚靚的媽媽們很難忍手！

Green Zone 2320

羽田機場交通資訊

機場鐵路

東京モノレール(Tokyo Monorail)

羽田機場較近市區，機場交通也比較方便。東京モノレール從羽田機場直達浜松町駅，旅客可在浜松町駅內直接換乘JR山手線前往各區，列車約4至12分鐘一班，雖然列車全部都可直達市區，但以「空港急行」最快捷，中途不停站往浜松町，約13分鐘便到達。如搭不上空港急行，則盡量選乘「區間快速」，從機場出浜松町 約15分鐘，如果是每站停的普通車則要用上18分鐘。

東京モノレール自助售票機，有中英文介面，可以連同山手線車票購買。

網頁：www.tokyo-monorail.co.jp

京浜急行空港線(京急空港線)

京急空港線由羽田前往品川駅，因為同時也與都營地下鐵直通運行，故此可以不用換車直接到新橋(銀座)及淺草，也可在京急蒲田駅換車前往橫濱。

前往品川乘「快特」約13分鐘便到，如果住在新宿、池袋和涉谷方面是相當方便。

網頁：www.haneda-access.com

©Linearcity

機場巴士

羽田機場有兩間公司營運機場巴士，一間是專門行走東京機場至市區的利木津巴士(Airport Limousine)，另一間是京濱巴士。兩者以利木津巴士的班次和所覆蓋的站點最多，很多市區大型酒店都有站點，而京濱巴士可直達東京站、涉谷、吉祥寺、台場和橫濱，票價亦相對較平。

京濱急行巴士網頁：www.keikyu-bus.co.jp
利木津巴士網頁：www.limousinebus.co.jp

坐廉航飛羽田最好！

近年多了許多廉航飛日本，可能是深夜到達，或者是早上6點起飛。這種情況下，大家除非坐的士出市區，否則一定會打算睡機場。而羽田的設施就非常適合睡機場的人，有收費的Shower Rooms可以洗澡，行李儲物櫃則是由使用起計滿24小時為一天，即是可以放過夜的，在國內線亦有膠囊酒店First Cabin(最好提早預約)，方便坐廉航的朋友。

Shower Rooms 收費¥1,100/30分鐘

羽田機場有不少充電的位置

機場鐵路

JR Narita Express（N'EX）

JR Narita Express（N'EX）由JR營運，可直達JR東京駅和JR新宿駅，少量班次會停JR池袋駅，而且更可直達橫濱駅，每30分鐘一班，到新宿駅車程約為1小時13分鐘，車費是￥3,250。

一出禁區，就會見到N'EX的櫃枱，如不懂用售票機，可以先在這裡買票。

遊客優惠！

JR東日本有提供給外國遊客的優惠車票，從成田空港來回JR東京駅，可以獲得4折至半價的優惠，車票劃一為來回￥4,070。遊客可於成田機場內的JR售票處和JR東日本旅行服務中心購買，購買時必須出示護照。

Skyliner（京成電鐵）

Skyliner從成田直達上野只需41分鐘。但要留意的是，如果你需要換乘JR山手線前往各地，便必須在JR日暮里駅下車，而不是JR上野駅，因為京成上野駅是跟JR上野駅分開的，但與日暮里駅則連結在一起，轉車較為方便。車費￥2,570，每10至20分鐘一班。

網頁：www.keisei.co.jp

京成本線

京成本線是普通車，因為中途站多，不及Skyliner直達市區，所以花費時間較多，但勝在車費便宜，如果坐凌晨機到來太早又不用趕行程，京成本線是很划算的。從成田到京成上野駅車程70分鐘，但車費只要￥1,270。

機場巴士

成田機場有3間公司營運機場巴士，一間是專門行走東京機場至市區的利木津巴士，第二間是Tokyo Shuttle，還有一間是The Access Narita。3間巴士公司以利木津巴士的班次和所覆蓋的站點最多，很多市區大型酒店都有站點，其餘兩間車費較為便宜，但最方便遊客的就只有東京站的落客點，而The Access Narita則方便住在銀座的人。

利木津巴士網頁：www.limousinebus.co.jp
Tokyo Shuttle 網頁：www.keiseibus.co.jp/kousoku/day/nrt16.htm
The Access Narita 網頁：http://accessnarita.jp

東京電車知識

東京鐵路主要分四大類：JR東日本（Japan Railway）、東京メトロ（Tokyo Metro）、公營（都營）地下鐵及私營鐵路（如京王電鐵、小田急電鐵）。各自獨立的地鐵系統，亦提供了自家的優惠票。

JREAST　ToeiSubway

TokyoMetro

女性專用車廂

全日本的地鐵和JR，甚至私鐵，在一些繁忙的路線上，都會設有女性專用車廂。惟不同的鐵路有不同時段，例如JR山手線會設定某節車廂在平日全天都是女性專用，但地鐵可能只在繁忙時間，所以男士盡量都不要踏足此車廂，以免引起尷尬。

優先席

日本人對於優先席的概念是相當進步的，他們會基於不浪費資源為首要，任何人都可以坐優先座，但只要你看到有需要使用優先席的人，你便必須讓座。因為日本人從小便接受德育教育，即使不是坐在優先席的人，也會主動讓座。

購買JR普通車票教學

現時在東京都內的JR售票機都會有英文介面，而且特別在JR山手線、總武線、中央線等多條旅客常用的路線中，都用上新款售票機。新款機先選車資或目的地，才入錢，而舊款機則是先入錢再選車資，車資一般可在售票機上方找到。選好了車資後再選人數，如果是購買兩張或者有小朋友同行，便要在左手邊的人數選項按適當的按鈕，然後入錢，車票和找續可在下方取得。

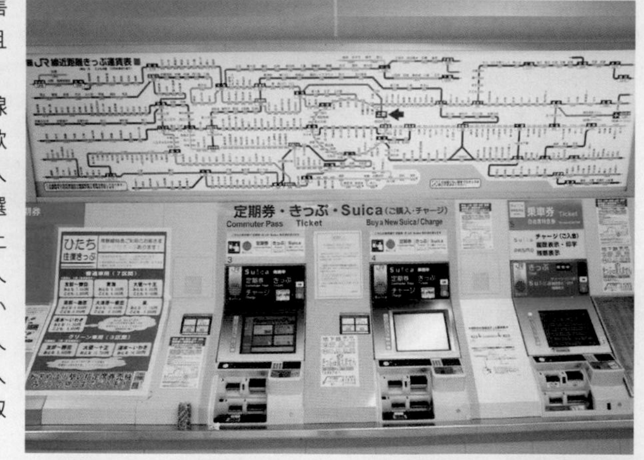

JR山手線

甚麼是精算機？

精算機即是「補票機」，每個車站的出閘口附近都設有，對於喜歡經常更改行程的人，便有機會用上。例如你本來打算從池袋到新宿（￥160），但突然想改道去上野的話（￥170），因兩地的車費相差￥10，所以你便要在出閘時先補票。補票方法很簡單，先放入你手上的車票，然後再投入差價，機器便會重新發出一張新的車票。

其他買票地方

（包括購買 JR East Pass 和兌換 JR Rail Pass）

除了自動售票機外，很多時我們都會買 JR East Pass 和兌換 JR Rail Pass（全國通用 JR 火車證），又或者要買新幹線和特急火車車票，這樣便要去到 JR Ticket Office，又名為「綠色窗口みどりの窓口」處理。雖然新幹線或特急車票可以在指定的自動售賣機買到，但對於遊客來説處理會比較麻煩，所以還是建議到 Ticket Office 處理。

看到這個標誌，就是可以處理票務的地方。

其他留意事項

其實很多時在車站內都會有很清楚的指示牌，只是遊客可能未習慣沒有注意到。這些顯示牌都有清晰的指示，例如前往哪條鐵路或者往哪個出口，只要抬起頭便一目了然。

月台上都安裝了顯示屏，一踏足月台便要留意，因為很多路線會分「各停」、「快速」和「急行」等不同的行駛狀況，萬一你本來要乘坐「各停」到某站，但上錯同一路線的「快速」列車，基於「快速」所停的站點一定比「各停」少，所以有機會因「飛站」，而不能到達目的地。

內回り＝逆時針方向
外回り＝順時針方向

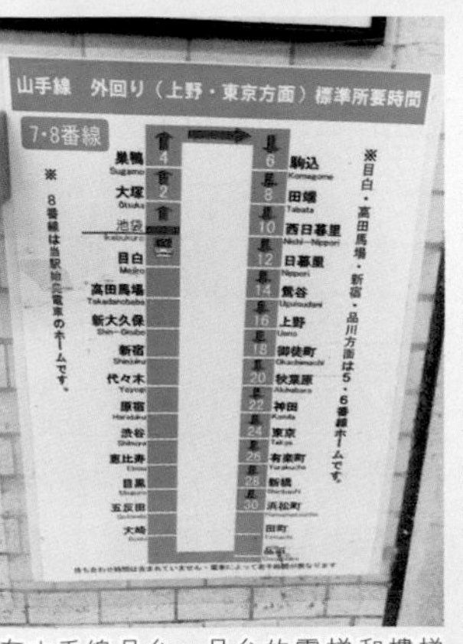

在山手線月台，月台的電梯和樓梯口，都會有這張路線圖示，看到後記得要停一停看清楚。

乘 JR 山手線時要留意月台或者車站內的指示，因為山手線為循環線，萬一你上了不順路方向的列車，便要花更多時間才能到達目的地。例如從池袋出發往秋葉原，行東京方向所花的時間是20分鐘，但如果去錯月台，走品川方向，便要花30分鐘以上。

日本的IC卡

日本也有跟香港八達通或者台灣悠遊卡相似的IC Card，在關東方面就會用Suica（俗稱「西瓜卡」）和Pasmo。現在，所有IC Card在全日本鐵路上都通用，即是說，你可以在東京使用關西地區的ICOCA卡了。IC Card除了能夠乘搭鐵路和其他大部分巴士外，更可以作為電子貨幣於便利店使用，或通過自動販賣機購買飲品。

Suica卡可在任何JR車站內的自動售票機中買到，而Pasmo則要到東京地下鐵的自動售票機中才能買到。兩卡初次購買都需要￥1,000，內含￥500按金。當然IC Card是可以退還的，但必須前往JR Ticket Office辦理，退還按金以外的餘額則要收取￥210手續費。如果不欲付按金，可選購「Welcome Suica」，但有效期只有28日，下次往日本時就要另購。而用iphone8以上的朋友，更可把Suica 卡放入Apple Wallet，手機當卡用。

Suica Card及Welcome Suica Card

Pasmo

Suica Card Apps: https://itunes.apple.com/us/app/suica/id1156875272?mt=8

下載好程式後，可以買一張記名的Suica Card。記名Suica Card能用信用卡增值，而且你可以先在香港購買後再加到Apple Wallet中，到日本後馬上使用。

當Suica卡加入到Apple Wallet之後，通過閘口時直接把手機放到感應器上，不用再開機，十分方便。如果用來購物，則仍然要開機認證。記名的Suica Card可以購買新幹線車票。

好用地鐵 Tokyo Subway 24/48/72 Hour Ticket

Tokyo Metro推出的這張地鐵pass。可任乘Tokyo Metro和都營地鐵全線，完全覆蓋所有地鐵站。常用車站：六本木、淺草、銀座、新宿、新宿三丁目、新宿西口、池袋、涉谷、築地、表參道（原宿）、明治神宮前（原宿）、上野、押上（Skytree）、中目黑。

	Tokyo Subway 24-Hour Ticket	Tokyo Subway 48-Hour Ticket	Tokyo Subway 72-Hour Ticket

票價	¥800	¥1,200	¥1,500
有效日期	從使用時起24小時內	從使用時起48小時內	從使用時起72小時內

購買地點（必須出示護照）：羽田機場（國際觀光情報中心）*、成田機場*、個別BIC CAMERA店

其他版本：這款Tokyo Subway Ticket還跟其他不同鐵路和巴士合作推出套票，如京濱急行線（羽田）、京成Skyliner（成田）和Limousine Bus（成田和羽田），並且在各自的客務中心都可以買到，特別方便初次去東京遊玩的朋友。

*** 只售 1 Day Ticket**

網頁：https://www.tokyometro.jp

Metro，都營共通一日乘車券

一天內任乘地鐵、都營列車，售價¥900，兒童¥450，可在各大車站購買，而且不用出示護照。

JR Tokunai Pass

這張Pass可一日任搭東京都內的JR普通列車，包括山手線，可於JR售票處、旅行服務中心等購買，成人售價¥760，兒童¥380。

JR Tokyo Wide Pass

可在3天內不限次數搭乘指定區域內的列車、新幹線，適合以下旅客：

- 想要以東京為據點，當日往返河口湖（富士山）、日光觀光的旅客。
- 想要前往輕井澤、草津、伊豆等熱門溫泉勝地或度假村住宿的旅客。
- 想要前往新宿、秋葉原、鎌倉等東京近郊觀光的旅客

JR TOKYO Wide Pass
Step out to the unknown!

使用範圍：JR東日本線、東京單軌電車線全線、伊豆急行線全線、富士急行全線、上信電鐵全線、埼玉新都市交通（大宮 ～ 鐵道博物館）、東京臨海高速鐵道全線、JR東日本與東武鐵道直通行駛之特快列車「日光號」、「鬼怒川號」、「SPACIA 鬼怒川號」的普通車廂指定席、東武鐵道線下今市 ～ 東武日光、鬼怒川溫泉間的普通列車

票價：成人¥10,180、兒童¥5,090

售票方式：網上訂購，再於JR東日本旅行服務中心（成田機場、東京車站、新宿及涉谷等站領取）

網頁：https://www.jreast.co.jp/multi/zh-CHT/pass/tokyowidepass.html

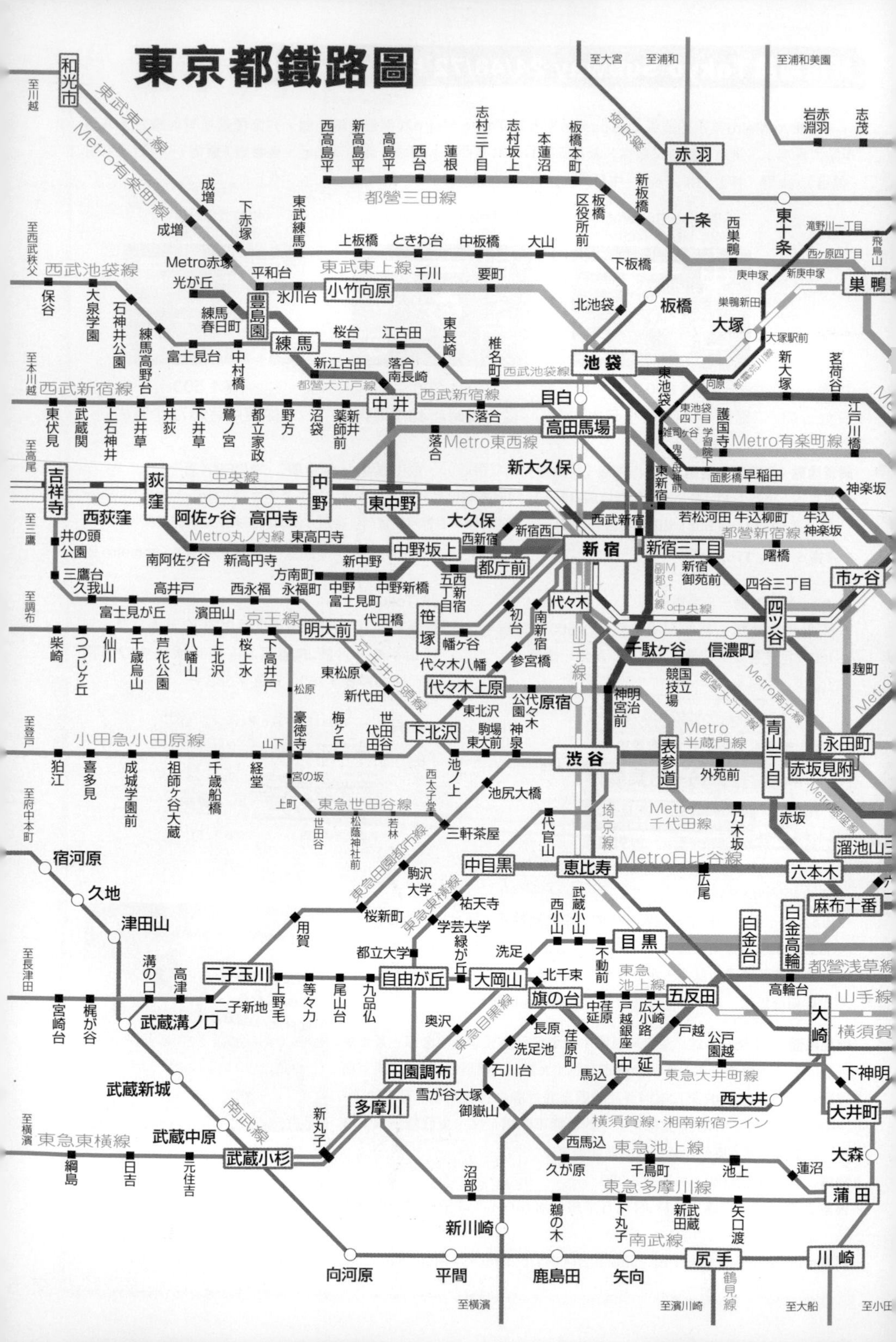
東京都鐵路圖
至川越
和光市
東武東上線
Metro有楽町線
至大宮
至浦和
至浦和美園
埼京線
赤羽
岩淵
赤羽
志茂
西高島平
新高島平
高島平
西台
蓮根
志村三丁目
志村坂上
本蓮沼
板橋本町
都營三田線
新板橋
板橋区役所前
十条
東十条
成増
下赤塚
東武練馬
成増
上板橋
ときわ台
中板橋
大山
西巣鴨
滝野川一丁目
飛鳥山
西ヶ原四丁目
至西武秩父
Metro赤塚
下板橋
庚申塚
新庚申塚
巣鴨
西武池袋線
平和台
東武東上線
千川
要町
光が丘
氷川台
小竹向原
北池袋
板橋
巣鴨新田
保谷
大泉学園
石神井公園
練馬春日町
豊島園
大塚
大塚駅前
練馬高野台
練馬
桜台
江古田
東長崎
椎名町
都電荒川線
至本川越
富士見台
中村橋
新江古田
落合南長崎
池袋
新大塚
茗荷谷
西武新宿線
都營大江戸線
西武池袋線
東池袋
向原
西武新宿線
中井
目白
東池袋四丁目
護国寺
江戸川橋
東伏見
武蔵関
上石神井
上井草
井荻
下井草
鷺ノ宮
都立家政
野方
沼袋
新井薬師前
下落合
高田馬場
雑司ケ谷
学習院下
鬼子母神前
至高尾
落合
Metro東西線
Metro有楽町線
新大久保
早稲田
面影橋
東新宿
神楽坂
中央線
吉祥寺
荻窪
中野
西荻窪
阿佐ヶ谷
高円寺
東中野
大久保
西武新宿
若松河田
牛込柳町
牛込神楽坂
至三鷹
井の頭公園
Metro丸ノ内線
東高円寺
西新宿
新宿西口
都營新宿線
南阿佐ヶ谷
新高円寺
中野坂上
新宿
新宿三丁目
曙橋
三鷹台
新中野
都庁前
Metro副都心線
新宿御苑前
四谷三丁目
市ヶ谷
久我山
高井戸
西永福
永福町
方南町
中野富士見町
中野新橋
西新宿五丁目
代々木
中央線
四ツ谷
至調布
富士見ケ丘
濱田山
京王線
初台
南新宿
明大前
代田橋
笹塚
幡ヶ谷
千駄ヶ谷
信濃町
柴崎
つつじヶ丘
仙川
千歳烏山
芦花公園
八幡山
上北沢
桜上水
下高井戸
京王井の頭線
代々木八幡
参宮橋
山手線
麹町
東松原
代々木上原
国立競技場
Metro南北線
都營大江戸線
松原
新代田
東北沢
代々木公園
原宿
明治神宮前
至登戸
豪徳寺
梅ヶ丘
世田谷代田
下北沢
駒場東大前
神泉
Metro半蔵門線
青山一丁目
永田町
小田急小田原線
山下
池ノ上
渋谷
表参道
外苑前
赤坂見附
狛江
喜多見
成城学園前
祖師ヶ谷大蔵
千歳船橋
経堂
宮の坂
西太子堂
池尻大橋
Metro千代田線
乃木坂
赤坂
Metro銀座線
至府中本町
上町
東急世田谷線
世田谷
松蔭神社前
若林
三軒茶屋
代官山
埼京線
溜池山王
宿河原
東急田園都市線
中目黒
恵比寿
Metro日比谷線
六本木
広尾
久地
駒沢大学
東急東横線
祐天寺
武蔵小山
西小山
麻布十番
津田山
桜新町
学芸大学
白金台
白金高輪
用賀
都立大学
緑が丘
洗足
目黒
都營浅草線
至長津田
溝の口
高津
二子玉川
上野毛
等々力
尾山台
九品仏
自由が丘
大岡山
北千束
不動前
東急池上線
高輪台
山手線
宮崎台
梶が谷
二子新地
旗の台
中延
荏原中延
戸越銀座
大崎広小路
五反田
大崎
横須賀
武蔵溝ノ口
奥沢
東急目黒線
長原
荏原町
戸越
洗足池
戸越公園
下神明
武蔵新城
田園調布
石川台
馬込
東急大井町線
西大井
雪が谷大塚
御嶽山
大井町
南武線
新丸子
多摩川
横須賀線・湘南新宿ライン
武蔵中原
西馬込
東急池上線
至横濱
東急東横線
大森
武蔵小杉
久が原
千鳥町
池上
蓮沼
綱島
日吉
元住吉
沼部
東急多摩川線
蒲田
新川崎
鵜の木
下丸子
武蔵新田
矢口渡
南武線
向河原
平間
鹿島田
矢向
尻手
川崎
鶴見線
至橫濱
至濱川崎
至大船
至小田

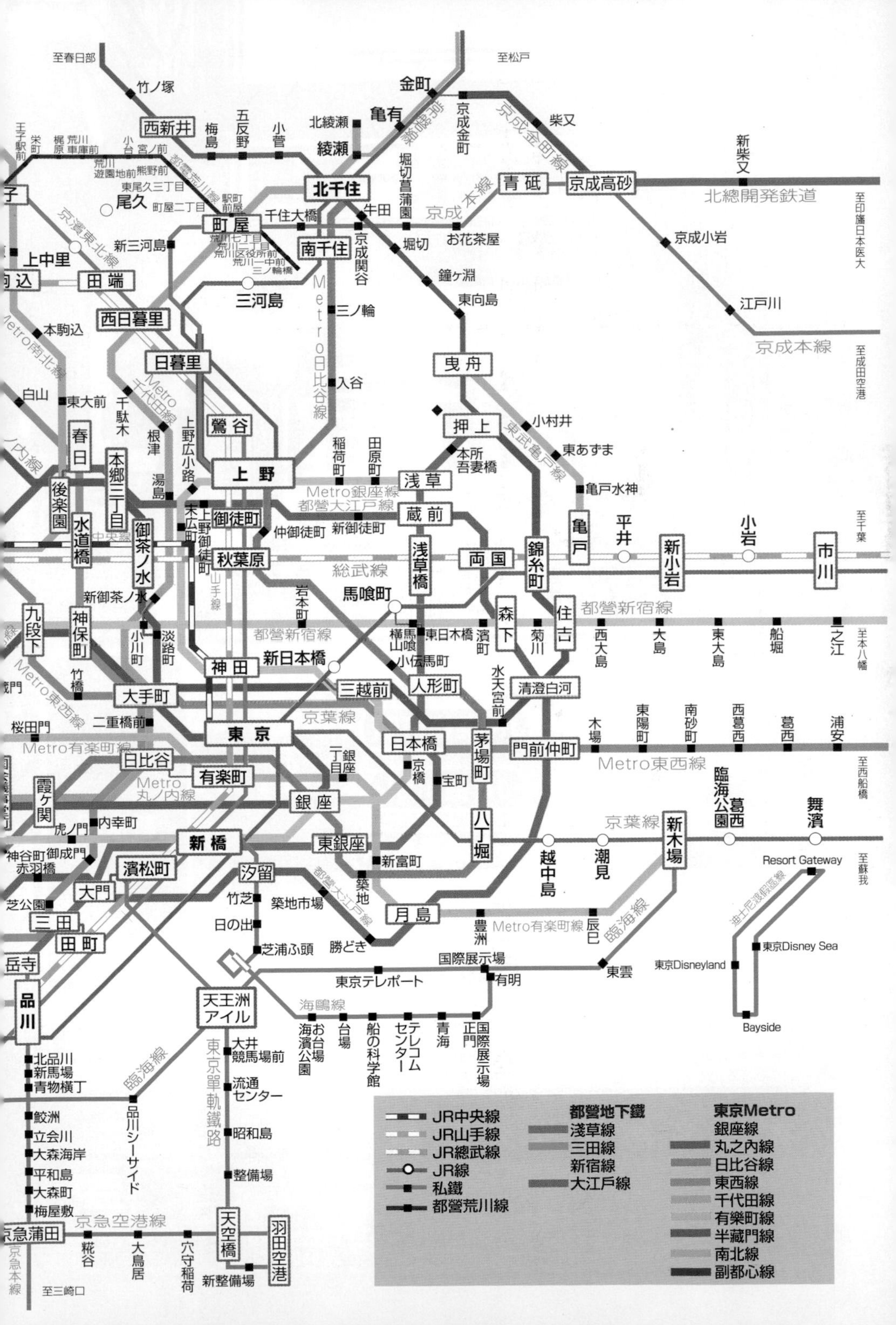

至春日部
竹ノ塚
至松戸
金町
京成金町
柴又
京成金町線
亀有
北綾瀬
綾瀬
西新井
梅島
五反野
小菅
王子駅前
栄町
梶原
荒川車庫前
小台
宮ノ前
荒川遊園地前
熊野前
東尾久三丁目
都電荒川線
尾久
町屋二丁目
町屋駅前
北千住
堀切菖蒲園
京成本線
青砥
京成高砂
新柴又
北總開発鉄道
至印旛日本医大
牛田
千住大橋
京成小岩
町屋
荒川七丁目
荒川二丁目
荒川区役所前
荒川一中前
三ノ輪橋
南千住
京成関谷
堀切
お花茶屋
新三河島
京濱東北線
上中里
田端
駒込
三河島
鐘ヶ淵
東向島
江戸川
京成本線
至成田空港
西日暮里
三ノ輪
Metro日比谷線
本駒込
Metro南北線
日暮里
曳舟
入谷
白山
東大前
千駄木
Metro千代田線
小村井
押上
東武亀戸線
東あずま
鶯谷
根津
上野広小路
稲荷町
田原町
本所吾妻橋
春日
本郷三丁目
上野
浅草
亀戸水神
後楽園
湯島
Metro銀座線
都營大江戸線
蔵前
水道橋
御茶ノ水
末広町
御徒町
上野御徒町
仲御徒町
新御徒町
亀戸
平井
小岩
至千葉
中央線
秋葉原
浅草橋
両国
錦糸町
新小岩
市川
山手線
総武線
岩本町
馬喰町
新御茶ノ水
住吉
都營新宿線
九段下
神保町
小川町
淡路町
都營新宿線
横山
馬喰
東日本橋
濱町
森下
菊川
西大島
大島
東大島
船堀
一之江
至本八幡
竹橋
神田
新日本橋
小伝馬町
水天宮前
清澄白河
人形町
三越前
Metro東西線
大手町
京葉線
東陽町
南砂町
西葛西
葛西
浦安
木場
桜田門
二重橋前
東京
日本橋
茅場町
門前仲町
Metro東西線
至西船橋
Metro有楽町線
日比谷
有楽町
銀座一丁目
京橋
宝町
臨海公園
葛西
舞濱
霞ケ関
Metro丸ノ内線
銀座
八丁堀
京葉線
新木場
内幸町
虎ノ門
新橋
東銀座
越中島
潮見
至蘇我
神谷町
御成門
赤羽橋
濱松町
汐留
新富町
Resort Gateway
大門
都營大江戸線
築地
芝公園
竹芝
築地市場
月島
迪士尼渡假區線
三田
日の出
豊洲
Metro有楽町線
辰巳
臨海線
田町
芝浦ふ頭
勝どき
東京Disney Sea
泉岳寺
国際展示場
東京Disneyland
東京テレポート
有明
東雲
品川
天王洲アイル
海鷗線
Bayside
お台場海濱公園
台場
船の科学館
テレコムセンター
青海
国際展示場正門
東京單軌鐵路
大井競馬場前
北品川
新馬場
青物横丁
臨海線
流通センター
鮫洲
品川シーサイド
立会川
昭和島
大森海岸
平和島
整備場
大森町
梅屋敷
京急空港線
京急蒲田
糀谷
大鳥居
穴守稲荷
天空橋
羽田空港
新整備場
京急本線
至三崎口
JR中央線
JR山手線
JR總武線
JR線
私鐵
都營荒川線
都營地下鐵
淺草線
三田線
新宿線
大江戶線
東京Metro
銀座線
丸之內線
日比谷線
東西線
千代田線
有樂町線
半藏門線
南北線
副都心線

新宿
Shinjuku

交通策略

成田空港 → 新宿駅：成田特快N'EX・1小時23分鐘

羽田空港 → JR浜松町駅：單軌電車・空港快速・14分鐘
JR浜松町駅 → 新宿駅：JR・山手線・24分鐘

羽田空港 → JR品川駅：京急・Airport快速・11分鐘
JR品川駅 → 新宿駅：JR・山手線・19分鐘

東京駅 → 新宿御苑前駅：Metro・丸ノ內線・15分鐘
新宿御苑前駅 → 新宿駅：Metro・丸ノ內線・3分鐘

JR吉祥寺駅 → 新宿駅：JR・中央線・14分鐘

JR上野駅 → JR池袋駅：JR・山手線・18分鐘
JR池袋駅 → 新宿駅：JR・山手線・9分鐘 / JR・埼京線・6分鐘

池袋駅 → 新宿三丁目駅：Metro・副都心線・10分鐘

本區名物及推介景點

運動概念商場
Alpen TOKYO

購物大本營
Lumine

地道食店小巷
思い出横丁

免費展望台
東京都廳

新宿小香港 MAP 1-2 E3

龍乃都美食街 01

JR 新宿駅東南口步行 5 分鐘

當香港的大排檔已經買少見少之際，在新宿的鬧市竟然發現港式大排檔的影蹤。龍乃都美食街位於JR新宿駅附近，剛於2022年10月開幕。美食街佔地三層，匯集日、韓、泰及中式等十多間食肆，最特別是在這裡可以找到一連串港式霓虹燈招牌，非常有香港上世紀80-90年代的氣氛。美食街不但地點就腳，部分食肆更是24小時營業，以後在新宿又多一個宵夜的地方。

地址： 東京都新宿區新宿 3-36-12 杉忠ビル B1&1F
營業時間： 24 小時營業
網頁： https://ryunomiyako.com/ INFO

MAP 1-2 G3 必吃法式吐司

02 CAFÉ AALIYA

JR 新宿駅東南口步行 5 分

CAFÉ AALIYA在新宿開業超過30年，由餐廳的招牌，已感受到歲月的足跡。CAFÉ 以法式吐司而馳名，據說店家把麵包浸在蛋醬與牛奶中，時間與比例都有嚴格規定。而吐司是以銅板烤製，也比鐵板加熱更均勻。甚至伴碟的水果，也會選擇當造的而定時更換。如此一絲不苟，難怪出品的法國吐司遠近馳名。

法式吐司￥550。

水果法式吐司￥600。

地址： 東京都新宿區新宿區新宿 3-1-17
電話： 03-3354-1034
營業時間： 10:00am-10:30pm
網頁： http://www.aaliya.jp/ INFO

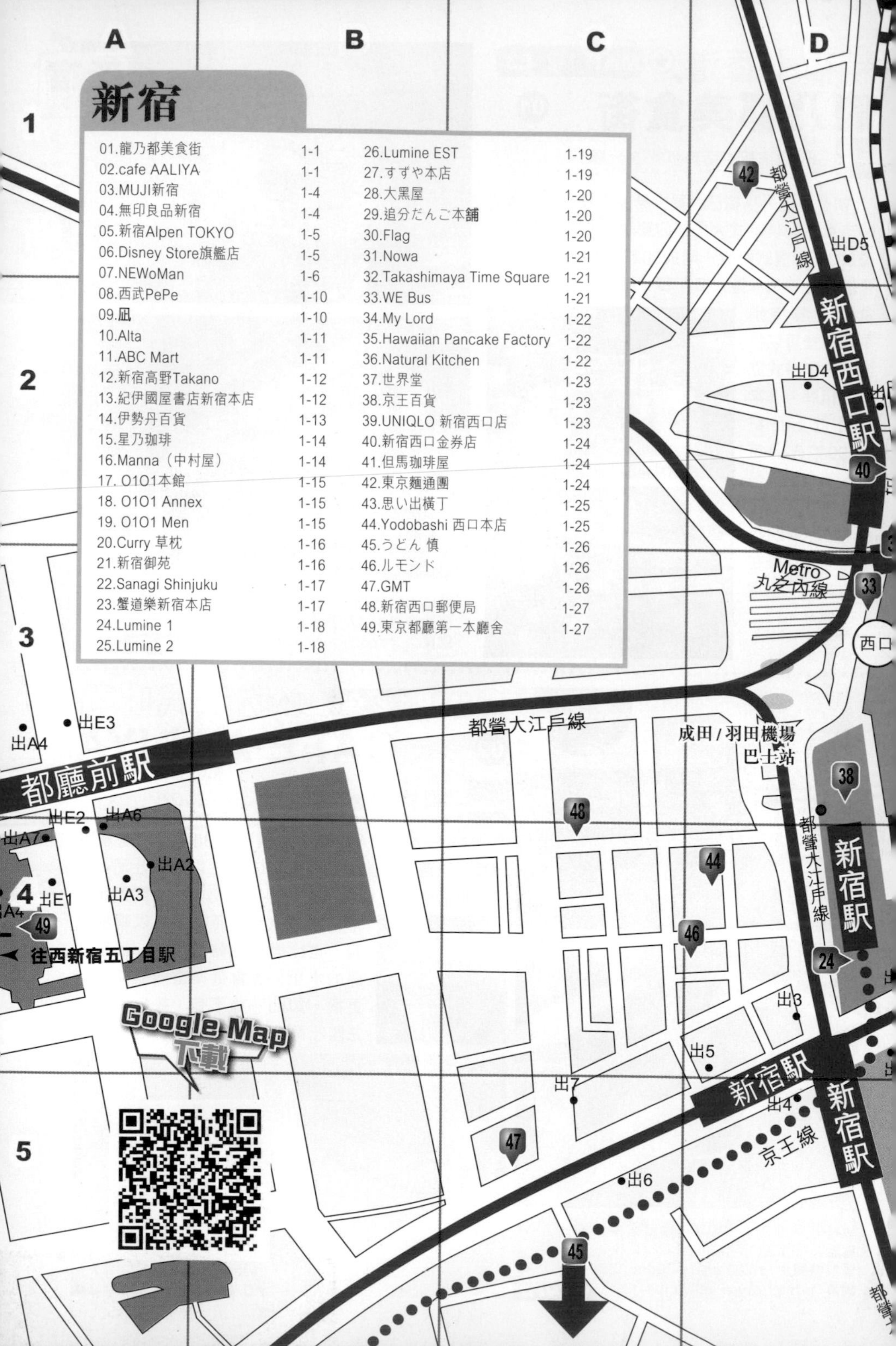
新宿
01.龍乃都美食街 1-1
02.cafe AALIYA 1-1
03.MUJI新宿 1-4
04.無印良品新宿 1-4
05.新宿Alpen TOKYO 1-5
06.Disney Store旗艦店 1-5
07.NEWoMan 1-6
08.西武PePe 1-10
09.凪 1-10
10.Alta 1-11
11.ABC Mart 1-11
12.新宿高野Takano 1-12
13.紀伊國屋書店新宿本店 1-12
14.伊勢丹百貨 1-13
15.星乃珈琲 1-14
16.Manna（中村屋） 1-14
17. O1O1本館 1-15
18. O1O1 Annex 1-15
19. O1O1 Men 1-15
20.Curry 草枕 1-16
21.新宿御苑 1-16
22.Sanagi Shinjuku 1-17
23.蟹道樂新宿本店 1-17
24.Lumine 1 1-18
25.Lumine 2 1-18
26.Lumine EST 1-19
27.すずや本店 1-19
28.大黑屋 1-20
29.追分だんご本舖 1-20
30.Flag 1-20
31.Nowa 1-21
32.Takashimaya Time Square 1-21
33.WE Bus 1-21
34.My Lord 1-22
35.Hawaiian Pancake Factory 1-22
36.Natural Kitchen 1-22
37.世界堂 1-23
38.京王百貨 1-23
39.UNIQLO 新宿西口店 1-23
40.新宿西口金券店 1-24
41.但馬珈琲屋 1-24
42.東京麵通團 1-24
43.思い出横丁 1-25
44.Yodobashi 西口本店 1-25
45.うどん 慎 1-26
46.ルモンド 1-26
47.GMT 1-26
48.新宿西口郵便局 1-27
49.東京都廳第一本廳舍 1-27
A
B
C
D
1
2
3
4
5
都營大江戶線
出D5
新宿西口駅
出D4
Metro 丸之內線
西口
都營大江戶線
成田 / 羽田機場 巴士站
都廳前駅
出E3
出A4
出E2
出A6
出A7
出A2
出E1
出A3
往西新宿五丁目駅
新宿駅
出3
出5
出7
出4
出6
京王線
Google Map 下載

E
F
G
北
1
2
3
4
5
西武新宿線
新宿駅
靖國通り
新宿通り
新宿駅
Metro副都心線
明治通り
新宿三丁目駅
JR新宿駅
東口
中央口
東南口
南口
新南口
Southern Terrace口
都營新宿線
小田急線
往JR原宿駅
新宿三丁目駅
Metro副都心線
出B12
出B10
出B9
出A
出B6
出B5
出A5
出B4
出B3
出B2
出A2
出C2
出C3
出C4
出E5
出E7
出E8
出2
01
02
03
04
05
06
07
08
09
10
11
12
13
14
15
16
17
18
19
20
21
22
23
25
26
27
28
29
30
31
32
34
35
36
37
41
43
Map 1-2

新宿 Shinjuku

無印兩生花
MUJI新宿、無印良品新宿

JR 新宿駅東口 • 東南口步行 5 分鐘

2021年9月，無印良品兩間新宿店改裝後重新開幕，分別名為MUJI及無印良品，驟眼睇好像同一間店，其實市場定位大有分別。

【MUJI新宿】 MAP 1-2 F2 03

以「環保與社會議題」為概念，店內設置了最大的「Re-MUJI」賣場。ReMUJI顧名思義，就是回收的無印舊衣物重新染製、販售。又設有「もつたいない市」(來自佛家語Mottainai，形容對萬物都要感恩)，以特價銷售有輕微瑕疵的產品。至於「IDÉE」賣場，則以「探索生活」為宗旨，推出與本地或國外藝術家合作創作的家居用品。

全新概念的 MUJI新宿。

地址： 新宿區新宿 3-15-15 新宿 Piccadilly 影城 B1-2F
電話： 03-5367-2710
營業時間： 11:00am-9:00p

INFO

04 MAP 1-2 F3 【無印良品新宿】

位於伊勢丹本館旁，以「日常用品」為主題，集中營銷日用品及食品。該店樓高四層，B1銷售服飾、1樓售賣冷凍食品、2-3樓化妝品及日常家品。由於地方寬敞，非常適合無印迷輕鬆地購物。

寬敞好行的無印良品 新宿。

地址： 新宿區新宿 3-17-1 Isamiya 大樓 B1~3F
電話： 03-3350-8271 **營業時間：** 11:00am-9:00pm
網頁： https://www.muji.com

INFO

體育主題商場 MAP 1-2 E2 05

新宿 Alpen TOKYO

JR 新宿駅東口出站即達

過去體育用品只會佔商場的一層或半層的空間，難得有50年歷史的日本體育專門店Alpen，竟選擇在新宿的黃金地段，興建8層樓高的體育主題商場。

Alpen TOKYO B2-2F為SPORTS DEPO旗艦店，涵蓋的運動由足球、籃球、網球至棒球的服飾及裝備。3-5F為Alpen Outdoors，提供露營和戶外用品，包括Snow Peak、Coleman、North Face等大品牌。6-7F為GOLF5旗艦店，提供高爾夫初哥至高手的服飾及裝備，更設有8個擊球區。至於8F則為展銷場，是掃平貨的好地方。

Alpen把SPORTS DEPO、Alpen Outdoors及GOLF5三大品牌的旗艦店盡收在Alpen TOKYO。

日本人對露營非常講究，牌子的選擇亦超多。

地址： 新宿區新宿 3-23-7 **電話：** 03-5312-7680
營業時間： 平日 11:00am-10:00pm，星期六日及假日 10:00am 開始
網頁： https://store.alpen-group.j

INFO

全日本最大的迪士尼店 MAP 1-2 F3 06

Disney Store 旗艦店

JR 新宿駅東口步行 3 分鐘

新宿的Disney Store旗艦店剛於2021年底開幕，樓高三層的旗艦店集齊迪士尼四大皇牌—迪士尼、漫威、星球大戰及彼斯系列的精品，最特別是設有「D-Made」店中店，為客人tailor-made T恤及公仔，自由配搭不同元素創造獨一無二的手信。

店內有許多打卡位。

「D-Made」實驗室。

Disney Store 新宿店是目前日本最大的分店。

地址： 新宿區新宿 3-17-5 T&T III 大樓
電話： 03-3358-0632
營業時間： 10:00am-8:45pm
網頁： https://shopdisney.disney.co.jp/

INFO

超人氣黃金地段商場 07
NEWoMan

MAP 1-2 E4

JR 新宿駅新南口直達

於2016年開幕的NEWoMan，LUMINE集團專為女士打造的新商場，位於日本最繁忙的新宿車站，匯聚各方人流！有別於一般百貨公司，它是以select shop的形式精選了百多間流行服裝、雜貨、餐廳及化妝品等。商場的空間感和整齊的色調，以及仿自然的環境，令人逛得舒適！

地址： 東京都新宿區新宿 4-1-6
電話： 03-3352-1120
營業時間： 1F、3F-7F: 星期一至六 11:00am-8:30pm，星期日及假日至 8:00pm；
2F: 星期一至六 8:00am-9:00pm，星期日及假日至 8:30pm；Food Hall:7:00am- 11:00pm
網頁： www.newoman.jp

INFO

7a 咖啡界Apple
Blue Bottle Coffee

Blue Bottle發源自美國，是時下最熱門的咖啡品牌。它們堅持咖啡豆的單一產地、有機及自家烘焙，加上即點即沖的手藝，令它們風靡美日。店內有售咖啡杯等周邊商品，而自家烘焙的咖啡豆，是人氣榜No.1！

INFO

位置： NEWoMan 1F
營業時間： 星期一至六 8:00am-9:00pm，星期日及假日至 8:30pm

輕井澤名牌麵包
ベーカリー＆レストラン 沢村 7b

來自輕井澤的麵包名牌，以北海道產小麥精心製作，令客人半夜三更都可以吃到熱辣辣新鮮麵包，功德無量。

位置： NEWoMan 2F **電話：** 03-5362-7735
時間： 麵包店：7:00am-9:00pm；餐廳：11:00am-11:00pm
網頁： http://www.b-sawamura.com/

★ INFO

7c 工業「型」咖啡店
Verve Coffee Roasters

同樣來自美國的Verve Coffee，走的是工業風格，因被雜誌《GQ》評為最佳咖啡烘焙店而聲名大噪。它們秉持著咖啡豆產地直送的概念，除了咖啡，店內更有售同樣人氣爆登的美國過江龍冬甩Camden's Blue Star Donuts。假如在Blue Bottle找不到位置，這裡是不二之選。

店內有大量周邊商品如Tee、隨行杯、咖啡豆等，設計簡單又時尚。

位置： NEWoMan 2F
營業時間： 7:00am-10:00pm

★ INFO

Seasonal 和菓子 7d
えんなり

有別於一般和菓子店，えんなり從日本全國搜羅特別的日式甜點及創意和菓子，只售賣合時的甘飴，每次光臨都總有驚喜。

★ INFO

位置： NEWoMan 2F
營業時間： 星期一至六 9:00am-9:00pm，星期日及假日至 8:30pm

新宿 Shinjuku

自己口味自己話事 7e
800° Degrees Neapolitan Pizzeria

800° Degrees是主廚兼創辦人Anthony Caron 2012年於美國西岸開的Pizza店，令它人氣急升及進軍日本的理由，就是因為它提供客製化的Pizza。客人可從5種Pizza餅底、超過40多種材料中選擇自己喜歡的口味。另外，Pizza會放入保持在華氏800度的木炭窯烤爐，香脆之餘又帶柴香，正！

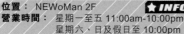

INFO

位置： NEWoMan 2F
營業時間： 星期一至五 11:00am-10:00pm，星期六、日及假日至 10:00pm

超邪惡美味牛油 7f
Butter Butler

牛油從來都是配角，但Butter Butler對牛油卻極之講究！它強調從全世界嚴選出最好的牛油，製作出各式各樣的甜品，令牛油也能登上大雅之堂！

INFO

位置： NEWoMan 2F
營業時間： 星期一至六 9:00am-9:00pm，星期日及假日至 8:30pm

任食法式甜品 7g

Salon Bake&Tea

由美食家淺本充監製的Salon Bake&Tea，主打正宗法式輕食。推供自助形式的甜品 buffet，亦有法式鹹派、時令甜品，及傳統蒙布朗、栗子蛋糕、馬卡龍等，口味絕對不輸法國當地。

★ INFO

位置： NEWoMan 3F
營業時間： 星期一至五 11:00am-7:00pm，星期六、日及假日至 8:00pm

7h 意式風情

ROSEMARY'S TOKYO

日本首間來自美國紐約的意大利餐廳ROSEMARY'S，主打本土新鮮野菜及香草，提供以美食聞名於世的托斯卡尼(Tuscany)料理，味道非常正宗。

★ INFO

位置： NEWoMan 6F
營業時間： 星期一至五 11:00am-10:00pm，星期六、日及假日至 10:00pm

同場加映

除了食買玩，3-4F更是日本最大型的長途巴士總站 ——バスタ新宿。無論是來往機場、箱根，甚至名古屋或大阪的巴士，統統在這裡上車。而且站內有齊提款機、Locker、觀光案內等，一站式的設施，實在是方便！

營業時間： 詢問處 7:00am-11:00pm；人工售票處 5:50am-11:45pm（各巴士公司營運時間稍有分別）
網頁： http://shinjuku-busterminal.co.jp

不起眼百貨店
西武 PePe

MAP 1-2 E1 08

JR 新宿駅東口步行 5 分鐘

位於新宿太子酒店樓下的購物商場西武PePe，是一個很受外地遊客歡迎的商場，因為不少香港人都喜歡入住新宿太子酒店。PePe邀得很多大家熟悉的品牌加盟，例如Uniqlo、無印良品和有名的「百元店」Cando。遊客很容易集中地在PePe找到自己的心頭好，購物十分方便。

地址： 東京都新宿區歌舞伎町 1-30-1
電話： 03-3232-7777
營業時間： 11:00am-10:00pm
網頁： http://seibu-shop.jp/shinjuku/

INFO

單是零食已經佔了一個大角落。

這裡有很多器皿都是日本製造，價錢只是100 yen。

MAP 1-2 E1 8a

100yen店
Cando

Cando是日本三大「100 yen店」之一，在日本享負盛名，售賣很多有趣的卡通公仔如「熊本熊」和迪士尼動畫主角精品，玻璃杯、餐具、衛生紙和零食等等。所有貨品，都以￥100(不含稅)出售。如果你習慣行Daiso，這裡肯定會為你帶來更多驚喜，因為貨品種類比Daiso更多，而且設計也不錯。

位置： 西武 Pepe 8F
網頁： www.cando-web.co.jp

INFO

厲害人氣拉麵
すごい煮干ラーメン凪

MAP 1-2 G2 09

JR 新宿駅東口步行 8 分鐘 /Metro 新宿三丁目駅 E2 出口步行 3 分鐘

凪(Nagi)是新宿區內十分有名的得獎拉麵店，而且24小時營業，很多東京人都推介。店家的招牌拉麵是煮干ラーメン，每碗拉麵湯都用上60g煮干熬製(煮干即魚乾)。拉麵上的叉燒微微燒過，肉質恰好，不會太老，湯底味道濃郁，帶點醬油香，是一碗質素極高的拉麵。

煮干ラーメン，￥700

店面不大，不宜shopping後大袋小袋去吃，吃完後把碗放到前面方便店員清理。

地址： 東京都新宿區歌舞伎町 1-1-102F 新宿ゴールデン街內
電話： 03-3205-1925 **營業時間：** 24 小時
網頁： www.n-nagi.com

INFO

本土百貨店 Alta

10 MAP 1-2 E2

JR 新宿駅東口步行 2 分鐘 /Metro 丸之內線新宿駅 B13 出口即見

Alta是一間以少女為目標客戶的百貨公司，只要是女生用得著的東西，裡裡外外如內衣、服飾、雜貨等，全部可以在這座樓高八層的Alta找到。

地址： 東京都新宿區新宿 3-24-3
電話： 03-3350-5500
營業時間： 11:00am-8:30pm
網頁： https://www.altastyle.com/

INFO

買波鞋必去 ABC Mart

11 MAP 1-2 F2

JR 新宿駅東口步行 3 分鐘 /
Metro 丸之內線新宿駅 B10 出口即見

ABC Mart是亞洲很有名的連鎖鞋店，單計新宿，就有6間分店。ABC Mart以鞋款齊全見稱，不論是男裝女裝，日版限量版還是休閒款運動款，甚至襪子、鞋帶和其他鞋子保護商品，應有盡有。告訴大家，每一間ABC Mart都有「當店特賣」鞋款，特選的鞋款會進行商店限定減價的。

地址： 東京都新宿區新宿 3-18-2
電話： 03-5363-6302
營業時間： 11:00am-9:00pm
網頁： www.abc-mart.net

INFO

百年水果老店 MAP 1-2 E3

新宿高野 Takano ⑫

JR 新宿駅東口步行 1 分鐘 /
Metro 新宿駅三丁目 A7 出口直達

★★★

日本水果質素之高已是舉世肯定，Takano創立於1885年，新宿總店以外，另有分店遍佈池袋、上野、以至大阪、名古屋等地，為客人搜羅全日本高級的水果。除了零售新鮮水果，新宿總店更附設咖啡店 (5F)，可以品嘗一眾水果美食、包括色彩艷麗的芭菲、水果窩夫及三文治等。如果有時間，最好幫襯每天下午三時舉行的水果放題，￥5,500吃到飽，絕對值回票價。

必試靜岡縣產網紋蜜瓜芭菲￥2,640

地址： 東京都新宿區新宿 3-26-11
電話： 03-5368-5147
營業時間： 11:00am-8:00pm
網頁： http://takano.jp

★ INFO

新宿總店共5層，5樓為水果Café，B1是水果零售點，B2是甜品輕食區。

水果放題會定時更換主題，客人在120分鐘內任選任食，成人每位￥5,500、12歲以下小童￥3,300，必須網上預約。

MAP 1-2 F3 老牌書店

⑬ 紀伊國屋書店

JR 新宿駅中央東口步行 2 分鐘

紀伊國屋書店是東京幾家書店中規模最大，出售書籍最多的一家。在新宿，紀伊國屋書店已經有3間分店，新宿本店成立於1927年，樓高11層，藏書量超過百萬冊，是東京最熱鬧的書店之一。書店集合了最新最齊的日本書刊，大家喜歡的雜誌一定少不了，店中更有出售文具及各學科相關的書籍，是「書友」必訪的景點。

排行榜是選書的重要參考。

書店定期會舉行專題書選。

地址： 東京都新宿區新宿 3-17-7
電話： 03-3354-0131
營業時間： 10:00am-8:30pm
網頁： www.kinokuniya.co.jp

★ INFO

新宿地標 MAP 1-2 G3

伊勢丹百貨 14

JR 新宿駅東口步行 10 分鐘 /
Metro 新宿駅三丁目 B3 或 B4 出口直達

伊勢丹是日本標誌性的高級百貨公司品牌，於明治19年開創。位處新宿的伊勢丹更是全國百貨店營業額頭五名的店舖，十分受旅客歡迎。伊勢丹的地庫食品街是遊客必到的地方，內有多間日本人氣甜品店，經常出現人龍，喜歡日式甜品的朋友一定要前往試試！

INFO
地址： 東京都新宿區新宿 3-14-1
電話： 03-3352-1111 **營業時間：** 10:00am-8:00pm
網頁： https://www.mistorc.jp/store/shinjuku.html

MAP 1-2 G3 廚師的舞台

14a Kitchen Stage

隱藏在伊勢丹百貨店內的餐廳，全店只可容納17人，以開放式廚房設計作招徠，不斷從世界各地邀請名廚來到Kitchen Stage坐鎮設計菜式，每晚廚師都在客人面前精心製作兩款是日限定菜式。能夠坐在主廚面前欣賞頂級的烹飪技術，對食客來說無疑是獨一無二的體驗。

每款菜式都由廚師即席煮成

晚餐供選擇的只有兩至三款，有前菜和主菜。

INFO
位置： 新宿伊勢丹本館 B1F
營業時間： 10:30am-8:00pm(L.O.7:00pm)

最簡單Pancake 15
星乃珈琲 MAP 1-2 F3

JR 新宿駅中央東口步行 7 分鐘 / Metro 新宿駅三丁目 B6 出口步行 2 分鐘

近年日本很流行吃Pancake，但一般都會加入很多忌廉和新鮮水果，不是每個人也喜歡。而星乃的厚Pancake就簡單得多，鬆軟的Pancake只用上楓糖和牛油拌吃，反而能吃得出Pancake的味道。不過店家都有推出各款口味，照顧不同人士需要，當然也有加入忌廉和水果的味道。

熱咖啡則採用瓦杯。

兩層 Pancake ¥780，也有單層版本 ¥580，最適合只想試食的朋友。

這裡的咖啡很不錯，點冰咖啡會用上一個古典味很重的黃銅杯。

地址：東京都新宿區新宿 3-17-5 新宿ニユー富士ビル 2F
電話：03-3358-7891
營業時間：11:00am-10:30pm
網頁：www.hoshinocoffee.com
INFO

MAP 1-2 F3 正宗印度咖哩
15 Manna（中村屋）

JR 新宿駅東口步行 2 分鐘 / Metro 新宿三丁目駅地下街 A6 出口直達

Manna是當地極受歡迎的印度咖哩餐廳。於昭和2年，即1901年由日本人相馬愛藏黑光夫婦開創。當年，有一位印度人巧遇相馬愛藏黑光夫婦，決定親自把正宗的印度咖哩製作方法傳授給他們，夫婦二人學懂印度人的技術後，就在新宿開設本店，出售印度咖哩。

海鮮咖哩 ¥2,090

蔬菜咖哩 ¥1,760。

INFO
地址：東京都新宿區新宿 3-26-11 新宿中村屋ビル B2F
電話：03-5362-7501
營業時間：11:00am-10:00pm
網頁：www.nakamuraya.co.jp/manna

純印度風味咖哩 ¥1,870，昭和2年 (1927) 年已推出。

年輕人百貨 MAP 1-2 F3

O1O1本館 17

JR 新宿駅東口步行 10 分鐘 /
Metro 新宿駅三丁目 C1 出口直達

O1O1共九層，當中最受注目的，就是位於頂層，全東京都規模最大的空中庭園，它以「治癒空間」作為主題，配合獨特的英式設計，為當地的遊人和上班一族打造一個公共休憩空間。至於其他樓層，O1O1邀請了多個國際知名的品牌進駐，例如Burberry Blue Label、Mercibeaucoup等。設在頂層的英式庭園Q-Court，可免費進入，園內除了綠化布置，還有不少座椅供大家歇息，晴天時不妨在O1O1買些茶點上來享受下午茶。

地址： 東京都新宿區新宿 3-30-13
電話： 03-3354-0100
營業時間： 11:00am-8:00pm
網頁： https://www.0101.co.jp/003/

INFO

MAP 1-2 G4 羅莉塔基地

18 O1O1 Annex

JR 新宿駅東口步行 10 分鐘 /
Metro 新宿駅三丁目 C1 出口步行 2 分鐘

O1O1 Annex是丸井百貨旗下一個品牌，樓高八層，除了售賣服裝和生活用品，館內也有「羅莉塔」(Lolita)時尚品牌及動漫專賣店，是動漫迷入貨的好地方。

地址： 東京都新宿區新宿 3-1-26
電話： 03-3354-0102
營業時間： 11:00am-8:00pm
網頁： https://www.0101.co.jp/005/

INFO

MAP 1-2 G2 男士天堂

19 O1O1 Men

JR 新宿駅東口步行 10 分鐘 /
Metro 新宿駅三丁目 E3 出口步行 5 分鐘

除了O1O1 Annex外，在新宿，O1O1百貨店特別開設O1O1 Men專區，引進Burberry Black Label、Comme ca Commune、Kura Chika等大家熟悉的品牌，讓男性客人同樣可以在O1O1找到他們心儀的產品。

INFO

地址： 東京都新宿區新宿 5-16-4 **電話：** 03-3354-0101
營業時間： 11:00am-8:00pm **網頁：** https://www.0101.co.jp/074/

人氣咖喱

MAP 1-2 G4

Curry 草枕 ⑳

JR 新宿駅東口步行 8 分鐘 /Metro 新宿三丁目駅 C1 出口步行 3 分鐘

Curry草枕位於新宿三丁目，在日本飲食網站上，草枕是新宿區其中一間人氣餐廳。中村屋對很多人來説可能太高級，位於新宿小巷的草枕則是平民化版本，同樣都以賣印度咖喱為主。這裡只賣咖喱，餐牌上每天有六款，最特別的是共分成10種辣度，號碼越大辣度越高。他們以大量香料煮咖喱，還會加入水果，利用甜味中和咖喱刺激的辛辣味，平衡味道。

茄子番茄雞肉咖喱（なすトマトチキン），¥1,080。

配合漬物吃可以中和味道

這裡一人位比較多，午餐時間很多上班族前來惠顧。

地址： 東京都新宿區新宿 2-4-9 中江ビル 2 階
電話： 03-5379-0790
營業時間： 11:00am-3:00pm，6:00pm-9:00pm
網頁： http://currykusa.com

INFO

賞櫻名所

MAP 1-2 G4

新宿御苑 ㉒

JR 新宿駅南口步行約 15 分鐘 / 乘 Metro 丸之內線於新宿御苑前駅下車，步行 5 分鐘

新宿御苑在明治時代是日本皇室專用的庭園，本來在江戶時代屬高遠藩主內藤家宅邸，後來被改建成公園，內有多個風景式的庭園名作，二戰結束後開放給民眾參觀。在御苑內種有超過一千棵櫻花樹，是東京熱門的賞櫻地點。

INFO

地址： 東京都新宿區內藤町 11
電話： 03-3350-0150
營業時間： 9:00am-4:30pm，星期一休息，3 至 9 月延長開放
網頁： www.env.go.jp/garden/shinjukugyoen
費用： 大人（高中生以上）¥500，中學生 ¥250，小學生及幼兒免費

異國美食藝術基地 MAP 1-2 F4

Sanagi Shinjuku 22

JR 新宿駅東南口步行約 3 分鐘

繼中目黑高架下開幕，新宿日州街道高架下亦開設了Sanagi Shinjuku，以美食廣場為主，配合藝術、音樂。內有四間餐廳，分別是泰式風味的炎のガイヤーン、港式的点心爛漫、吃關東煮及壽司的こちらTOKYO CALLING及酒餚綠黃色人種。這裡亦會不定期舉辦表演活動，例如DJ音樂表演、藝術家作品展等。

地址： 東京都新宿區新宿 3-35-6 甲州街道高架下
電話： 03-5357-7074
營業時間： 11:00am-11:00pm
網頁： http://sanagi.tokyo

INFO

螃蟹御膳午餐 ¥3,500

螃蟹涮涮鍋晚餐（冬天山茶）¥6,800。

蟹料理 MAP 1-2 G2

23 蟹道樂新宿本店

Metro 新宿駅三丁目 E3 出口步行 5 分鐘

かに道樂（蟹道樂）雖然位於8樓，但大廈外牆掛著一隻很大很大的蟹作標誌，很容易就能把它找出來。店內的蟹都是從北海道直送，生猛又新鮮。晚餐時間，蟹料理由¥5,000起， 如果中午來吃，價錢會便宜一點，¥3,500起。

地址： 東京都新宿區新宿 3-14-20 劇場大樓 8F
電話： 03-3352-0096 **營業時間：** 11:30am-10:00pm
網頁： http://douraku.co.jp

INFO

潮流品牌 Lumine 1

MAP 1-2 D4

24

JR 新宿駅南口直達

Lumine 1、Lumine 2和Lumine EST是新宿車站旁邊3間大型購物中心，由JR東日本經營，他們照顧市場上不同客人的需要。Lumine 1除了有最新最潮的女性時裝品牌進駐外，更開設多間美髮、美甲、修甲等美容中心。所以這裡也是各位OL和女學生放工放學後的熱門shopping地方。

位於Lumine 1 5樓的Book First，營業至10:30pm，晚飯後可以逛逛。

good spoon位於7樓，每天供應自家製7種口味的乳酪。

INFO

地址：東京都新宿區新宿 1-1-5
電話：03-3348-5211
營業時間：11:00am-9:00pm
網頁：http://www.lumine.ne.jp/shinjuku/

最潮雜貨 Lumine 2

MAP 1-2 E4

25

JR 新宿駅南口步行 3 分鐘

女裝都集中在Lumine 1，男裝呢？可以過來Lumine 2。這邊有多個不同的男性時裝品牌進駐，是男性選購潮流衣物的好去處。除此以外，Lumine 2也是雜貨的天堂，有各種服飾配件和生活雜貨，遊客可在此選購小禮品充當手信。

5樓的貴和製作所，是挑選小首飾的好地方。

Now on Cheese位於Lumine 2的1樓，無論芝士餅及雪糕都令人難以抗拒。

INFO

地址：東京都新宿區新宿 3-38-2

生活雜貨 PLAZA

MAP 1-2 E4

25a

PLAZA是間生活雜貨店，引入不少外國的產品，款式又多又新，很多女士買禮物給朋友都會到這裡來。這裡的美容用品、文具、餐具、糖果等，全部由外國進口，說得上是一間小型的百貨店。

INFO

位置：Lumine2 2F

健康湯 26b MAP 1-2 E4

Soup Stock Tokyo

Soup Stock Tokyo是新派湯品店，主打女性市場，在東京已開設多間分店。從門口走過，香味四溢的Soup Stock Tokyo提供多個湯品讓客人選擇，牛肉湯、洋蔥湯和海鮮湯，更有富創意的士多啤梨凍湯，全部都可以單點或叫套餐，套餐的份量足夠成為女士的主食，每份￥500起。

位置： Lumine2 1F **電話**： 03-3342-6066
營業時間： 11:00am-9:00pm
網頁： www.soup-stock-tokyo.com

INFO

MAP 1-2 E3 專賣生活雜貨

26 Lumine EST

JR 新宿駅東口直達

Lumine EST有幾層是出售男性服裝的，其他樓層則是讓大家購買飾品和生活雜貨，多個關西人氣品牌的手袋、耳環、珠寶等都可以在Lumine EST買到。未滿足shopping癮，可走到￥1,000區和￥300區，繼續購買各樣生活雜貨。

地址： 東京都新宿區新宿 3-38-1
電話： 03-5269-1111
營業時間： 11:00am-9:00pm
網頁： www.lumine.ne.jp/est

INFO

味噌炸豬排 MAP 1-2 E2

すずや本店 27

JR 新宿駅東口步行 3 分鐘

1954年開業的すずや本店，店內擺放著的木製家具，充滿歷史感，它最有名的是炸豬排茶泡飯，豬排香脆鬆軟，肉汁從中直湧出來，鮮味無比，配合靜岡縣生產的秋冬番茶，是另一種炸豬排的體驗。

枱上有英文版的享用方法，跟著步驟便可吃到美味的豬排茶泡飯。

地址： 東京都新宿區歌舞伎町 1-23-15 SUZUYAビル 5F
電話： 03-3209-4480 **營業時間**： 11:00am-11:00pm
網頁： www.toncya-suzuya.co.jp

INFO

二手名牌老店 28
大黑屋

MAP 1-2 F2

JR 新宿駅東口步行 5 分鐘

不少人會到日本掃二手名牌，除了因為日圓低迷，日本人總是小心使用並且保持物品整潔，因此即使是二手，也非常新淨，而且更有機會買到絕版珍藏。大黑屋是一間擁有60多年歷史的當舖，收購及放售二手名牌手袋、手錶及首飾。新宿店樓高三層，有會說中文的店員及退稅服務，店內除了不同一線大牌，亦有出售演唱會、主題樂園等門票，如想尋尋寶不妨走一轉。

地址： 東京都新宿區新宿 3-17-13 KEI ビル 1F
電話： 03-5360-6200
營業時間： 11:00am-8:00pm
網頁： http://www.daikokuya78.co.jp/

INFO

新宿和菓子老店 30
追分だんご本舗

MAP 1-2 G3

只在秋冬季供應的栗子糰子(栗あん)¥421

夏季的消暑刨冰。

草莓糰子（いちごあん）¥345，只在冬春二季供應。

JR 新宿駅東口出站步行 8 分鐘

位於新宿伊勢丹斜對面的追分だんご本舗（追分糰子本舖），開業於1945年，擁有七十多年歷史，見證新宿的興衰。糰子口味有抹茶、紅豆、艾草、甚至甜醬油，更會按季節推出限定品，如春天的草莓及秋天的栗子口味。除了糰子，店家還提供大福、草餅、刨冰及麻糬湯等甜食，外賣或堂食都無任歡迎。

地址： 東京都新宿區新宿區新宿 3-1-22
電話： 03-3351-0101
營業時間： 12:00nn-6:00pm，星期六、日 11:30am 開始
網頁： https://oiwakedango.co.jp/

INFO

專營外國品牌 30
Flag

MAP 1-2 E4

JR 新宿駅東南口直達

以超大熒光幕作識別，位於東京新宿駅東南出口旁的Flag，是主打高級外國品牌的百貨商場，例如Gap、Gap Kids、Tower Record等大牌子都有進駐。商場大門外常有街頭表演者作不同形式的busking演出，吸引不少人圍觀。

地址： 東京都新宿區新宿 3-37-1
營業時間： 一般商店為 11:00am-9:00pm，有些則會營業至較晚
網頁： www.flagsweb.jp/

INFO

飲食大樓 MAP 1-2 E2

Nowa

31

JR 新宿駅東南口步行約 3 分鐘

新宿的Nowa邀得多個高質素的飲食集團進駐，打正旗號要開創一個食店商場。商場內的餐廳種類很多，有專門吃螃蟹的餐廳，提供燒肉放題的餐廳，又有以創作料理及製作和食料理聞名的餐館，選擇多多。

地址：東京都新宿區新宿 3-37-12
營業時間：11:30am-11:00pm
網頁：www.gnavi.joy.ne.jp/
INFO

MAP 1-2 F5 二合一百貨

32

Takashimaya Time Square

JR 新宿駅新南口步行 3 分鐘 /
Metro 副都心線新宿駅 E8 出口直達

也許大家並不知道，Times Square其實是由兩間百貨公司共同組成的商場，分別是日本老字號品牌高島屋和雜貨店Hands。當中紀伊國屋書店、唱片店HMV、潮流品牌Burberry等都在Times Square設分店，而且高島屋和Hands均有提供即場退税服務，遊客大可在此一次過買夠你的心頭好。

空中庭院(WHITE GARDEN)設在13樓，裡面更有一座小神社。

INFO
地址：東京都涉谷區千駄谷 5-24-2
電話：03-5361-1111
營業時間：10:30am-7:30pm
網頁：www.takashimaya.co.jp/shinjuku

方便遊走新宿 MAP 1-2 D3

WE Bus

33

JR 新宿駅南口直達步行 3 分鐘

於新宿市內行走的WE Bus路線以JR新宿為中心，接送乘客遊走多個新宿區內的主要景點和飯店。

時間：10:00am-8:00pm，約 10-12 分鐘一班車，行駛一圈約 30-40 分鐘
費用：￥100（大小同價），一日乘車券（可無限次乘搭）￥300，可使用 PASMO、Suica 或直接跟車長購買
網頁：https://www.keio-bus.com/ensen-info/webus.html
INFO

超級方便 MAP 1-2 E4

新宿 Mylord 34

JR 新宿駅南口出站即達

MYLORD位於JR新宿駅南口，超級方便就腳。商場的7-8樓是美食街，有不少價廉物美的食肆，如平價炸豬排專門店「和幸」，與及新派韓式素食店「Vege Go」。另外人氣家品雜貨店「Natural Kitchen」則設在2樓及6樓，而生日賀卡及禮品店「BIRTHDAY BAR」亦設在2樓，醫飽肚可以即時落樓掃貨，非常方便。

地址： 東京都新宿區西新宿 1-1-3
電話： 03-3349-5611
營業時間： 10:00am-9:00pm
網頁： www.shinjuku-mylord.com

INFO

35 MAP 1-2 E4 夏威夷風

Hawaiian Pancake Factory

Hawaiian Pancake Factory擅長把多款不同的新鮮水果搭配在一起，拼砌成一份份賣相吸引，色彩奪目的pancakes，這也是夏威夷風格。另外，Hawaiian Pancake Factory尚有其他小食供應，男士不用擔心只有甜品了。

色彩艷麗的夏威夷沙律。

マンゴー"とココナッツ（芒果和椰子）Pancake，¥1,188。

位置： 小田急新宿 My Lord M2F
電話： 03-3349-5843
營業時間： 11:00am-11:00pm
網頁： www.giraud.co.jp/hpf

INFO

平價家居用品 MAP 1-2 E4

Natural Kitchen 36

在日本，有很多生活雜貨店，其中一個較具人氣的，叫Natural Kitchen。Natural Kitchen又分「Natural Kitchen」和「Natural Kitchen &」兩個系列，前者只賣¥100的產品，多為自然風生活雜貨；後者則有¥100、¥300、¥500幾個分類(未連稅)，售賣較大型的生活小物品。這裡的產品都是自家設計，帶點北歐風的簡約味道，很多OL都喜歡。

Natural Kitchen在6樓另設Mine!分店，銷售較高階的家品，也會定期舉辦工作坊。

位置： 小田急新宿 My Lord M2F
電話： 03-3349-5703
營業時間： 11:00am-9:00pm
網頁： www.natural-kitchen.jp

INFO

文具控天堂
世界堂

MAP 1-2 G4
37

JR 新宿駅東南口步行 7 分鐘

在香港買美術用品選擇不多，而且價錢又貴，新宿的世界堂就是藝術愛好者的天堂。除了美術用品種類繁多，而且款式十分齊全，最重要大部分貨品都是市價的8折，同一價錢品質比香港買到的好一倍。

地址： 東京都新宿區新宿 3-1-1 世界堂ビル 1F-5F
電話： 03-5379- 1111 **營業時間：** 9:30am-8:00pm
網頁： www.sekaido.co.jp

INFO

主打中檔
京王百貨

MAP 1-2 D3
38

JR 新宿駅西口步行 3 分鐘

京王百貨同樣位於新宿西口旁，是雨天 shopping 的好選擇。店內除了一般常見的男女服飾、生活雜貨等其他百貨公司皆有的商品外，更有和服、珠寶、婚禮用品和寵物用品發售，是區內最多元化的百貨公司，以中檔貨品為主，喜歡購物的朋友萬不能錯過。此外，這裡有退稅服務，在店內購物滿退稅額可獲即場退稅。

地址： 東京都新宿區西新宿 1-1-4
電話： 03-3342-2111
營業時間： 10:00am-8:30pm
網頁： www.keionet.com/info/shinjuku/

INFO

新宿第一店
UNIQLO 新宿西口店

MAP 1-2 D2
39

JR 新宿駅西口步行 2 分鐘

大部分香港人和台灣人都認識的休閒衣服品牌Uniqlo，在JR新宿西邊出口有一間五層樓高的分店，面積廣闊，大家在這裡一定能找到心水Uniqlo衣物。提提各位，這間Uniqlo也設退稅服務。

地址： 東京都新宿區西新宿 1-1-1
新宿パレット
電話： 03-5909-3011
營業時間： 10:00am-9:00pm
網頁： www.uniqlo.com/jp

INFO

買平車票
新宿西口金券店 40

MAP 1-2 D2

JR 新宿駅西口步行 3 分鐘，回憶橫丁附近

金券店是日本人常去的地方，在這裡能夠購買到各種百貨公司的折扣禮券、演唱會票、主題公園門票、美術館門票、圖書卡等，最重要的是可以買到折扣火車票。新宿西口一出，見到Uniqlo後轉入回憶橫丁，那裡便有多間金券店，大家玩樂購物前不妨試試先到這裡物色折扣券。

新幹線車票都可以在這裡買到。

地址： 東京都西新宿 1-2-11
營業時間： 11:00am-7:30pm

INFO

老舖咖啡店
41 但馬珈琲屋

MAP 1-2 E2

店內有紅茶供選擇，甜品也做得不錯。

店內有很多古老的擺設

這Cappuccino以忌廉代替奶泡，並用原條肉桂代替匙羹，口感豐富且帶微微的肉桂香味。

JR 新宿駅西口步行 3 分鐘，回憶橫丁入口旁

在新宿回憶橫丁的入口旁，有一間滿是懷舊家具的店舖，那就是但馬珈琲屋。這座大正時代的建築物古色古香，店內放置著多款古董擺設，不停播放多首爵士音樂。咖啡師細心的為客人調製咖啡，然後送到客人的座位前。在店內點杯咖啡，一件蛋糕，必定是一個集視覺、味覺和聽覺於一身的享受。

地址： 東京都新宿區西新宿 1-2-6 電話： 03-3342-0881
營業時間： 10:00am-11:00pm
網頁： https://tajimaya-coffeeten.com/

INFO

自助烏冬
東京麵通團 42

MAP 1-2 D1

JR 新宿駅西口步行 5 分鐘 / 都營新宿西口駅 D5 出口步行 2 分鐘

這家店開得很晚，烏冬又屬輕量食物，絕對是夜宵首選。店子採取自助式，食客點麵後，即可自行挑選炸物、關東煮等配菜。因為採自助形式，所以就算不懂日語也可輕易點菜。

配料自選，揀好後交到櫃枱付款，然後再找座位。

這樣幾百日圓便可吃到。

地址： 東京都新宿區西新宿 7-9-15 ダイカンプラザビジネス清田ビル 1F
電話： 03-5389-1077
營業時間： 10:00am-10:00pm
網頁： www.mentsu-dan.com

INFO

地道食店集中地 MAP 1-2 E2

思い出横丁 43

JR 新宿駅西口步行 3 分鐘

「思い出横丁」的中文意思乃「回憶横丁」，小小的一條横巷，聚滿了幾十間地道的食店。這是當地人放工後消遣常去的地方。整條街左右兩邊共有約八十多間小店，大部分光顧的，都是日本人。販賣串燒為主的居酒屋十分平民化，成為遊客跟當地人打成一片的好地方，有些店舖，更有中文餐牌提供。

這裡的店面很小，最多可容納8-10人。

地址： 東京都新宿區西新宿 1-2-5
營業時間： 5:00pm-3:00am（因各店而異）
網頁： www.shinjuku-omoide.com
INFO

人情味小店 MAP 1-2 E2

43a たっちゃん

JR 新宿駅西口步行 3 分鐘

烤魷魚，很爽口，送啤酒不錯。

因為老闆懂英語，所以能跟外國人溝通。

燒飯糰是老闆創作出來，上面配一點海膽醬，非常惹味。

「盛合」是拼盤菜式，廚師會精選幾款好味食物。

たっちゃん店面不大，連二樓最多坐15人左右，老闆自己一個煮食物給客人，客人點一份他便煮一份。老闆略懂英語，而且小店有懂説國語的店員，外國人不用太擔心點菜。這裡的燒飯糰很不錯（焼おにぎり），基本上都採用新鮮的食材去煮，隨意點自己喜歡的就好，最重要夠新鮮和老闆用心煮每一份食物。

地址： 東京都新宿區西新宿 1-2-7
電話： 03-3348-4594
營業時間： 5:00am-12:00mn，星期日休息
網頁： www.shinjuku-omoide.com
INFO

電器之霸 MAP 1-2 D4 44

Yodobashi 西口本店

JR 新宿駅西口步行 5 分鐘

Yodobashi是當地歷史悠久的電器商店，只計新宿區已經有兩間分店，Yodobashi西口本店也是在新宿起家。從1960年開始，Yodobashi就以賣菲林相機奠定基業，後來因應當地人的需求有所改變於是開始引入其他不同的家用電器，成為日本知名的電器商店。時至今日，Yodobashi已經是日本家電銷量排行第三的大型家電商店。

地址： 東京都新宿區西新宿 1-11-1
電話： 03-3346-1010
營業時間： 9:30am-10:00pm
網頁： www.yodobashi.com
INFO

絕品烏冬 MAP 1-2 C5

うどん 慎 45

JR 新宿駅南口步行 7 分鐘

野菜炸蝦天婦羅烏冬 ¥1,690
溫泉蛋烏冬 ¥980。
烏冬標榜現打、現切、現煮。

日本的烏冬當然以讚岐最著名，但這間在新宿駅附近的小店，雖然不是頂著讚岐的招牌，卻依然大有人氣，在不同的烏冬選舉中名列前茅。這裡的烏冬標榜現打、現切、現煮，做好的烏冬不會冷藏，以保持麵條順滑彈牙的口感。烏冬的湯以柴魚和昆布熬製，再配上外脆內嫩的天婦羅炸物，一碗滿分的烏冬便告完成。

地址： 東京都涉谷區代々木 2-20-16 相馬ビル一階
電話： 03-6276-7816
營業時間： 11:00am-11:00pm，星期五、六至 12:00mn
網頁： https://www.udonshin.com/
INFO

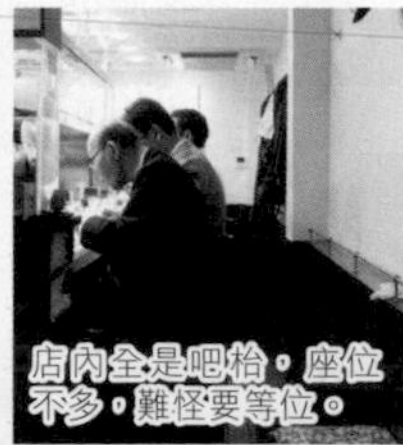
店內全是吧枱，座位不多，難怪要等位。

最便宜只要 ¥1,200，即點即煮，牛肉很嫩，不是便宜就等於沒質素。

平民牛排 MAP 1-2 D4

ルモンド 46

JR 新宿駅西口步行 5 分鐘

如果你並不是追求和牛，只在乎物有所值，那麼在日本其實很易找到便宜的牛排。新宿這家ルモンド，每天中午時分，未到十二點門外便大排長龍，只因他們做到最便宜 ¥1,200就可以吃到一份牛排午餐，還包括沙律和白飯。在日本人氣飲食網站，該店長期高踞人氣榜，想吃到便宜牛排午餐，不妨到這裡來。

地址： 東京都新宿區西新宿 1-16-11
電話： 03-3343-7728
營業時間： 11:00am-3:00pm，
5:00pm-9:30pm，星期日休息
INFO

中古名錶 MAP 1-2 C5

GMT 47

JR 新宿駅西口步行 5 分鐘

不少人趁日圓大跌都會前往日本買名錶，而GMT這裡除了有二手貨品之外，也有新品，價錢比專門店稍為便宜，而且店內可退稅。不少識貨之人會先在網上選好心水並記下貨品編號，再到店內交給職員處理，方便省時。店內的二手錶均有保養，勞力士有兩年保養，其他品牌滿十萬日圓有一年，十萬日圓以下則半年。

地址： 東京都新宿區西新宿 1-20-2 西新宿室町ビル
電話： 0120-377-212
營業時間： 11:00am-7:00pm
網頁： https://www.gmt-j.com/
INFO

更地道手信

新宿西口郵便局

MAP 1-2 C4 48

JR 新宿駅西口步行 4 分鐘

在日本購物除了到潮流商店、藥妝店，你亦可考慮逛一逛郵便局。日本的郵便局都有售賣限定的郵便產品，產品種類且不少。小郵筒和郵遞飾品相當有特色，最重要是地域限定postcard，倘若要買東京限定就只有在東京的郵局才可買到，一眾愛集郵政產品的遊客不要錯過。

除了郵局自家商品，有時更會聯同其他品牌推出產品。

地址：東京都新宿區西新宿 1-8-8
電話：03-3340-1086
營業時間：9:00am-9:00pm
網頁：www.japanpost.jp

INFO

免費展望台

東京都庁第一本庁舍

MAP 1-2 A4 49

JR 新宿駅西口步行 10 分鐘 /
都營大江戶線於都廳前駅 4 號出口直達

要觀賞東京夜景，不一定要付費的。新宿的東京都廳，是少數可以免費入內欣賞東京美景的地方。全幢243米高，共有四十八層，於四十五樓有南北兩個展望室。從地下乘坐電梯到展望室，只需45秒，每日都吸引很多遊客來這裡欣賞東京的景色。據說，冬天天氣好的時候，遊客站在這裡憑肉眼就可以遠眺富士山了。

展望台的一邊可看到Sky Tree

很多人黃昏後上來等入黑

晚上也能拍到東京鐵塔

INFO

地址：東京都新宿區西新宿 2-8-1
電話：03-5321-1111
營業時間：南展望室 9:30am-9:30pm，12 月 29 日至 1 月 3 日休息
註：北展望室暫時為疫苗中心，暫停參觀。
網頁：https://www.yokoso.metro.tokyo.lg.jp/

原宿 / 青山
Harajuku/Aoyama
FIRE HYDRANT
消火栓
東郷神社
東郷記念館
BOYFRIEND
Debut Single
8.22 RELEASE
原宿竹下通り商店会
交通策略
JR上野駅
JR 山手線 18分鐘
JR池袋駅
JR 山手線 8分鐘
JR新宿駅
JR 山手線 4分鐘
JR原宿駅
池袋駅
Metro 副都心線 14分鐘
新宿三丁目駅
明治神宮前駅
Metro 千代田線 1分鐘
表參道駅
涉谷駅
Metro · 銀座線 · 1分鐘
本區名物及推介景點
年輕人地帶
竹下通
Pancake人氣店
Eggs' n Things
注目新地標
WITH 原宿
原宿必到
表參道Hills

參拜人數第一
明治神宮

MAP 2-2 A1

01

JR 原宿駅表參道出口步行 5 分鐘 /Metro 副都心線明治神宮前駅 2 號出口轉右步行 2 分鐘

明治神宮建於1920年，是供奉明治天皇及昭憲太后靈位的地方，也是日本神道教的重要神社。神宮共有三個鳥居，鳥居是外界與神社的結界，也是神宮的玄關。這裡是全日本參拜人數第一的神社，特別是新年，每年約有100萬人遠道而來，祈求新一年順利。由於明治神宮離原宿駅和副都心線的明治神宮駅僅數分鐘步程，所以最適合早上參觀，然後再繼續原宿行程。

每個人參拜前都要在手水舍清潔手和口

很多人會在參拜完後寫繪馬許願

神宮十分宏偉，大概要花個半小時才能走完。

第二個鳥居是日本最大的木製鳥居，以台灣丹大山有1,500年樹齡的扁柏造成，高12公尺，屬於「明神鳥居」。

地址： 東京都涉谷區代々木神園町 1-1
電話： 03-3379-5511
營業時間： 每月依日出及日落的時間而不同，冬季約 6:00am-4:00pm，夏季約 5:00am-6:00pm（12 月 31 日有夜間參拜活動）
網頁： www.meijijingu.or.jp

INFO

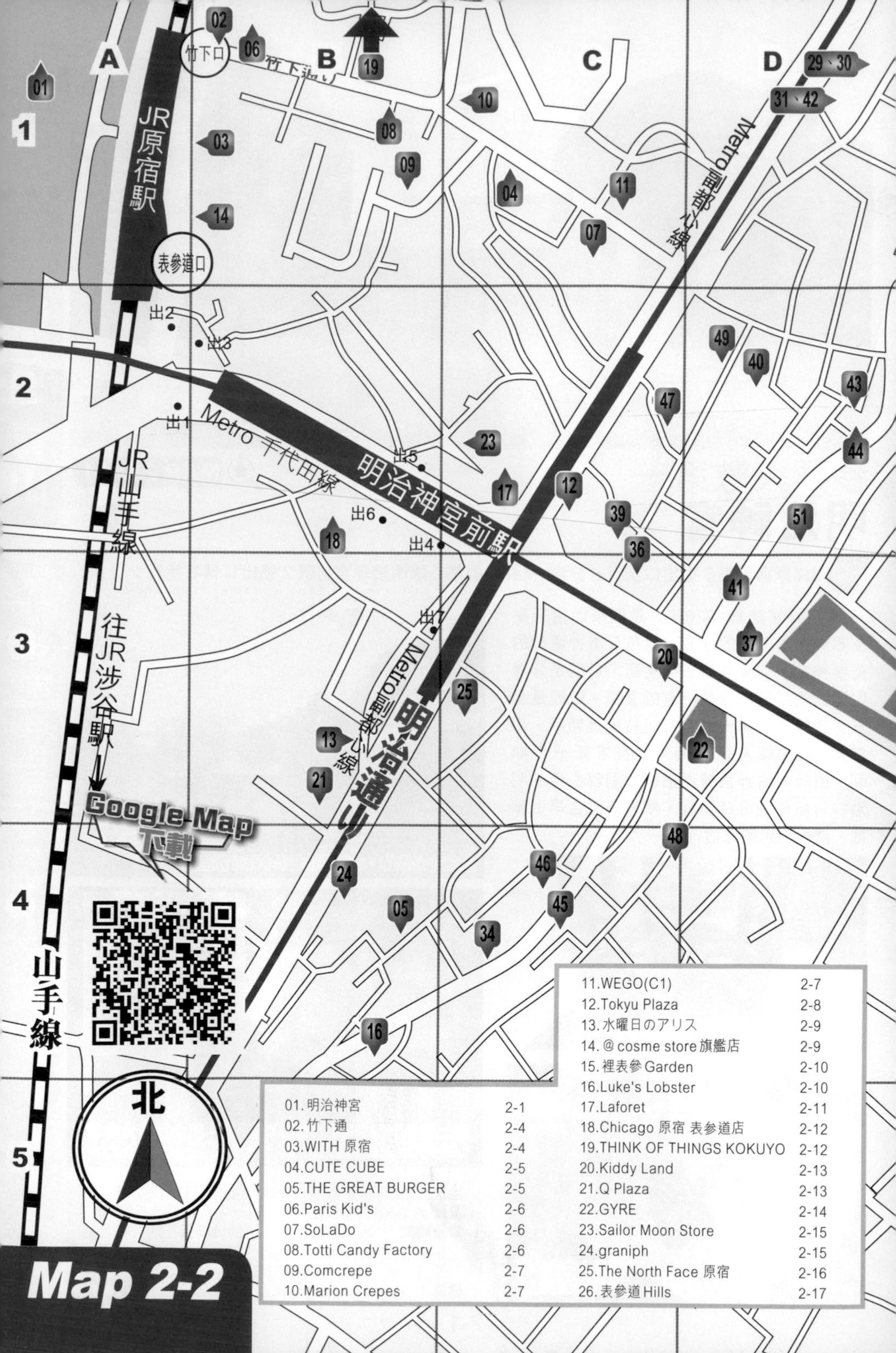

Map 2-2
A
B
C
D
1
2
3
4
5
北
JR原宿駅
竹下口
竹下通り
表参道口
出1
出2
出3
出4
出5
出6
出7
Metro 千代田線
明治神宮前駅
Metro副都心線
明治通り
JR山手線
往JR涉谷駅
山手線
Google Map 下載
29、30
31、42
01. 明治神宮 2-1
02. 竹下通 2-4
03.WITH 原宿 2-4
04.CUTE CUBE 2-5
05.THE GREAT BURGER 2-5
06.Paris Kid's 2-6
07.SoLaDo 2-6
08.Totti Candy Factory 2-6
09.Comcrepe 2-7
10.Marion Crepes 2-7
11.WEGO(C1) 2-7
12.Tokyu Plaza 2-8
13. 水曜日のアリス 2-9
14. @ cosme store 旗艦店 2-9
15. 裡表參 Garden 2-10
16.Luke's Lobster 2-10
17.Laforet 2-11
18.Chicago 原宿 表参道店 2-12
19.THINK OF THINGS KOKUYO 2-12
20.Kiddy Land 2-13
21.Q Plaza 2-13
22.GYRE 2-14
23.Sailor Moon Store 2-15
24.graniph 2-15
25.The North Face 原宿 2-16
26. 表參道 Hills 2-17

E
F
G
1
2
3
4
5
27.Q-Pot Cafe 2-18
28.文房具Café 2-18
29.International Gallery BEAMS 2-19
30.BEAMS Records 2-20
31.BEAMS+ 2-20
32.BAPE Kids 2-20
33.新潟館ネスパス 2-21
34.Reebok CLASSIC Store Harajuku 2-21
35.Bape Store 2-21
36.Goro's 2-22
37.Polo Ralph Lauren 2-22
38.Flying Tiger 2-22
39.Eggs'n Things 2-23
40.Rainbow Pancake 2-23
41.Bookmarc 2-23
42.Red Rock 2-24
43.X-Large 2-24
44.X-Girl 2-24
45.PS Paul Smith Cat Street 2-24
46.RAGTAG 2-25
47.Neighborhood/Supreme 2-25
48.The Tintin Shop 2-25
49.とんかつ 福よし 2-26
50.幸せのパンケーキ 2-26
51.Marimekko 2-26
52.さくら亭 2-27
53.Prada Aoyama 2-27
54.AO 2-28
55.A to Z Cafe 2-28
56.COMME des Garcons 2-28
57.Soup Stock Tokyo Café 2-29
58.TEA HOUSE Aoyama 2-29
原宿
Metro 千代田線
表参道
表参道駅
Metro 半蔵門線、銀座線
出A1
出A2
出A3
出A4
出A5
出B1
出B2
出B3
出B4
出B5

年輕人地帶 02

竹下通

MAP 2-2 B1

JR 原宿駅竹下口出口對面即見 /Metro 副都心線明治神宮前駅 2 號出口轉左步行 5 分鐘

竹下通一直都是東京年輕人的聚腳點，長400米的街道兩旁開滿服裝、首飾、小吃等店舖，每逢黃昏時下課後，或者星期六日，這裡都會聚滿年輕人，有些喜歡cosplay的學生更會花盡心思悉心打扮。如果要把原宿分成三個部分，竹下通是年輕人的地帶、表參道是女士shopping天堂、裏原宿則是潮人的世界。

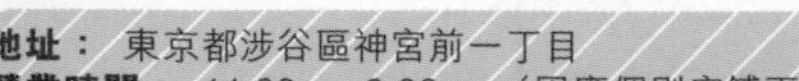

地址： 東京都涉谷區神宮前一丁目
營業時間： 11:00am-8:00pm（因應個別店舖而異）
網頁： www.takeshita-street.com/

INFO

原宿新焦點 03

WITH 原宿

MAP 2-2 B1

JR 原宿駅出站即達

「WITH 原宿」是一個龐大的商住項目，於2020年6月開業。除了商場，亦包括住宅、休閒、工作甚至文娛空間。商場部分首批進駐的包括全球第一家UT旗艦、東京市區內第一家IKEA，著名戶外活動品牌Snow Peak全新概念店，與及資生堂頂級美髮學院「SABFA」等，非常令人期待。

地址： 東京都涉谷區神宮前 1-14-30
營業時間： 7:30am-11:30pm
網頁： https://withharajuku.jp/

INFO

少女專屬MALL

MAP 2-2 C1

CUTE CUBE 04

JR 原宿駅竹下口步行 5 分鐘 /Metro 副都心線明治神宮前駅 5 號出口步行 5 分鐘

CUTE CUBE共有10間店舖進駐，包括了餐廳、糖果店、生活雜貨和潮流服飾等，面積雖小但包括所有少女喜愛的東西如 Sanrio Vivitix、布甸狗 Cafe 等，實在是東京少女的潮流指標。

地址： 東京都涉谷區神宮前 1-7-1　**電話：** 03-6162-0639
營業時間： B1-2F 10:00am-8:00pm，3F 11:00am-9:00pm
網頁： http://cutecubeharajuku.com
INFO

MAP 2-2 C1

超人氣泡芙

4a ザクザク

ザクザク是來自北海道札幌的泡芙店，食材原料採自北海道，由於泡芙酥脆可口，加上造型方便進食，所以店外經常大排長龍。香脆的餅乾泡芙皮上鋪滿杏仁脆片，下單後店員便會將低溫的吉士醬注入泡芙，令餅皮保持酥脆，難怪可以月賣超過15萬條！

位置： CUTE CUBE B1-1F
電話： 03-6804-6340
營業時間： 10:00am-8:00pm
網頁： www.zakuzaku.co.jp
INFO

超大份量

MAP 2-2 B4

THE GREAT BURGER 05

Metro 副都心線明治神宮前〈原宿〉駅 7 號出口步行 5 分鐘

THE GREAT BURGER是非常傳統的漢堡包店，全店共有三十多種口味，所有漢堡包都以天然酵母製作，肉餡鮮嫩多汁，加上惹味汁醬，絕對是魔鬼的誘惑。除了食物，店內佈置都貫徹美式風格，粗獷又豪邁，是偶然放縱一下自己的最佳選擇。

地址： 東京都涉谷區神宮前 6-12-5 1F
電話： 03-3406-1215
營業時間： 11:30am-11:00pm
網頁： http://www.the-great-burger.com/
INFO

¥300首飾 MAP 2-2 B1

Paris Kid's 06

JR 原宿駅竹下通口步行 5 分鐘

Paris Kid's 以全店 ¥300首飾作招徠，幾乎經過的少女都會停下來看一眼。這裡有各式各樣的頸鏈、戒指和耳環，還有多款髮飾，更照顧了男士售賣領帶。款式不會老土，價錢又便宜，所以吸引了很多學生擠滿在店內。

全部耳環連稅均一價 ¥315

地址： 東京都涉谷區神宮前 1-19-8
營業時間： 10:00am-7:30pm，星期六日及假日 11:00am-7:30pm
網頁： www.pariskids.jp

INFO

07 最卡娃兒雜貨店 MAP 2-2 C1

SoLaDo

JR 原宿駅竹下口步行 5 分鐘

既然主打少女市場，怎少得甜品店呢？

商場內的人氣餐廳 SWEETS PARADISE。

SoLaDo 都是針對少女，專門引入售賣可愛雜貨的品牌和店家，讓少女們一次過在這裡買到自己的心頭好。除了購物，這裡的二樓是餐廳層，三樓有戶外平台，可以在那裡坐下來慢慢吃甜品了。

地址： 東京都涉谷區神宮前 1-8-2 **電話：** 03-6440-0568
營業時間： 10:30am-8:30pm
網頁： www.solado.jp

INFO

巨型彩色棉花糖 MAP 2-2 B1 08

Totti Candy Factory

JR 原宿駅竹下口步行 5 分鐘

Totti Candy Factory 來自大阪的美國村，以彩色棉花糖成為原宿大受歡迎的甜品店。人氣商品「原宿彩虹」乃巨型棉花糖直徑超過50cm，雖然訂價 ¥1,000仍成為遊客們在原宿的打卡恩物。除了棉花糖，這裡也可以散買不同口味及顏色的糖果，與及趣緻可愛的糖果公仔，一同進入甜蜜的夢幻國度。

網址： 東京都涉谷區神宮前 1-16-5 RYU アパルトマン 2F
電話： 03-3403-7007
營業時間： 10:00am-7:00pm，星期六、日 9:30am-8:00pm
網頁： http://www.totticandy.com/

INFO

新力軍焦糖燉蛋班戟

Comcrepe 09

JR 原宿駅竹下口步行 5 分鐘

Comcrepe是位於富山縣的可麗餅店，開業12年仍然人氣不減。自推出了新組合焦糖燉蛋班戟後更成為網絡紅店。內餡換成了焦糖燉蛋，配以吉士醬，味道濃郁香甜，而且全部即叫即製，一定要試！

焦糖燉蛋班戟 ¥700

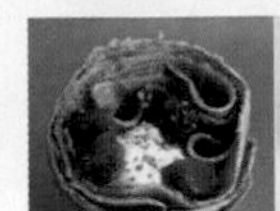

原宿限定四大抹茶系列 ¥4,100。

地址： 東京都涉谷區神宮前 1-15-1
營業時間： 11:00am-7:00pm，星期三休息
網頁： https://www.comcrepe.shop/ INFO

MAP 2-2 C1

竹下通老字號Pancake店

10 Marion Crepes

JR 原宿駅竹下口步行 3 分鐘

近年日本流行吃Pancake，Pancake開到成行成市。其實早在十多年前，竹下通這間以法式Pancake為主的Marion Crepes，一早就掀起了吃Pancake的潮流。他們的餅皮薄脆又帶點香甜味，只要添加簡單的食材，如忌廉和生果，便令人食指大動了，難怪十多年來仍然需要排隊購買。

地址： 東京都涉谷區神宮前 1-6-15 ジユネスビル 1-2F
電話： 03-3401-7297 **營業時間：** 11:00am-8:00pm
網頁： www.marion.co.jp INFO

UNIQLO 以外的選擇

MAP 2-2 C1

WEGO 竹下通り店 11

JR 原宿駅出站步行 5 分鐘

要買高性價比的服飾，在東京除了UNIQLO以外，還有許多選擇。WEGO原本是大阪的二手服飾店，創立於1994年。近年在日本人氣急升，主打原宿街頭風及古著。至於旁邊的「WEGO 1.3.5...」，是品牌首間生活雜貨賣場，無論美妝、文具、家居擺飾甚至玩具應有盡有，訂價¥100-500，平價之餘仍貫徹WEGO的風格。

WEGO。

WEGO 1.3.5...。

地址： 東京都涉谷區神宮前 1-5-10
電話： 03-6853-0580
營業時間： 10:30am-8:00pm
網頁： https://gocart.jp/a/shops INFO

原宿注目新地標 Tokyu Plaza

MAP 2-2 C2 ⑫

JR 原宿駅表参道出口步行 10 分鐘 / Metro 副都心線明治神宮前駅 5 號出口

Tokyu Plaza由建築師中村拓志操刀設計，共有27間店舖，佔據地舖位置的有品牌American Eagle、全球最大分店的Tommy Hilfiger及The SHEL'TTER TOKYO。最受注目是頂樓的空中花園「おもはらの森」，它是一個公共空間，任何人都能夠進入，環境相當優美；另外亦有來自澳洲獲稱為「世界第一早餐」的Pancake店「Bills」。

Tokyu Plaza內 有27間 店舖，大部分是以女性為主。

頂層的空中花園，你可以買杯咖啡坐在這裡一個下午。

地址： 東京都涉谷區神宮前 4-30-3　**電話：** 03-3497-0418
營業時間： B1-5F 11:00am-8:00pm，6-7F 8:30am-10:00pm
網頁： http://omohara.tokyu-plaza.com/
INFO

推薦商店

潮牌集中地 The SHEL'TTER TOKYO ⑫a

SHEL'TTER網羅BAROQUE日本公司多個品牌，包括知名的Moussy及SLY。此外，還有RODEO CROWNS、Rienda和BLACK by Moussy等等，潮人可以一次過在這裡買到多個型格品牌。原宿店參考外國舊倉庫的概念，強調時尚和空間感，每層有不同的主題，B1層「Garage」、一樓「Ground」及二樓「Loft」。

營業時間： 11:00am-8:00pm　**網頁：** www.thesheltter tokyo.com
INFO

世界第一好吃早餐 Bills ⑫b

來自澳洲的Bills，曾經被紐約時報評為「世界第一好吃早餐」，後來成功走進日本，原宿店開業時，每天都大排長龍。其中店內最受歡迎的是香蕉伴蜂蜜奶油pancake，pancake用上秘製方法，質感鬆軟，空氣感比美式pancake要多，吃起來像吃棉花糖般。

營業時間： 8:30am-10:00pm　**網頁：** http://bills-jp.net
INFO

夢幻少女心 MAP 2-2 B3 13

星期三的愛麗絲（水曜日のアリス）

Metro 副都心線明治神宮前〈原宿〉駅 7 號出口步行 1 分鐘

星期三的愛麗絲是日本平價雜貨店Coucou的姊妹店。星期三的愛麗絲貫徹Coucou的少女風格，這次更聚焦不朽名著《愛麗絲夢遊仙境》為主題，佔地三層的店面，分為白皇后的廚房、紅皇后的法庭及帽子屋工作室。全店放滿了以故事角色如兔先生、紅皇后、魔帽子為題的商品，連佈置也非常夢幻，令女士們也仿如墜入仙境中，盡情搜購心頭好。

地址： 東京都涉谷區神宮前 6-28-3
電話： 03-6427-9868
營業時間： 11:00am-8:00pm
網頁： https://www.aliceonwednesday.jp/ ★INFO

MAP 2-2 B1 14 就是愛美麗

@cosme store 旗艦店

JR 原宿駅東口出站即達

@cosme TOKYO是日本受歡迎的美妝美容綜合網站，而位於JR原宿駅附近的@cosme store，則是網站首間實體店，在2020年開幕。樓高三層的旗艦店，踏入店內即見「BEST COSME AWARD CORNER」，展示網站歷屆由會員票選獲獎的美妝商品。店內擺設亦結合線上及線下，把每週話題商品按流行程度而排列。二樓除了有美妝用品的特賣場，亦設有儀器檢查客人肌膚狀況。最特別的，是店家除照顧女士，也會銷售男士及中性人士的美妝用品，而貨架的平板電腦也會以不同文字介紹各類商品，讓不同性別、種族人士都能享受扮靚的樂趣。

★INFO
地址： 東京都涉谷區神宮前 1-14-27
營業時間： 11:00am-9:00
網頁： https://www.cosme.net/flagship/
資料來源： https://business.cosme.net/

傳統文化全接觸 15

裡表參 Garden

MAP 2-2 F2

Metro 銀座線、千代田線或半藏門線至表參道駅，下車後步行 7 分鐘

裡表參 Garden 是一個由古宅改造而成的日本文化體驗空間，雖然地方不大，但卻進駐了8家店鋪，各間店鋪教授各種工藝。一樓有個日式庭院及5間店鋪，在這層可親嚐日本茶道及手沖咖啡，而二樓則是開放空間，不時舉行不同活動。

店中店Mican Club售賣日式茶點，當中的「天使之淚」更是人氣商品！

親體驗茶道與抹茶製甜點專賣店宇治園。

地址： 東京都涉谷區神宮前 4-15-6
營業時間： 12:00nn-6:00pm(各店鋪營業時間有異)
網頁： www.urasando-garden.jp

INFO

過江龍蝦包 16

Luke's Lobster

MAP 2-2 B4

JR 原宿駅表參道口步行 7 分鐘 /Metro 副都心線明治神宮前駅 7 號出口步行 6 分鐘

來自紐約的Luke's Lobster，主打龍蝦包，在東京一開張便引起哄動。店內的小黑板寫上是日龍蝦的原產地，吃了什麼落肚，一目了然。龍蝦肉可選擇份量較多的US版（¥1,780）或普通份量的Regular版（¥1,200）。除了龍蝦，餡料還可選擇蟹肉、蝦肉或者雙拼。海鮮肉質爽彈多汁，帶淡淡迷迭香，加上鬆軟的麵包，非常滋味！

Lobster Roll

Shrimp Roll ¥1,100

地址： 東京都涉谷區神宮前 5-25-4 BARCA ビル 1F
電話： 03-5778-3747
營業時間： 11:00am-8:00pm
網址： https://www.flavorworks.co.jp/brand/lukeslobster.html

INFO

潮流百貨
Laforet

MAP 2-2 C2

17

JR 原宿駅表參道口步行 10 分鐘 /Metro 副都心線明治神宮前駅 5 號出口步行 1 分鐘

Laforet是原宿潮流的發源地，有很多新晉設計師都在這裡開店，而且不少更打出名堂。百貨以女士為主要對象，層面也相當廣泛，如中學生、OL和成熟女性都一樣照顧得到。由於很多設計師出名後或會轉到別處經營，所以這裡的店舖經常更換，每次來到都會有不一樣感覺。

地址： 東京都涉谷區神宮前 1-11-6
電話： 03-3475-0411
營業時間： 11:00am-8:00pm
網頁： www.laforet.ne.jp

★INFO

Laforet推薦店

17a

型男至愛
GR8

Laforet少有男裝，GR8乃絕無僅有，故此很受年輕男士歡迎。他們的貨品大多從歐美搜羅，當然少不了日本設計，款式比較有歐美味道，當中很多更是日本獨家發售，深受一眾潮人喜愛。記者採訪當日，還碰上羅志祥來入貨，原來他也是這裡的常客。

地址： Laforet 2.5F
網頁： gr8.jp

★INFO

DIY 愛好者天堂
貴和製作所

17b

貴和製作所很受OL歡迎，因為他們賣的是首飾DIY的材料，近年日本女性都很喜歡手作生活用品，首飾便是其中一種她們很喜歡自製的東西。這裡的材料款式十分豐富，單是人造珍珠的顏色和大小已經有數十款，還有多款耳環托、首飾扣和製作工具，種類目不暇給。

製作所還有café，有時會在此舉行工作坊，供參加者互相交流。

材料款式非常豐富，很多女士都愛來這裡買材料。

地址： Laforet 3F
網頁： www.kiwaseisakujo.jp

★INFO

二手便利 MAP 2-2 B2

Chicago 原宿店 ⑱

Metro 副都心線明治神宮前〈原宿〉駅 3 號出口步行 2 分鐘

香港人對二手古著仍有所保留，但日本人卻視為潮流的一部份。Chicago古著店開業已40年，店內云集日、美及歐洲的二手古著，許多款式都是只此一家。歷史最悠久的表參道本店已於2020年結業，但區內三間分店慶幸仍健在，古著迷記得去掃貨。

除了二手古著，Chicago也推出了自家品牌衣飾。

地址： 東京都涉谷區神宮前 6-31-15 2F
電話： 03-6427-5505
營業時間： 11:00am-8:00pm
網頁： https://www.chicago.co.jp/

INFO

MAP 2-2 B1 百年文具品牌實體店

⑲ THINK OF THINGS

JR 原宿駅東口步行 5 分鐘

Kokuyo（國譽）創立於1905年，專營文具及文儀器材，目前是日本最大的辦公用品供應商。Kokuyo出品的文具，是許多日本人的集團回憶。THINK OF THINGS是Kokuyo開設的首間實體店，集文具銷售與咖啡店於一身。店家以「互動、交流」為主題，更邀請三軒茶屋的 Obscura Coffee Roasters共同合作，提供店內的咖啡及甜品。

Kokuyo的出品不重花巧，卻有經典的厚重。

地址： 東京都涉谷區千駄谷 3-62-1
電話： 03-6447-1113
營業時間： 11:00am-7:00pm，星期三休息
網頁： https://think-of-things.com/

INFO

六層玩具店 MAP 2-2 C3

Kiddy Land 20

JR 原宿駅表參道口步行 10 分鐘 /
Metro 副都心線明治神宮前駅 4 號出口

位於表參道的Kiddy Land樓高六層，每層各有主題，包括地庫的Snoopy專門店，一樓售賣日本最新款的玩具與精品，二樓則是Disney的世界。還有不同卡通產品，如龍貓、Monchhichi、鬆馳熊與Hello Kitty。

Disney人物的造型蒸餾水，粉絲怎可錯過。

Kiddy Land搜羅最新的卡通精品，女士一定喜愛。

小丸子近年多出了不同商品，Kiddy Land的款式也相當多。

地址： 東京都涉谷區神宮前 6-1-9
電話： 03-3409-3431
營業時間： 11:00am-8:00pm
網頁： www.kiddyland.co.jp/harajuku
★INFO

MAP 2-2 B3 明治通綠意商場

21 Q Plaza

Metro 副都心線明治神宮前駅 7 號出口
步行 1 分鐘

地址： 東京都涉谷區神宮前 6-28-6
營業時間： 11:00am-11:00pm
（各商店營業時間有異）
網頁： www.q-plaza.jp/harajuku
★INFO

「Q Plaza」於2015年開幕，距離車站只有1分鐘步程，非常易找。這裡樓高十一層連同地庫兩層，一樓和二樓為Urban Research旗下的新品牌「SENSE OF PLACE」旗艦店，旁邊更設有花店及自家Café。另外，八樓有來自美國的老牌Pancake店THE Original PANCAKE HOUSE，十至十一樓有可欣賞原宿夜景的餐廳SIXMARS Steak&Bar。

高貴之選 MAP 2-2 D3

GYRE 22

JR 原宿駅表參道口步行 10 分鐘 /Metro 副都心線明治神宮前駅 4 號出口步行 3 分鐘

GYRE位於表參道Hills斜對面，這裡曾因開設全球首家BVLGARI IL Café 而人氣急升，雖然如今已經結業，但名氣不減。這裡有多間型格高級的時裝店，還有CHANEL，三樓亦有紐約現代美術館首於海外所設的商品店MoMA Design Store，不光顧也可吸收一下貴氣。

地址： 東京都涉谷區神宮前 5-10-1
電話： 03-3797-6131
營業時間： 11:00am-8:00pm
網頁： gyre-omotesando.com

INFO

22a 設計精品店

MoMA Design Store

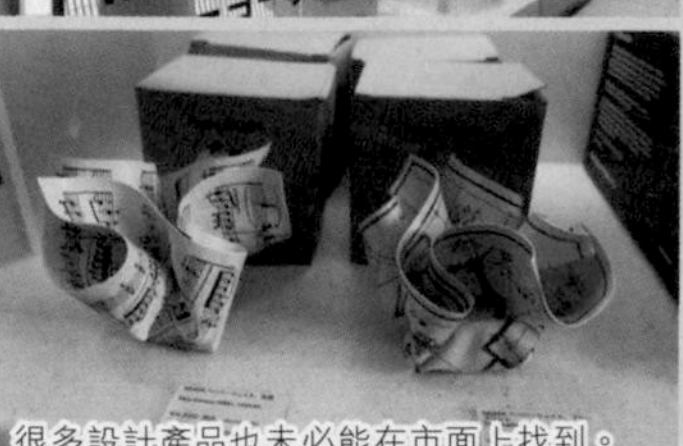

很多設計產品也未必能在市面上找到。

MoMA Design Store大有來頭，因為它是美國紐約數一數二現代設計美術館在海外開設的首間精品店！店內搜羅了不同設計師所設計的家居雜貨如椅子、文具、手袋圍巾、餐具等廚房用品，有些外形設計一流，有部分則是功能上優勝，款式新又有不同國家的產品，喜歡設計家品的你，不要錯過。

位置： 3F
電話： 03-5468-5801
營業時間： 11:00am-8:00pm
網頁： www.momastore.j

INFO

川久保玲粉絲必到 22b

Trading Museum Comme des Garçons

這間概念店以博物館形式展示古董藝術品的概念，表現川久保玲的殿堂級服裝藝術，同時邀請到多位設計師及藝術家一起玩創意，GYRE商場內的1樓有Play CDG，2樓更有Good Design Shop CDG，喜愛high-fashion的朋友一定不可錯過！

INFO

位置： 2F
電話： 03-3486-8590
營業時間： 11:00am-8:00pm
網頁： www.comme-des-garcons.com

美少女戰士25 周年店 MAP 2-2 C2

Sailor Moon Store

23

JR 原宿駅表參道口步行 5 分鐘或 Metro 明治神宮前駅 5 號出口步行 1 分鐘

為紀念《美少女戰士》25 周年，全球首間Sailor Moon Store官方專門店於原宿開設，分精品店及服裝店兩部分。粉紅色的精品店推出了大量原創夢幻周邊產品，而藍色裝潢的服裝店就有首飾、手袋等限定商品，每款都非常華麗，少女心大爆發！

地址： 東京都涉谷區神宮前 1-11-6 Laforet 原宿 B0.5F
電話： 03-6447-5623
營業時間： 11:00am-9:00pm
網頁： http://sailormoon-official.com/store

INFO

高質版Uniqlo MAP 2-2 B4

graniph 原宿旗艦店

24

JR 原宿駅表參道口步行 7 分鐘 /Metro 副都心線明治神宮前駅 7 號出口明治通步行 3 分鐘

graniph成立於2001年，原名Design Tshirts Store graniph，近年簡化名稱為graniph。顧名思意，graniph主打T恤產品，有高質版Uniqlo之稱。品牌分店遍及全日本，更進駐台北、悉尼和新加坡。因為設計出色，價錢又合理，所以很受大家歡迎。位於原宿的旗艦店店內空間接近200平方米，商品種類達450種。除了不同款式的T恤，這裡也銷售品牌其他產品，包括運動鞋、Totebag、漁夫帽、嬰兒服裝甚至是家居用品。喜愛graniph風格的朋友一定要預留時間在這裡尋寶。

地址： 東京都涉谷區神宮前 6-12-17
電話： 03-6419-3053
營業時間： 11:00am-8:00pm
網頁： www.graniph.com

INFO

原宿THE NORTH FACE列陣

THE NORTH FACE專門店

Metro 副都心線明治神宮前〈原宿〉駅 7 號出口
步行 3 分鐘

營業時間：11:00am-8:00pm
網頁：https://www.goldwin.co.jp/tnf/

THE NORTH FACE是受歡迎的戶外活動品牌，香港人可能比較認識其羽絨或外套，其實THE NORTH FACE已成功發展了一系列戶外活動產品。品牌在原宿駅一帶，更一口氣開設了五間專門店，每間都有明確的主題，喜愛戶外活動的朋友一定不可錯過。

The North Face Mountain 25a

THE NORTH FACE東京的旗艦店，顧名思義以登山服及相關戶外用品為主，包括品牌最高階的Summit Series系列產品。

地址：東京都涉谷區神宮前 6-10-11

The North Face Alter 25b

Alter有改變的意思，也是The North Face嶄新系列的名稱。Alter以思考地球未來為主題，產品強調與大自然的和諧共處，與及可持續發展。店內的產品崇尚簡約設計，更會按季節而更換。

地址：東京都神宮前 6-10-9
原宿董友ビル 1F

The North Face Standard 25c

產品結合戶外與都市的功能，既是時裝也講求實用性，非常適合都市人多姿多彩的生活。

地址：東京都涉谷區神宮前 6-10-9
原ビル 1-4F

The North Face 3 MARCH 25d

The North Face首次為女性打造的戶外服飾專門店，店名中的3(March)有「前進」的含意，希望當代女性能行得更前更遠。

地址：東京都涉谷區神宮前 6-10-8

The North Face Kids 25e

The North Face兒童戶外服飾專門店，提供既美觀可愛又能保障小朋友安全的戶外服，並鼓勵小朋友從小開始投入並愛惜大自然。

地址：東京都涉谷區神宮前 6-15-9
グランディール神宮前

新宿 原宿/青山 涉谷 代官山 中目黑 六本木 銀座 東京車站

原宿地標

表參道 Hills

MAP 2-2 E3 ㉖

Metro 副都心線明治神宮前駅 5 號出口步行 5 分鐘 /
Metro 表參道駅 A2 出口步行 3 分鐘

★★★

表參道Hills是原宿的地標，由開發六本木Hills的「Mori Building」跟日本著名建築家安藤忠雄合作，打造成高級商場，六層樓高分西館、本館和同潤館。據説進駐這裡的店舖，都先經過一輪審查。2016年適逢表參道Hills開幕10年，來了個大改革，有超過四十間店舖全新開幕，而且推出不少限定商品，比起以往更有吸引力。

同潤館

「同潤會青山公寓」是在1923年關東大地震後首批加強防震防火功能的鋼筋大廈，連前日本首相小泉純一郎的父母亦曾在此居住過。設計師安藤忠雄在處理表參道Hills的前身時，著重歷史回憶，堅持保留公寓的一部分，成為了今天非常有特色的同潤館。

這個標誌是來自明治神宮的鳥居，加上表參道Hills的特色「Spiral Slope」合成「参」，外面的圓圈則代表了「Omotesando」的「O」。

地址： 東京都涉谷區神宮前 4-12-10
電話： 03-3497-0292
營業時間： 商店 11:00am-9:00pm(星期日至 8:00pm)；
餐廳 11:00am-11:00pm(星期日至 10:00pm)；
CAFE 11:00am-9:00pm(星期日至 8:00pm)
網頁： www.omotesandohills.com

★INFO

㉖a 日本時裝寵兒

Maison Mihara Yasuhiro

Mihara Yasuhiro是由日本知名設計師三原康裕於1996年創立的時裝品牌。設計師曾因與Puma合作而紅透日本半邊天。他的產品涵蓋了服飾、鞋履、手袋等，而在表參道Hills的乃是東京其中之一的旗艦店。

位置： 本館 B1F
電話： 03-5770-3291
營業時間： 11:00am-9:00pm，星期日至 8:00pm
網頁： www.miharayasuhiro.jp

★INFO

法國頂級朱古力

Jean Paul Hevin ㉖b

Jean Paul Hevin來自法國，老闆不僅在知名五星酒店工作過，也曾在法國著名的糕餅店工作。後來他將陣地轉移到日本，繼續製作他的法式高級朱古力，獲得十分好的回響，雖然香港亦開了分店，但環境絕對不夠表參道店來得優雅。

除了朱古力，馬卡龍也十分受女士歡迎。

★INFO

位置： 本館 1F
電話： 03-5410-2255
營業時間： 11:00am-9:00pm，星期日 11:00am-8:00pm
網頁： www.jph-japon.co.jp

潮牌集中地
Edition 26c

由日本Select shop Tomorrowland開設的Edition，專攻高級時裝包括MMM及Mcqueen等，表參道店是旗艦店之一，附設art gallery及CD試聽區，加上不時推出的crossover單品，絕對限量。

位置： 本館 2F **電話：** 03-3403-8086
營業時間： 11:00am-9:00pm，星期日 11:00am-8:00pm
網頁： www.edition-jp.com
INFO

位置： 東京都涉谷區神宮前 3-4-8 1F
電話： 03-6447-1218
營業時間： 11:00am-7:00pm
網頁： https://www.q-pot.jp/shoplist/
INFO

MAP 2-2 F2

少女最愛甜品
27 Q-Pot Cafe

Metro 表參道駅 A2 出口步行 7 分鐘

Q-Pot是日本女生最愛的品牌之一，一向推出像真度極高的甜品首飾，現在Cafe卻反過來製作出飾品般精緻的甜品，有馬卡龍、蛋糕等，而且店裝潢非常夢幻，每個位都可呃不少Like！

50年老牌文具店
MAP 2-2 F3
文房具Cafe 28

東京 Metro 表參道駅 A2 出口步行 4 分鐘

文房具是在1967年創業的老牌紙品文具店，2012年選址表參道開設文房具Cafe。店內分成兩部分，左邊是擺放各種特色文具商品的購物區，而右邊則是Café的部分，客人可以使用店家精選的文具在指定的範圍內塗鴉，難怪假日時總看見親子的身影在店內出現。

定期設有商品試用的一隅，為店內用餐的小朋友提供樂趣。

地址： 涉谷區神宮前 4-8-1 内田ビル B1F
電話： 03-3470-6420
營業時間： 11:00am-9:00pm(L.O. 8:00pm)
網頁： www.bun-cafe.com
INFO

BEAMSの世界 29 MAP 2-2 D1

International Gallery BEAMS

東京 Metro 明治神宮前駅 5 號出口步行 8 分鐘

原宿一向是日本中高檔時裝品牌BEAMS的重要基地，過去在該處設置不同的概念店。2021年，BEAMS打造了原宿旗艦店International Gallery BEAMS，匯聚全球男女裝時裝品牌，由高貴西服至街頭潮牌應有盡有，一店打盡20-40歲男女顧客。店面裝潢也花盡心思，融合復古與現代設計風格，盡顯BEAMS的品味。

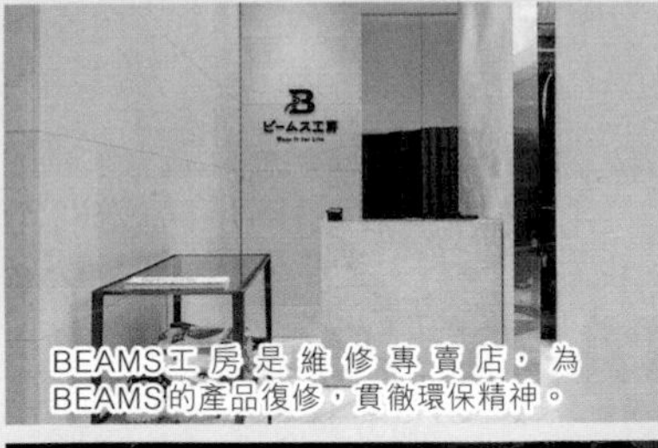

BEAMS工房是維修專賣店，為BEAMS的產品復修，貫徹環保精神。

International Gallery BEAMS由原本區內幾間分店，包括BEAMS F等合併而成。

INFO

地址： 涉谷區神宮前 3-25-15 1-2F, B1F
電話： 03-3470-3948
營業時間： 11:00am-8:00pm
網頁： www.beams.co.jp/

BEAMS Records

MAP 2-2 D1 30

BEAMS Records不賣衣服賣唱片，是原宿限定店，只此一家，但希望藉此表達其獨特的世界觀。他們亦與多間唱片公司合作，推出原創音樂，店內全部CD都可試聽，為聽眾帶來更多非主流的選擇。

地址： 東京都涉谷區神宮前 3-25-15 1F
電話： 03-3470-0789
營業時間： 11:00am-8:00pm
網頁： www.beams.co.jp/shop/hbr/

INFO

BEAMS+

MAP 2-2 D1 31

1999年成立的BEAMS+賣的是適合亞洲人穿著的美式傳統風格服飾，包括大衣、皮鞋等，每件物品雖然設計簡單，但懷舊之餘又極具個性。

INFO

地址： 東京都涉谷區神宮前 3-25-12
營業時間： 11:00am-8:00pm
網頁： www.beams.co.jp/labels/detail/beamsplus

童裝Bape

BAPE Kids

MAP 2-2 E1 32

走過竹下通後穿過馬路，於裏原宿入口再走 7 分鐘

BAPE Kids的出現，造福一群潮爸潮媽，讓子女都可以打扮得有型有款。這裡可說是Baby Milo的延伸，店內的香蕉池是令一眾潮媽放心購買的地方，因為小朋友總是玩得不亦樂乎。

地址： 東京都涉谷區神宮前 3-29-11
電話： 03-5770-4455
營業時間： 11:00am-8:00pm
網頁： http://bapekids.jp/

INFO

新潟土產店

MAP 2-2 E3

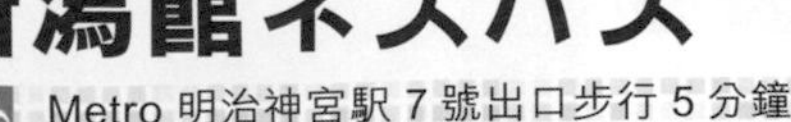

新潟館ネスパス

33

Metro 明治神宮駅 7 號出口步行 5 分鐘 / Metro 表参道駅 A2 出口步行 4 分鐘

ネスパス（Nespace）是新潟縣設在東京的觀光及物產中心，用來宣傳新潟縣。新潟最有名的魚沼米，飯粒質感飽滿又帶微甜味，是日本非常有名的大米，這裡的價錢比百貨公司和超市買更便宜，而且有專供遊客買的小包裝，可以買些回家吃。

地址： 東京都涉谷區神宮前 4-11-7
電話： 03-5771-7711
營業時間： 10:30am-7:30pm
網頁： www.nico.or.jp/nespace

INFO

5公斤裝魚沼米，也有小包裝出售。

熱潮回升

MAP 2-2 C4 34

Reebok CLASSIC Store Harajuku

JR 原宿駅竹下口步行 10 分鐘 /Metro 明治神宮前駅 7 號出口步行 5 分鐘

近幾年Reebok因為Pump Fury及Fury Lite而大紅大紫，因此在原宿開了日本第一間Reebok CLASSIC專門店，展出Reebok歷年來的經典及獨家款，亦有售東京限量T-shirt及配色的波鞋，另外店內會有不定期的藝術展覽和音樂表演。

地址： 東京都涉谷區神宮前 6-14-7
電話： 03-5778-4354
營業時間： 12:00nn-8:00pm
網頁： http://reebok.jp

INFO

原宿朝聖

MAP 2-2 E3

Bape Store

35

JR 原宿駅竹下口步行 15 分鐘 /Metro 明治神宮前駅 5 號出口步行 5 分鐘

Bape是原宿的大品牌，當年最風光時期，每當推出限定商品，門外定必大排長龍。Bape的創辦人是長尾智明（Nigo），本身是設計師，服裝就是以猿人為標誌。雖然現在香港的沈嘉偉已買入Bape大部分股份，但日本店的設計跟香港的仍有不同，所以去到原宿，記得要去Bape逛一次。

日本的Bape不時和其他品牌推出crossover產品。

這裡的款式算是最多最齊了。

地址： 東京都涉谷區神宮前4-21-5
電話： 03-5474-0204
營業時間： 11:00am-8:00pm
網頁： www.bape.com

INFO

印第安銀飾始祖 36
Goro's

MAP 2-2 C2

JR 原宿駅沿表參道步行 7 分鐘 /Metro 明治神宮駅 5 號出口步行 3 分鐘

由高橋吾郎創辦的Goro's是日本殿堂級的銀飾品牌，以美國印第安文化為中心，加上擁有純正古印第安製銀技術，精練的手工，連潮人Nigo及木村拓哉也是它的追隨者。最受人追捧的產品要數羽毛吊墜，分分鐘叫價過十萬日圓，而且進店亦不是易事，如要購買建議儘早前往排隊。

地址： 東京都涉谷區神宮前 4-29-4 上田ビル
電話： 03-3404-8079
營業時間： 1:00pm-8:00pm，星期三休息
INFO

37 Polo旗艦店
Polo Ralph Lauren

MAP 2-2 D3

JR 原宿駅沿表參道步行 8 分鐘 /Metro 明治神宮駅 5 號出口步行 4 分鐘

Ralph Lauren的旗艦店開在原宿已多年，白色外牆高貴典雅，跟原宿的潮流感一點都不同，但卻令人眼前一亮。旗艦店勝在款式夠齊夠新，不過價錢不比香港便宜，如果你是Ralph Lauren的粉絲，怎麼都要來旗艦店朝聖一下吧！

地址： 東京都涉谷區神宮前 4-25-15
電話： 03-6438-5800
營業時間： 11:00am-7:00pm
網頁： www.ralphlauren.co.jp
INFO

北歐平價雜貨 38
Flying Tiger

MAP 2-2 F3

Metro 銀座線、半蔵門線及千代田線表參道駅 A2 出口步行 3 分鐘

Flying Tiger來自丹麥的哥本哈根，是一間北歐風格的平價雜貨舖，貨品種類繁多，包括文具、家具用品、廚房用品、玩具、首飾等，設計感及創意十足，分分鐘可媲美其他知名品牌。由於價錢便宜，大多由￥100-2,000不等，所以很受日本人及遊客歡迎。店內不提供紙袋，如果身上沒自備購物袋，可買個Flying Tiger的環保袋，每個款式都很有特色。

地址： 東京都涉谷區神宮前 4-3-2
營業時間： 11:00am-8:00pm
網頁： www.flyingtiger.jp
INFO

原宿人氣店 MAP 2-2 C2

Eggs'n Things 39

JR 原宿駅沿表參道步行 7 分鐘 /
Metro 明治神宮駅 5 號出口步行 3 分鐘

Eggs'n Things在夏威夷已經有四十多年歷史，2010年進駐原宿後，無論任何時段都大排長龍。即使近年東京多了很多Pancake店，仍無損其在原宿的地位。餐廳的主打Pancake非常鬆軟，加上厚厚的鮮忌廉，令人無法抗拒。此外，還有標榜每份用上三隻蛋的奄列，不嗜甜的人也可一同前往。早餐相對比午餐和晚餐時間少人，建議大家早一點來吃。店內備有英文MENU，可向店員索取。

中午時的人龍

厚厚的鮮忌廉，配上香軟Pancake，就是大賣的原因。

地址： 東京都涉谷區神宮前 4-30-2
電話： 03-5775-5735
營業時間： 8:00am-10:30pm（Last Order 9:30pm）
網頁： www.eggsnthingsjapan.com
INFO

MAP 2-2 D2 不死鬆餅熱潮

40 Rainbow Pancake

JR 原宿駅竹下口步行 5 分鐘 /
Metro 明治神宮前駅 5 號出口步行 3 分鐘

Rainbow Pancake由一對曾在夏威夷生活過的夫婦所開，開張多年仍然屹立不倒，吸引排隊的人潮。店舖的生招牌是マカダミアナッツソース(Macadamia Nut Sauce)，充滿分量的厚鬆餅，淋上甜度恰到好處的吉士醬及夏威夷果仁碎，吃上去甜中帶鹹，一點也不膩。另外同樣大受女生歡迎的水果鬆餅，吃上去也是幸福滿瀉。

地址： 東京都涉谷區神宮前 4-28-4 ARES GARDEN OMOTESANDO 2F
電話： 03-6434-0466
營業時間： 10:00am-6:00pm，星期二休息 11:00am-6:00pm，星期二及三休息
網頁： www.rainbowpancake.net
INFO

Marc Jacobs的書店 41

Bookmarc

MAP 2-2 D3

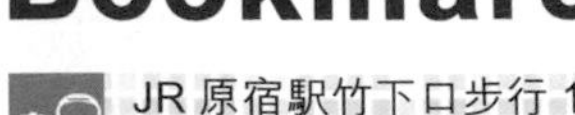

JR 原宿駅竹下口步行 13 分鐘 /Metro 明治神宮前駅 5 號出口步行 4 分鐘

現在Marc Jacobs不只賣時裝，還在原宿開設了亞洲首間書店，以售賣英文的藝術和設計類書為主。店中央設有一張書枱，大家可以在這裡閱讀店內的書籍。另一個最吸引人的地方，就是在店內也有售賣自己的服裝配飾產品，更有雜貨文具出售。

店內有個角落，供大家發揮創意。

地址： 東京都涉谷區神宮前 4-26-14
電話： 03-5412-0351 **營業時間：** 12:00nn-7:30pm
網頁： https://www.marcjacobs.jp/ja_JP/bookmarcpresents.html
INFO

原宿/青山 Harajuku/Aoyama

排隊人氣牛肉飯 Red Rock 42

MAP 2-2 D1

Metro 明治神宮駅步行 8 分鐘

長期都可見到人龍的Red Rock，主打兩款人氣牛肉丼，包括牛排飯及烤炙牛肉飯，嫩滑牛肉加流心蛋，配上自家秘製醬汁，美味又抵食！

地址： 東京都涉谷區神宮前 3-25-12 フジビル B1F
電話： 03-6721-1729
營業時間： 星期一至日 11:30am-9:30pm
網頁： www.redrock-kobebeef.com

INFO

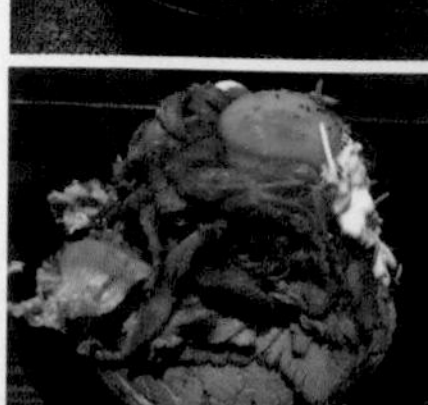

板仔始祖 X-Large 43

MAP 2-2 D2

JR 原宿駅沿表參道步行 10 分鐘 /Metro 明治神宮駅 5 號出口步行 5 分鐘

1991年時由Adam Silverman和Eli Bonerz在美國創立的街頭品牌X-Large，後因在日本開店，掀起了板仔文化，令很多亞洲人認識。X-Large強調服飾的功能性和實用性，以一隻大猩猩作為標誌。這裡有些款式是香港沒有的，喜歡X-Large的朋友一定要來逛一逛。

地址： 東京都涉谷區神宮前 4-25-29 1F **電話：** 03-3475-5696
營業時間： 11:00am-8:00pm **網頁：** www.xlarge.jp

INFO

東京旗艦店 X-Girl 44

MAP 2-2 D2

JR 原宿駅表參道口步行 10 分鐘 /Metro 副都心線明治神宮前駅 5 號出口步行 5 分鐘

X-Girl是X-Large的副線，以女裝為主。跟X-Large一樣，雖然香港也有代理，但始終日本的款式最多。

地址： 東京都涉谷區神宮前 4-25-28 B1F-1F
電話： 03-5772-2020 **營業時間：** 11:00am-8:00pm
網頁： www.x-girl.jp

INFO

原宿店有退稅服務，不是每間店都有。

英倫風格 PS Paul Smith Cat Street 45

MAP 2-2 C4

JR 原宿駅表參道口步行 10 分鐘 /Metro 副都心線明治神宮前駅 7 號出口步行 6 分鐘

到了東京的Paul Smith變得平易近人，説的是要找到他們的分店不難，就算一般百貨公司都能輕易買到品牌的銀包。而Paul Smith Jeans是他們的副線，簡約的輕便服飾，不玩幾何圖案鮮艷pattern，這絕對在香港找不到。

地址： 東京都涉谷區神宮前 5-17-5 **電話：** 03-3409-1082
營業時間： 11:00am-7:00pm **網頁：** www.paulsmith.co.jp

INFO

名牌古著店 MAP 2-2 C4

RAGTAG 46

JR 原宿駅表參道口步行 12 分鐘 / Metro 副都心線明治神宮前駅 7 號出口步行 4 分鐘

RAGTAG以售賣二手名牌為主，對貨品的控制很嚴格，所以非常有保證。這裡有不少日本本土品牌，如BATHING APE、COMME des GARCONS等。而外國名牌的數量也不少，店舖提供8天購物保證，喜愛名牌又不介意二手貨，這裡會是個好選擇。

他們的貨品陳列很整齊，看上去不似走入二手店。

地址： 東京都涉谷區神宮前 6-14-2
電話： 03-6419-3770
營業時間： 11:00am-8:00pm
網頁： www.ragtag.jp
INFO

潮人品牌 MAP 2-2 C2 47

Neighborhood/Supreme

JR 原宿駅表參道口步行 8 分鐘 /Metro 副都心線明治神宮前駅 5 號出口步行 4 分鐘

同一幢大廈，一樓是本地薑Neighborhood，二樓是過江龍Supreme，兩者同樣都很受男士的歡迎。Neighborhood是瀧澤伸介自創的日本潮流代表，更成功把英倫風的設計紅遍日本國內外。二樓的美國紐約過江龍Supreme則以美國風的板仔衣飾為主，兩間店就在樓上樓下，男士可以一次過逛個夠。

地址： 東京都涉谷區神宮前 4-32-7 神崎ビル 1F&2F
電話：（Neighborhood）03-3401-1201；（Supreme）03-5771-0090
營業時間：（Neighborhood）12:00nn-8:00pm；（Supreme）11:00am-8:00pm
網頁： https://www.neighborhood.jp/；https://jp.supreme.com/
INFO

來自荷蘭 MAP 2-2 C4

The Tintin Shop 48

JR 原宿駅表參道口步行 8 分鐘 /Metro 副都心線明治神宮前駅 4 號出口步行 4 分鐘

TinTin（中文譯：丁丁歷險記）是荷蘭一位漫畫家Herge所創作的人物，在全世界已風行了接近八十年，曾經陪同很多小朋友成長的卡通人物。故事主張反戰、和平和人道主義，所以一直流行至今。原宿店也是日本最大的直營店，有齊日文版的TinTin漫畫，當然少不了各種周邊產品。

這裡有齊所有Tin Tin的產品

地址： 東京都涉谷區神宮前 5-12-12 J Wing Left 1/F
電話： 03-5774-9905 **營業時間：** 11:00am-7:00pm
網頁： www.tintin.co.jp
INFO

炸豬排老店 MAP 2-2 D2

とんかつ 福よし 49

JR 原宿駅表参道口步行 8 分鐘 /Metro 副都心線明治神宮前駅 5 號出口步行 4 分鐘

這間傳統的炸豬排店門面非常低調，每天只營業5小時，豬排現點現炸，絕對新鮮，如果坐在吧枱上，更可以看到廚師的功夫了。因為位置於遊客區，所以有英文的menu對照，最普通的「ロースかつ」¥1,790，即是豬的背部，又名大里肌和小里肌，也是常用作炸豬排的部分。午餐則較便宜，一份 ¥1,300。

「ロースかつ」¥1,700，份量比一般的都大。

地址：東京都涉谷區神宮前 4-28-24
電話：03-3470-5529
營業時間：11:30am-2:00pm；6:00pm-8:00pm

MAP 2-2 F3 幸福厚Pancake

50 幸せのパンケーキ

JR 原宿駅表参道口步行 10 分鐘 / Metro 銀座線及千代田線表参道駅 A2 出口步行 2 分鐘

來自大阪的人氣鬆餅店幸せのパンケーキ店，初登陸東京時曾創下排隊5小時的神話。店內每份Pancake都是即叫即製，所以等候約需15分鐘。雖然Pancake外形有點像「bills」，但用上奈良著名的田中牧場有機雞蛋、麥蘆卡蜂蜜及北海道牛乳。口感綿密，而且散發濃郁的蛋香味，吃一口就充滿幸福的感覺。

每份pancake的粉漿，甚至連忌廉都是下單後才開始製作。

地址：東京都涉谷區神宮前 4-9-3 清原ビル B1F　電話：03-3746-8888
營業時間：星期一至五 10:00am-7:00pm，星期六、日及公眾假期 9:00am-7:30pm
網頁：http://magia.tokyo

北歐設計 MAP 2-2 D2

Marimekko 51

JR 原宿駅表参道口步行 8 分鐘 /Metro 副都心線明治神宮前駅 5 號出口步行 3 分鐘

Marimekko是一個來自北歐芬蘭的品牌，於1949年創立，以布製品設計為主，加上其設計多以花朵和鮮艷的顏色作主題，而且又帶點復古的味道，很得日本女士歡心。店內也有其布料發售，罌粟花圖案設計的商品很有人氣，無論文具、小布包和餐具都是女士掃貨之選。

地址：東京都涉谷區神宮前 4-25-18
電話：03-5785-2571
營業時間：11:30am-7:00pm
網頁：www.marimekko.jp

自己動手做燒餅 52
さくら亭

MAP 2-2 E1

JR 原宿駅竹下口步行 12 分鐘 /Metro 副都心線明治神宮前駅 5 號出口步行 8 分鐘

關西派代表燒餅是大阪燒，而關東派的代表則是文字燒，如果想一次過吃盡兩派燒餅，可來到原宿這家さくら亭。每張枱上有英文版本說明書，能夠自己動手做，當然你也可請店員幫忙。想吃放題也行，午市為90分鐘￥1,100，雖說燒餅的份量比較小而且只可選一種配料，但勝在有得玩有得食。單點的燒餅有不同種類配搭的配料，文字燒可配惹味的咖喱，大阪燒可以配海鮮，簡簡單單都已經很好吃。

先把材料炒熟，再加粉漿。

混合了粉漿後，待稍為變濃稠便推開。

室外座位，比較適合一大班人。

這裡備有英文說明書，教你如何動手做大阪燒和文字燒。

先把材料和粉漿攪拌均勻，但不要攪太久，因為椰菜會出水，一定要快手攪。

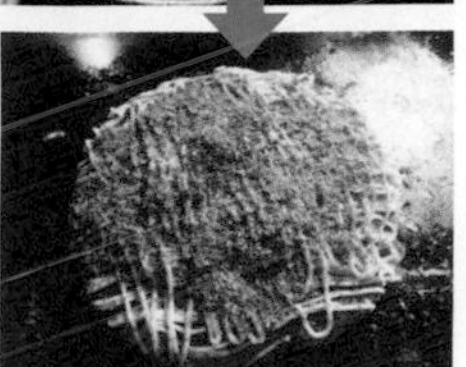
然後將整份材料放到鐵板上，做成圓形狀，每邊煎7分鐘，相對文字燒易控制。

室內的牆壁有很漂亮的繪畫

店內有除臭劑，離開時可噴一點在衣服上除味。

地址： 東京都涉谷區神宮前 3-20-1
電話： 03-3479-0039
營業時間： 11:00am-11:00pm
網頁： www.sakuratei.co.jp

★INFO

MAP 2-2 G5

亞洲旗艦店 53
Prada Aoyama

Metro 銀座線、半蔵門線及千代田線表參道駅 A5 出口步行 1 分鐘 / 從原宿表參道 Hill 步行 4 分鐘

很多人都會專程來青山的旗艦店前留個紀念，就是因為這幢注目的建築。這是由國際知名的建築商Herzog&de Meuron設計，連北京鳥巢都是由他們主理。建築總面積達2,800平方米，菱形半透明的玻璃外牆甚為注目，曾多次獲得外國建築界的讚賞。

地址： 東京都涉谷區南青山 5-2-6
電話： 03-6418-0400
營業時間： 11:00am-8:00pm
網頁： https://www.prada.com/jp/ja.html

★INFO

青山地標 54

AO

MAP 2-2 E5

Metro 銀座線、半蔵門線及千代田線表參道駅 B2 出口步行 1 分鐘 / 從原宿表參道 Hill 步行 4 分鐘

青山本來就是走中高檔消費路線，AO是青山的新地標，自然也不例外。位於青山通與骨董通交界，樓高十層，超過四十間店鋪進駐，這裡強調優質生活，所以店鋪都傾向中高檔品牌，包括了生活雜貨、化妝、時裝和配飾，還有多間餐廳和Café。

地址： 東京都港區北青山 3-11-7　**電話：** 03-6427-9161
營業時間： 商店 11:00am-8:00pm；餐廳 11:00am-11:00pm；酒吧 11:00am-2:00am
網頁： www.ao-aoyama.com

INFO

MAP 2-2 F5

奈良美智粉絲必到 55

A to Z Cafe

Metro 銀座線、半門線及千代田線表參道駅 B1 出口步行 3 分鐘

東京唯一一家由奈良美智子開的咖啡店，溫馨的木調裝潢，窗戶可俯瞰青山的景色，中央有他親手打造的小木屋，而牆壁則有彩色手稿。店內除了飲品以外也提供輕食。

地址： 東京都港區南青山 5-8-3 equbo ビル 5F
電話： 03-5464-0281
營業時間： 11:30am-9:00pm

INFO

潮牌大哥 MAP 2-2 G5 56

COMME des Garcons

Metro 銀座線、半蔵門線及千代田線表參道駅 A5 出口步行 1 分鐘 / 從原宿表參道 Hill 步行 4 分鐘

幾乎每個潮人都一定會識COMME des Garcons，它的品牌名字是法文，意思為「Like Boys」，由川久保玲在1973年創立。很多人來到東京一定會去青山店總壇朝聖，這裡有齊了人氣的Aoyama Shop Origin和直營店Origin兩條線的貨品，還有Homme、Homme Plus和Play系列，總之你一次過就可以見識COMME des Garcons旗下的款式。

地址： 東京都涉谷區南青山 5-2-1
電話： 03-3406-3951
營業時間： 11:00am-8:00pm
網頁： www.comme-des-garcons.com

INFO

健康湯品

MAP 2-2 F4

Soup Stock Tokyo Café

57

Metro 銀座線、半蔵門線及千代田線表參道駅內 B4 出口附近

Soup Stock Tokyo Café 是近年在日本迅速崛起的連鎖湯品店，以西式湯為基調，再Crossover日式的材料或製作方法，也有東南亞口味，強調「無添加」，每款湯品都會列明卡路里資料，絕對可以吃得健康。這裡還有包裝湯出售，很受獨居人士歡迎。

這裡採自助形式，先點湯付款再取湯，之後才找座位。

湯款每星期更換，走累了坐下來休息喝一碗健康湯很不錯。

地址： 東京都涉谷區北青山 3-6-12　**電話：** 03-3796-5533
營業時間： 8:00am-9:00pm，星期日及公眾假期 9:00am-9:00pm
網頁： www.soup-stock-tokyo.com

INFO

MAP 2-2 G5

清新花園Café

58 TEA HOUSE Aoyama

Metro 銀座線、半蔵門線及千代田線表參道駅 A5 出口步行 1 分鐘 / 從原宿表參道 Hill 步行 5 分鐘

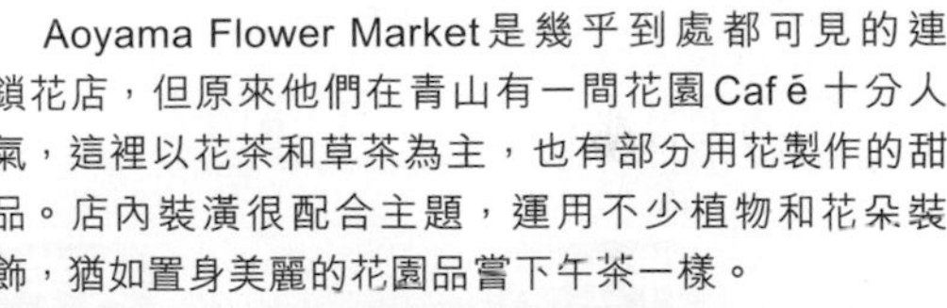

Aoyama Flower Market是幾乎到處都可見的連鎖花店，但原來他們在青山有一間花園Café 十分人氣，這裡以花茶和草茶為主，也有部分用花製作的甜品。店內裝潢很配合主題，運用不少植物和花朵裝飾，猶如置身美麗的花園品嘗下午茶一樣。

地址： 東京都涉谷區南青山 5-4-41
電話： 03-3400-0887
營業時間： 8:00am-7:00pm
網頁： www.afm-teahouse.com/aoyama

INFO

涉谷 Shibuya

交通策略

- JR上野駅 → JR池袋駅：JR山手線 18分
- JR池袋駅 → JR新宿駅：JR・山手線・9分鐘／JR・埼京線・6分鐘
- JR新宿駅 → 涉谷駅：JR山手線 7分鐘
- 池袋駅 → 新宿三丁目駅：Metro・副都心線・10分鐘
- 新宿三丁目駅 → 涉谷駅：Metro・副都心線・7分鐘
- 淺草駅 → 銀座駅：Metro・銀座線・17分鐘
- 銀座駅 → 表参道駅：Metro・銀座線・13分鐘
- 表参道駅 → 涉谷駅：Metro・銀座線・2分鐘
- 押上駅 → 大手町駅：Metro・半蔵門線・15分鐘
- 大手町駅 → 涉谷駅：Metro・半蔵門線・15分鐘
- 横濱駅 → 自由が丘駅：東急電鐵・東急東横線・30分鐘
- 自由が丘駅 → 中目黑駅：東急電鐵・東急東横線・8分鐘
- 中目黑駅 → 代官山駅：東急電鐵・東急東横線・2分鐘
- 代官山駅 → 涉谷駅：東急電鐵・東急東横線・3分鐘
- 吉祥寺駅 → 下北澤駅：京王電鐵・京王井の頭線・11分鐘
- 下北澤駅 → 涉谷駅：京王電鐵・京王井の頭線・7分鐘

本區名物及推介景點

人氣焦點 Hikarie

悠閒體驗 宮下公園

至潮商場 涉谷 PARCO

話題地標 SHIBUYA SCRAMBLE SQUARE

涉谷人氣新地標

01 MAP 3-2 E3

宮下公園 MIYASHITA PARK

JR 涉谷駅步行約 3 分鐘

2022年才新開幕的「宮下公園」，從涉谷站出發僅數分鐘便能到達。樓高4層的宮下公園分為南北兩大街區及三大部份，包括4樓空中庭園的「涉谷區立宮下公園」、「RAYARD MIYASHITA PARK」的商店區及公園連接著的酒店「sequence MIYASHITA PARK」。在RAYARD MIYASHITA PARK內除了各種時尚品牌商店及餐廳外，這裡還開設了全球第一個LV的男士旗艦店。

在4樓的公園部分有偌大的草地、攀岩場及溜冰場，可供人們野餐休憩之用，更有由潮流教父藤原浩所設計的特色Starbucks咖啡店。另外，在園內還設置了哆啦A夢漫畫連載50週年的紀念雕像「哆啦A夢 未來之門」，更是園內打卡的熱點！

公園內的Starbucks。

「哆啦A夢 未來之門」。

地址：東京都涉谷區涉谷 1-26（南街區）、神宮前 6-20（北街區）
營業時間：11:00am-9:00pm（各店舖營業時間均有不同）
網站：https://www.miyashita-park.tokyo/

★INFO

涉谷新食力

1a 涉谷橫町

位於MIYASHITA PARK南街的涉谷橫町，結集北海道、四國、九州、沖繩等全國各地的主題料理食肆，琳瑯滿目的美食令人難以取捨，部分食肆更是24小時營業，以後在涉谷又多個宵夜好去處。

★INFO

地址：宮下公園南街 1F
網頁：https://shibuya-yokocho.com/

A
B
C
D
1
2
3
4
5
北
Google Map
下載
公園通り
往JR原宿駅
文化村通り
道玄坂
東急田園都市線
京王井之頭線
涉谷駅
涉谷駅前十字路口
八チ公口
JR涉
出1
出2
出3
出3A
出4
出5
出6
出7
出8
29
04
05
03
17
18
27
09
21
11
10
13、14
28
16
30
15
12
23
07
25
26

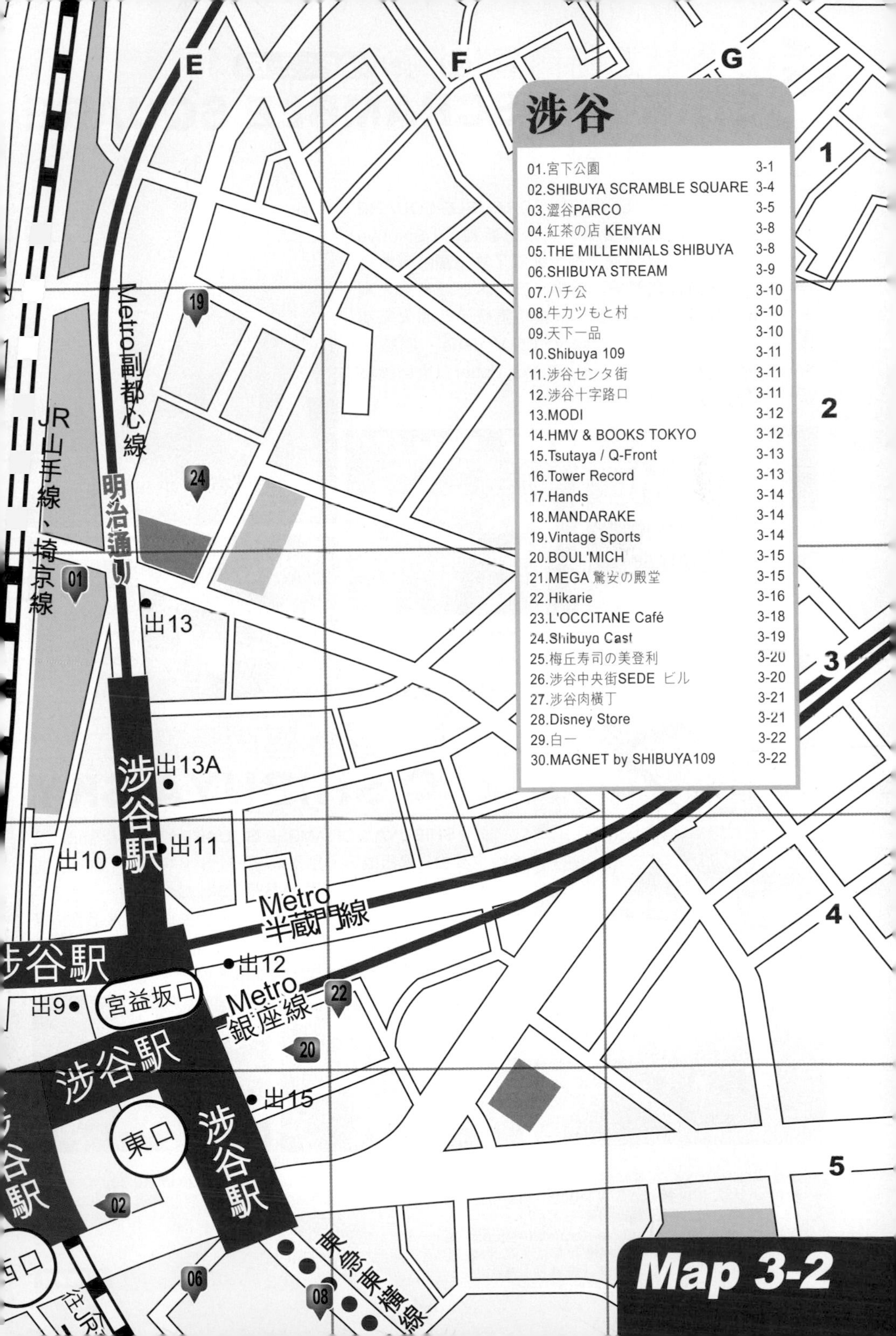

E
F
G
1
2
3
4
5
涉谷
01.宮下公園 3-1
02.SHIBUYA SCRAMBLE SQUARE 3-4
03.澀谷PARCO 3-5
04.紅茶の店 KENYAN 3-8
05.THE MILLENNIALS SHIBUYA 3-8
06.SHIBUYA STREAM 3-9
07.ハチ公 3-10
08.牛カツもと村 3-10
09.天下一品 3-10
10.Shibuya 109 3-11
11.涉谷センタ街 3-11
12.涉谷十字路口 3-11
13.MODI 3-12
14.HMV & BOOKS TOKYO 3-12
15.Tsutaya / Q-Front 3-13
16.Tower Record 3-13
17.Hands 3-14
18.MANDARAKE 3-14
19.Vintage Sports 3-14
20.BOUL'MICH 3-15
21.MEGA 驚安の殿堂 3-15
22.Hikarie 3-16
23.L'OCCITANE Café 3-18
24.Shibuya Cast 3-19
25.梅丘寿司の美登利 3-20
26.涉谷中央街SEDE ビル 3-20
27.涉谷肉横丁 3-21
28.Disney Store 3-21
29.白一 3-22
30.MAGNET by SHIBUYA109 3-22
Metro副都心線
明治通り
JR山手線、埼京線
出13
出13A
出11
出10
涉谷駅
Metro 半蔵門線
出12
宮益坂口
出9
Metro 銀座線
出15
東口
東急東横線
Map 3-2

涉谷話題新商場 02 MAP 3-2 E5
SHIBUYA SCRAMBLE SQUARE

JR 涉谷駅步行約 2 分鐘

2019年11月開幕的SHIBUYA SCRAMBLE SQUARE樓高47層，除了45至頂樓是人氣話題新點的「Shibuya Sky」外，地下2樓至14樓之間也進駐了許多國際與本地的品牌店舖，無論是壽司、火鍋、日式料理或是意大利菜、法式餐點等都可以吃到。一樓更匯聚了多間人氣甜品店，例如Atelier Anniversary、EN Vedette、銀座甘樂、治一郎、資生堂パーラー、Butter Butler及丸山珈琲等，絕對是選購手信的好地方。

位於11樓的蔦屋書店。

地址： 東京都涉谷區涉谷 2-24-12
營業時間： 10:00am-9:00pm（各店舖營業時間均有不同）
網站： https://www.shibuya-scramble-square.com/ ★INFO

涉谷區內最高展望台
2a SHIBUYA SKY

位於SHIBUYA SCRAMBLE SQUARE的展望台Shibuya Sky主要由三區組成，分別是45樓的「Sky Gate」、屋頂空間的「Sky Stage」和室內展望迴廊「Sky Gallery」。在約230米高的Shibuya sky展望台上，可以飽覽繁華的東京街景，輕鬆俯瞰涉谷十字路口，還能以360度的開揚視野把富士山、晴空塔及東京鐵塔等知名地標一覽無遺。

地址： SHIBUYA SCRAMBLE SQUARE 45F（售票處設於 14F） **營業時間：** 10:00am-10:30pm
收費： 大人（18 歲以上）¥2,000、國高中生 ¥ 1,600、小學生 ¥1,000、孩童（3 歲至 5 歲）¥600
網上預訂門票有折扣優惠
網站： https://www.shibuya-scramble-square.com/
※ 旅客只可帶有掛頸繩的相機和電話，其他隨身物品一律要鎖在儲物櫃內，故請預先準備 ¥100 硬幣（會退還）。
★INFO

惠比壽牛腸鍋名店
蟻月

2b

來自東京惠比壽的牛腸鍋名店「蟻月」，據説經常一位難求。這次在SCRAMBLE SQUARE開設新分店，主打的人氣餐點自然是牛腸鍋。店家選用國產的小腸來製作，同時更配有多種湯底口味可選。而在涉谷分店更有當店限定的「昔ながらのもつ鍋(¥1,500起/人)」口味，利用烤過的飛魚和國產山椒來製作而成的惹味湯底，的確值得一試。

樓層： SHIBUYA SCRAMBLE SQUARE 13F
電話： 03-6452-6195
時間： 11:00am-11:00pm
網站： https://www.arizuki.com/tenpo/

INFO

潮流商場始祖重生
03 涉谷PARCO

MAP 3-2 C2

JR涉谷駅步行約5分鐘

在1973年開幕的人氣地標商場「涉谷PARCO」，歷經三年的整修，終在2019年末重新開幕。翻新後的PARCO除了有首家任天堂實體旗艦店及Pokémon Center SHIBUYA進駐場內，同層的「CYBERSPACE SHIBUYA」更有全日本首家電競咖啡廳及眾多知名的ACG專賣店，例如「JUMP」、「刀劍亂舞」、「CAPCOM」實體店等，都是極受年輕人喜愛的賣店。此外，場內更設有自走式機器人客服「temi」、部份店家配有「CUBE MIRROR」供客人參考穿搭之用，樓層各處還藏有特色的藝術裝飾牆或裝置，既可拍照打卡之餘，也締造出濃厚的藝文氣息。

地址： 東京都涉谷區宇田川町 15-1
時間： 10:00am-9:00pm
網站： https://shibuya.parco.jp/

INFO

涉谷 Shibuya

日本首家任天堂實體旗艦店

3a Nintendo TOKYO 任天堂東京

「Nintendo TOKYO」是日本第一間任天堂官方實體旗艦店，也是繼美國的「Nintendo NY」後的全球第二間店。店內有四大打卡熱點，分別是《超級瑪利歐兄弟》系列的瑪利歐、《薩爾達傳説》系列的林克、《動物森友會》系列的西施惠，以及《Splatoon》系列的女孩的大尺寸模型，無論大人或小朋友也紛紛跟它們爭相合照。店內的分區十分明確，大家可針對自己喜愛的任天堂角色區域選購相關周邊產品，無論是文儀用品、家具雜貨、公仔配件、衣物飾品等都能找到，一不小心便成任天堂迷們的血拼天堂。

地址： 涉谷 PARCO 6F **營業時間：** 10:00am-9:00pm
網站： https://www.nintendo.co.jp/officialstore/ INFO

3b 超科幻設計

Pokémon Center SHIBUYA

「Pokémon Center SHIBUYA」寶可夢中心就在任天堂旗艦店的對面，店面設計充滿科技與未來感，與一直藍黃主調的Pokémon Center截然不同，尤其是門口那尊等身比例的超夢夢模型更是十分吸睛，絕對是一眾寵物小精靈迷的拍照打卡熱點。店內提供各式各樣的寵物小精靈角色的周邊商品，更設有Pokémon Design lab，可供精靈迷們即場製作獨一無二的自家製Pokémon服飾，玩味有趣。

地址： 涉谷 PARCO 6F **營業時間：** 10:00am-9:00pm
網站： https://www.pokemon.co.jp/sp/pokecen_shibuya_2019/ INFO

新宿 原宿 涉谷 代官山 中目黑 六本木 銀座 東京車站

亂中有序 3c
CHAOS KITCHEN

逛街累了，不妨走到PARCO的B1層「CHAOS KITCHEN」的美食街，日本多個地方的美食都能在這裡找到，每到午飯時間都少不了排隊等候。CHAOS有雜亂無章的意思，象徵著涉谷紊亂的街道，同時亦有不盲目守舊及活力充沛的寓意。走進CHAOS KITCHEN時，有種穿梭於小巷弄的感覺，在彎曲曲的路上走著，一間又一間的特色餐廳映入眼簾，例如鐵板牛、天婦羅、金澤壽司、咖喱等，總有一種能符合旅客的口味。

INFO
地址： 涉谷 PARCO B1F
營業時間： 餐廳 11:30am-11:00pm(部分店家營業時間不一)
網站： https://shibuya.parco.jp/floor/detail/?f=b1f

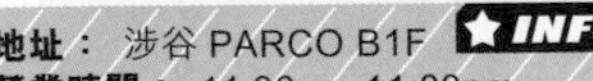

INFO
地址： 涉谷 PARCO B1F
營業時間： 11:30am-11:00pm
網站： http://www.kiwamiya.com

店員呈上來的漢堡扒幾乎是生牛肉，食客可自行燒製喜愛的熟度。

烤過的牛肉漢堡扒外酥內軟，肉汁豐富。

人氣過江龍鐵板燒 3d
極味や

來自福岡的「極味や」牛肉漢堡扒餐廳原本人氣已十分高企，來到東京涉谷開設首家分店後人氣更是爆表，全因CP值很高。店內選用的牛肉來自佐賀縣產的伊萬里牛，肉質都是A4等級，肉質鮮嫩味濃，配上自助鐵板燒的料理形式，更是惹味。午餐價格按牛肉份量來計算，分為S(130g)、M(160g)、L(200g)三種，價格分別是￥1,090、￥1,490和￥1,890，另加￥300便有白飯、味噌湯、沙律及雪糕放題套餐，一頓下來也才千多日圓，非常抵吃！

黑膠唱片專賣店 3e
Union Record Shibuya

Disk Union是日本著名唱片連鎖店，而Disk Union之前便是叫Union Record。PARCO內的這家店，是繼2018年新宿重新開業的Union Record Shinjuku後的第二家分店。店內主要販售大量的二手唱片，既有黑膠唱片亦有二手CD，多種曲風類型都能找到，尤其適合黑膠唱片的入門新手來尋寶探究。

地址： 涉谷 PARCO B1F
營業時間： 11:00am-9:00pm
網站： https://diskunion.net/
INFO

日本紅茶協會認證 MAP 3-2 D1

紅茶の店 KENYAN 04

JR 涉谷駅ハチ公口步行 10 分鐘

在涉谷的隱巷內有一間由昭和49年(1974年)營業至今的紅茶專門店名字叫「Kenyan」，曾被日本紅茶協會認證為「好喝的紅茶店」。店內的招牌自然是紅茶，例如Kenyan自家製冰奶茶（ケニヤンオリジナル　アイミティー）或是Kenyan自家製印度奶茶（ケニヤンオリジナル　チャイミティー），都是每檯客人必點的餐飲，香甜絲滑，茶味香濃。此外，店家還提供輕食午餐，例如牛肉咖喱飯、四重芝士烤雞扒飯，以及多利亞焗飯等，都極受客人歡迎。

深受女士喜愛的多利亞焗飯，惹味非常。

Kenyan 自家製冰奶茶

地址： 東京都涉谷區神南 1-14-8 南部ビル 1F
電話： 03-3464-2549
營業時間： 11:30am-10:00pm
價格： 午餐 ¥1,200 起
網站： http://kenyan.co.jp/shibuya

INFO

MAP 3-2 C2 科技感十足膠囊酒店

05 THE MILLENNIALS SHIBUYA

JR 涉谷駅ハチ公口步行 8 分鐘

「The Millennials Shibuya」是同集團繼京都河原町「The Millennials Kyoto」後開設的2號店，設計與配套都跟1號店相似，大走科技便捷的住宿風格。館內提供的大床非常舒適，就算要收納一個29吋大小的行李箱也是綽綽有餘。而且，無論是出入酒店、房間燈光或智能床位的調較等都是使用ipod來控制，加上座落於交通便利的涉谷地段，難怪吸引了不少外國旅客入住，床位也非常搶手。

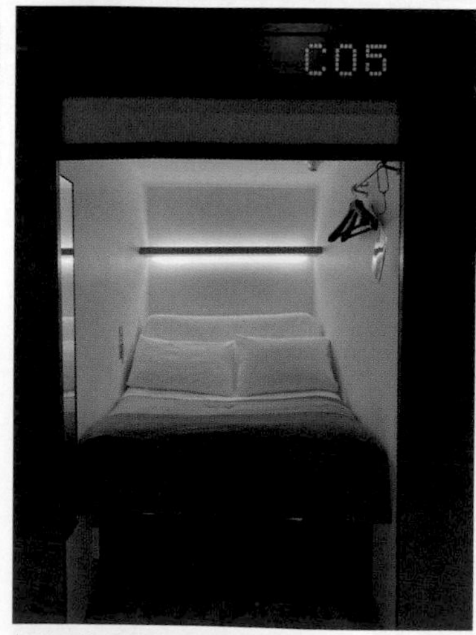

智能床位下設有置物的空間，就算是一個29吋大小的行李箱也能存放。

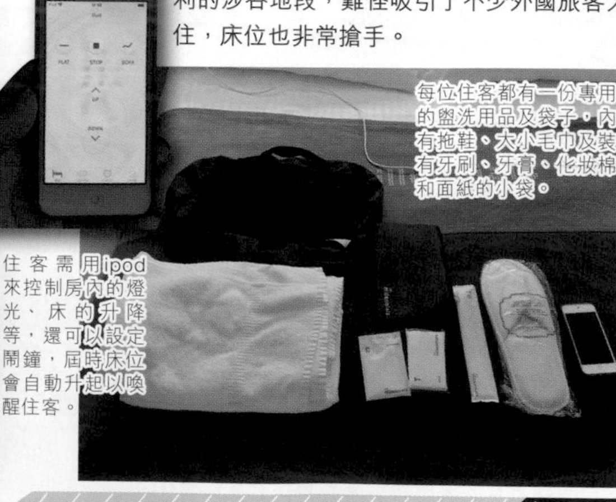

每位住客都有一份專用的盥洗用品及袋子，內有拖鞋、大小毛巾及裝有牙刷、牙膏、化妝棉和面紙的小袋。

住客需用ipod來控制房內的燈光、床的升降等，還可以設定鬧鐘，屆時床位會自動升起以喚醒住客。

INFO

地址： 東京都涉谷區神南 1-20-13
房價： Semi-double 每晚每位 ¥11,250 起
電話： 050-3164-0748
網站： https://www.livelyhotels.com/en/themillennialsshibuya/

MAP 3-2 E5

SHIBUYA STREAM 06

東急東横線‧田園都市線、東京メトロ半蔵門線‧副都心線「涉谷駅」16b 出口直達

在涉谷站南側的SHIBUYA STREAM，是東京人來開餐的好地方。在大樓前有一條涉谷川的小溪，環境優美，這棟大樓和東京政府合作，將本來已封閉的小涉谷川再次引入清流，重見天日。這裡雖然沒有購物商場，但多了30間不同種類的餐廳，快餐至高級餐廳都有，絕對是個搵食的好去處。

地址： 東京都涉谷區涉谷 3-21-3
時間： 因各店而異，一般由 11:00am 至 11:00pm
網頁： https://shibuyastream.jp

INFO

沿著小涉谷川走可以通往代官山和中目黑，有時間可以散步過去。

打卡飲品店

6a Lemonade by Lemonica

LEMONADE by Lemonica來自金澤，以獨家方法來調製檸檬汁，加入特製的糖漿，酸甜度剛剛好。店旁有一面霓虹燈檸檬牆，加上幾個鞦韆位，讓女士們打卡拍照。

位置： 1F
電話： 03-6427-3588 **時間：** 11:30am-7:30pm
網頁： www.lemonade-by-lemonica.com

INFO

新宿 原宿 涉谷 代官山 中目黑 六本木 銀座 東京車站

感人的故事 ハチ公

07 MAP 3-2 D5

JR 涉谷駅ハチ公口出即見

「ハチ公」秋田犬像是涉谷一個重要地標，在09年更拍成了電影《Hachi》。話説1924年，東京帝國大學的上野英三郎教授飼養了一頭秋田犬，名為「ハチ公」。牠非常忠心，每天都會定時到涉谷駅迎接主人。一年後教授逝世，但牠每天仍風雨不改地到涉谷駅等待主人，感動世人，所以1934年於涉谷駅前為牠建立銅像，當年「ハチ公」也有出席揭幕儀式。

車廂改建成小型博物館，展出有關涉谷的歷史，還保留了列車座位。

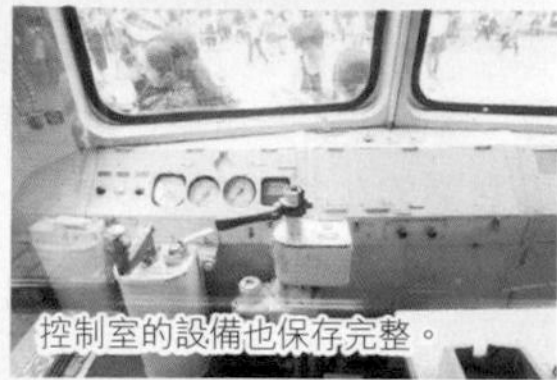

控制室的設備也保存完整。

涉谷可愛觀光巴士

走在涉谷的街道上，很易見到這架可愛的觀光巴士。這巴士起點在東京都涉谷區役所，在涉谷駅西口及ハチ公口均設有車站。巴士途經多個熱門景點，包括：惠比壽及代官山一帶，全程約30分鐘，每20分鐘一班，從8:00am-7:00pm，車費每程只需 ¥100。

網頁：https://www.city.shibuya.tokyo.jp/kurashi/kotsu/hachiko_bus/

香脆脍滑炸牛排 牛カツもと村

MAP 3-2 E5 08

JR 涉谷駅東口步行 5 分鐘

牛カツもと村是東京人氣的排隊店，標榜只用本地牛的里肌部位，而且只炸60秒，牛肉油脂均勻，完全沒有筋，外皮酥脆，入口即化。如果覺得牛肉太生，店家會提供鐵板，可自行加熱到喜歡的熟度。炸牛排定食配菜有沙律、漬物、味噌湯、麥飯等，而且有不同口味的沾醬，總有一款啱你口味。

位置： 東京都涉谷區涉谷 3-18-10 大野ビル 2 号館 B1F
電話： 03-3797-3735
營業時間： 11:00am-10:00pm；星期日至 8:30pm

INFO

來自京都的人氣拉麵 天下一品

09 MAP 3-2 B3

JR 涉谷駅ハチ公口步行 4 分鐘

在京都崛起的天下一品，近年為關西地區的拉麵爭一口氣，這兩年的拉麵排行榜上總少不了它。湯頭用上雞骨烹調，有別於其他派系的豬骨湯，汁液呈濃稠狀，男士很喜歡多添一碗白飯用湯汁來送飯，又或者再多點一客餃子。據説湯汁充滿骨膠原，對美容很有幫助。

こつてり中華そば，單點 ¥890。

自家製辣椒醬，對於嗜吃的華人來説，其實辣味不算很重。

地址： 東京都涉谷區宇田川町 30-3 梅よしビル 1F
電話： 03-5428-3650
營業時間： 11:00am-10:30pm
網頁： http://tenkaippin.co.jp

INFO

日本潮流指標 ⑩ MAP 3-2 C4
Shibuya 109

JR 涉谷駅ハチ公口對面

Shibuya 109是涉谷的地標，也是潮流標誌，共有十層，集合多間《CUTiE》、《non-no》等知名女性雜誌介紹的小店，顧客對象主要是18至23歲的少女，不過商場的變化很大，店舖不停改變，不斷有新晉的本土品牌加入，每次去到都會有驚喜。

地址： 東京都涉谷區道玄坂 2-29-1　**電話：** 03-3477-5111
營業時間： 10:00am-9:00pm　**網頁：** www.shibuya109.jp

INFO

⑪ MAP 3-2 C3 《電車男》取景地
涉谷センター街 涉谷中心街

JR 涉谷駅ハチ公口步行 2 分鐘

涉谷中心街鄰近涉谷站，乃涉谷一條主要的商店街，於1955年開始營業。這裡是年輕人在涉谷重點購物消遣的地方，內有多間時裝商店、藥妝店、餐廳咖啡館及電器店等等，環境越夜越熱鬧，每天吸引了無數年輕人在此購物、消遣和交換流行的資訊。早年大熱的電影《電車男》亦在此處取景，不妨來到體驗日本年輕人的生活文化。

地址： 東京都涉谷區宇田川町
營業時間： 各店有所不同
網頁： http://center-gai.jp

INFO

涉谷最具代表性風貌 ⑫
涉谷十字路口 MAP 3-2 D4

JR 涉谷駅ハチ公口出站即達

涉谷十字路口（渋谷スクランブル交差点）不單是涉谷的象徵，甚至是現代日本的象徵，差不多每位到東京的遊客都會到此打卡。這個繁忙的交匯處就在JR涉谷駅對開，據統計同一時間馬路上最多有3,000人在兩分鐘內橫過馬路，一天平均的過路人次則有20萬。這裡每天人潮的高峰時間是3:00pm-6:00pm，除了在路面，鄰近的Q-Front、SHIBUYA SKY及Shibuya 109都是拍攝這震撼場面的好地方。不過奉勸大家，馬路如虎口，拍攝時一定要遵守交通規則及路人私隱，否則累己累人，更會令港人蒙羞。

文青必到 MAP 3-2 D3

MODI ⑬

JR 涉谷駅八チ公口步行 4 分鐘 / Metro 副都心線涉谷駅 13 號出口步行約 3 分鐘 / Metro 半藏門線 7 號出口步行約 2 分鐘

由 O1O1 City改建而成的MODI，連同地庫共有十層，除了雜貨及服飾之外，還有卡拉OK等，9樓的餐廳除了可飽覽涉谷夜景，喜歡吃蠔的朋友，可到Gumbo & Oyster Bar，內裡提供了日本各個產地的蠔，亦有不同的烹調的方法。另外，商場重視文化空間，進駐了全日本最大的HMV旗艦店 HMV & BOOKS TOKYO，佔地三層，而且亦設退稅，書卷氣息濃厚。

地址： 東京都涉谷區神南 1-21-3
電話： 03-4336-0101
營業時間： （B1F-4F 商店）11:00am-9:00pm；
（HMV & BOOKS TOKYO）10:00am-10:00pm；
（8F 卡拉 OK）11:00am-5:00pm；
（9F 餐廳）11:00am-11:30pm
網頁： http://shibuya.m-modi.jp

INFO

機械人咖啡店

変なカフェ ⑬a

自從由機械人運作的酒店面世後大受歡迎，所以又推出了Cafe，由磨豆、到沖咖啡都由機械人一手包辦。食客只須購買食券、放好杯子就可以品嘗這杯非人手沖調的咖啡，非常有噱頭！

INFO

位置： B1F
營業時間： 11:00am-6:00pm
網頁： www.hennnacafe.com

全日本最大 ⑭ MAP 3-2 D3

HMV & BOOKS TOKYO

JR 涉谷駅八チ公口步行 4 分鐘 / Metro 副都心線涉谷駅 13 號出口步行約 3 分鐘 / Metro 半藏門線 7 號出口步行約 2 分鐘

HMV & BOOKS TOKYO 是全日本最大的HMV分店，佔地2層。店內除了出售各種影碟及書籍，還有各種生活雜貨如文具、玩具、服飾等共五十萬種商品，亦設舉行活動的場地，集多功能於一身。

位置： 東京都涉谷區神南 1-21-3 5F-6F
電話： 03-5784-3270 **營業時間：** 10:00am-9:00pm
網頁： http://bookstokyo.hmv.co.jp

INFO

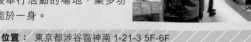

涉谷第二地標

MAP 3-2 D4

Tsutaya / Q-Front ⑮

JR 涉谷駅ハチ公口步行 1 分鐘

Q-Front位處繁華的涉谷，單是大型書店蔦屋已佔據了B2至七樓各樓層，與台灣的誠品有點相似，這裡結合了書本、音樂與咖啡。書籍的種類繁多，時裝、旅遊、藝術等齊備，還有中古CD，六樓還有營業至凌晨兩點的Wired Cafē，夜貓子大可在此打書釘，而一樓及二樓還有Starbucks營業到凌晨。

晚上的Q-Front成為了涉谷的地標。

蔦屋書店佔據Q-Front多層，藏書量驚人。

二樓Starbucks的景觀開揚，可以坐在這裡欣賞涉谷街頭繁忙的景致。

INFO

地址： 東京都涉谷區涉谷宇田川町 21-6
Tsutaya 電話： 03-5459-2000
Q-Front 電話： 03-5428-2620
營業時間： 10:30am-10:00pm
網頁： www.tsutaya.co.jp/index.html
Wired Café： www.cafecompany.co.jp

MAP 3-2 D3

最齊唱片店

⑯ Tower Record

JR 涉谷駅ハチ公口出步行 5 分鐘

Tower Record是日本最大型的唱片店，現時已撤出香港。欲懷念昔日Tower Record一排又一排的CD櫃，尋找世界各地冷門和至hit的音樂，可以來到涉谷這家分店。這裡樓高八層，售賣各式各樣國內外的CD、DVD及書籍雜誌，視聽產品藏量達80萬張。此外，他們亦有自家設計的周邊產品，和與其他品牌合作的cross-over商品，絕對是「日本限定」。

Tower Record Café是個不錯的平價選擇，連飲品¥1,000，午餐本身包含餐湯。

店內精選大量特價CD，尤以日本版CD絕對超值。

INFO

地址： 東京都涉谷區神南 1-22-14
電話： 03-3496-3661
營業時間： 11:00am-10:00pm
網頁： www.tower.jp

絕對逛不厭 Hands

MAP 3-2 B2 17

JR 涉谷駅ハチ公口步行 10 分鐘

Hands有別於傳統的百貨店，店內只售賣各種生活雜貨，無論是家電產品、廚房用具、美容藥妝，還是辦公室文具、家庭用品、花園DIY配件樣樣皆有，最重要是款式並不老土。但Hands不單只這些，它也是一間手製DIY專門店。地庫專門出售DIY木材、雜貨等材料。店內也設有退稅服務，只要當天購物滿￥5,000以上均可獲退稅。

MT的裝飾膠紙這裡最齊，還有卡通人物的特別版如米奇老鼠、Winnie The Pooh等。

旅行用品這裡最齊全，連減低飛機氣壓影響耳朵的耳塞也有。

地址： 東京都涉谷區宇田川町 12-18
電話： 03-5489-5111
營業時間： 10:00am-9:00pm
網頁： https://hands.net/

★INFO

如博物館的玩具店 MANDARAKE

MAP 3-2 B3 18

JR 涉谷駅ハチ公步行 5 分鐘

MANDARAKE絕對是動漫迷的尋寶勝地，有漫畫、figure、玩具、同人誌及動畫DVD售賣，還有幾百款扭蛋，不少中古絕版的商品都能在這裡找到。大量的絕版珍藏漫畫和絕版限定的中古模型，甚至連任天堂紅白機及遊戲帶也有發售。他們的價錢相當合理，不像秋葉原一些中古店將絕版產品的價錢炒得很高。

這裡還有很多cosplay服飾，比秋葉原逛得輕鬆。

這裡有很多懷舊玩具，特別珍貴的會放在玻璃櫃內，儼如小型玩具博物館。

門口並不算起眼，留意這幅卡通畫便可以找到。

內還有大量中古漫畫，只要花點時間有機會發現珍品。

地址： 東京都涉谷區宇田川町 31-2 涉谷 BEAM B2F
電話： 03-3477-0777
營業時間： 12:00nn-8:00pm
網頁： www.mandarake.co.jp

★INFO

夢幻球衣尋寶地 Vintage Sports

MAP 3-2 E2 19

Metro 涉谷駅 13 號出口步行 4 分

Vintage Sports絕非普通賣球衣的店鋪，它賣的包括球星使用過的球衣、過季甚至復古制服，及其他周邊商品。有來自英格蘭足球超級聯賽、日本 J-League，甚至世界各地國家代表隊，絕對是「不買也要來看看」！

地址： 東京都涉谷區涉谷 1-22-11 **電話：** 03-6427-3144
營業時間： 11:00am-7:00pm，週一休息
網頁： www.vintagesports-football.com

★INFO

法式日本甜品 BOUL'MICH

MAP 3-2 E4

⑳

JR 涉谷駅ハチ公出口步行約 2 分鐘

雖然店舖外表毫不起眼，但卻大有來頭，因為老闆吉田菊次郎是首批遠赴法國、西班牙等地學師，期間更獲得第一屆甜品世界大會銅獎，回到日本後亦多次獲得世界食品的最高金賞，因此店內的甜品如法式栗子蛋糕、芝士撻、馬卡龍，甚至買作手信的禮盒，都非常有保證。

松露蛋糕 ¥648

Grand Luxe 4 pieces ¥540

地址： 東京都涉谷區 2-21-1 涉谷ヒカリエ ShinQs B2/F
電話： 03-3477-4870
營業時間： 11:00am-9:00pm
網頁： www.boulmich.co.jp

INFO

全東京最大！ ㉑ MEGA 驚安の殿堂

MAP 3-2 B3

JR 涉谷駅ハチ公口步行 6 分鐘

2017年5月座落於涉谷的MEGA驚安の殿堂號稱全東京最大，共七層，1、2樓主要是零食手信；3樓售賣藥妝及設有免稅櫃位；4樓至6樓基本上就是雜貨如家品、文具、電器、服飾等，與其他分店無異。但值得一提就是B1的超級市場，熟食、水果、蔬菜、肉類、醬料統統都齊，而且24小時營業，如果住在附近的民宿，來個宵夜火鍋都沒問題！

地址： 東京都涉谷區宇田川町 28-6 **電話：** 03-5428-4086
營業時間： 24 小時 **網頁：** www.donki.com

INFO

涉谷人氣商場 MAP 3-2 F4

Hikarie(ヒカリエ) 22

JR 涉谷駅 2 樓通道直達 / Metro 副都心線涉谷駅 15 號出口直達

Hikarie前身是集多項娛樂設施的「東急文化會館」，後重建成樓高卅四層，集辦公室及綜合娛樂商場的大廈。這裡的交通便利，除了可以從JR涉谷駅直達，地下三層更連結了東急田園都市線、東京Metro副都心線及來往橫濱的東急東橫線。地下三到五樓稱為「ShinQs」，以25至40歲的女性為主。而八樓名為「8/」，是一個讓藝術家及文化界發布作品的創作空間。

地址： 東京都涉谷區涉谷 2-21-1 **電話：** 03-5468-5892
營業時間： （商店）10:00am-9:00pm，（餐廳）11:00am-11:00pm，（8/）11:00am-8:00pm
網頁： www.hikarie.jp

INFO

推介商店&餐廳

北歐家居雜貨 22a Collex

Collex位於五樓的Lifestyle樓層，主打家居用品，包括餐具、廚具、布袋、餐桌擺設等等。大部分貨品都從意大利直接引入，設計充滿北歐味道，簡約之餘，圖案又多元化。

位置： ヒカリエ ShinQs5F
營業時間： 11:00am-9:00pm
網頁： www.collex.jp

INFO

OL最愛膠鞋 SORA 22b

近年許多OL都喜歡學日本女士買膠水靴，將本來有實際用途的水靴變成fashion。而英國的Hunter由SORA代理，大受女士追捧，如果喜歡這個品牌，可以到SORA選購，款式和顏色亦比香港的多。

位置： ヒカリエ ShinQs4F **營業時間：** 11:00am-9:00pm

INFO

22c 香濃咖啡和朱古力 Le Chocolat De H / Paul Bassett

辻口博啟的Le Chocolat De H和法國2003年世界Barista咖啡師大賽冠軍Paul Bassett合作的crossover咖啡店。可選擇店內堂食，亦可外賣一杯咖啡坐在附近的座位品嘗。同時也能在專櫃購買精緻的朱古力。

位置： ヒカリエ B2F
營業時間： 11:00am-9:00pm
網頁： https://www.lcdh.jp/
https://www.paulbassett.jp/store/hikarie/

INFO

健康飲用醋
OSUYA

22d

日本人自古以來都喜歡用醋作調味料，而OSUYA就是來自岐阜縣的老店，由130年歷史的「內堀釀造」所調配而成的飲用醋。將醋加入不同種類的果汁，成了健康的飲品──果實酢。據研究指出，醋不僅排毒，對美容也有幫助，深受女士歡迎。

醋的種類很多，且有小樽裝發售，帶回家做手信非常方便。

位置： ヒカリエ B2F
營業時間： 11:00am-9:00pm
網頁： http://sumurie.com
★INFO

22e

人氣麵包店
LE PAIN

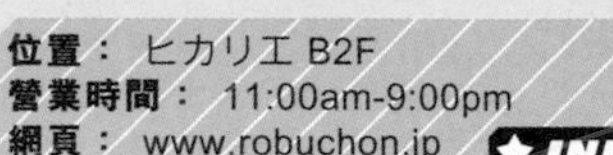

位置： ヒカリエ B2F
營業時間： 11:00am-9:00pm
網頁： www.robuchon.jp
★INFO

LE PAIN是米芝蓮三星法國主廚Joël Robuchon所開設的全球第一間分店，他的太太是日本人，對於日本的飲食文化有一定程度的了解，店內的麵包都會揉合日本與法國的技術，加上時令食材，一年四季都可吃到不同口味的麵包。除了限定麵包外，這裡的牛角包也大受歡迎，經常是人氣No.1，就算放涼了也依然香脆。

東京人氣豬排老店
とんかつ まい泉

22f

「まい泉」中文可譯作「舞泉」，於昭和40年（1965年）創業。他們堅持遣用鹿兒島的黑豚，在烹煮前將每條肉筋起出，再鋪滿自家製的金黃麵包粉炸成酥脆的豬排。此外，店家還選用100%的純植物油，因此相對健康。如果沒有時間坐下來享受，可以買一客他們大人氣的炸豬排三文治，3件裝只賣￥560。

茶美豚ロースかつ膳，￥1,850。

位置： ヒカリエ 6F
營業時間： 11:00am-10:00pm
網頁： http://mai-sen.com
消費： ￥1,700 起
★INFO

仙台名物牛舌料理
牛たん焼利久

22g

現在不用千里迢迢去仙台吃牛舌了，因為利久已進駐東京。利久牛舌比一般的厚身，每片約35克，加上運用傳統的炭燒方法，保持肉質鮮嫩又多汁。建議到這裡選用牛點定食，定食包括前菜，還有鮮甜的牛尾湯，當然，還有這裡獨有的健康大麥飯。

牛たん焼（味噌味）。

牛たん定食（塩味）。

位置： ヒカリエ 6F
營業時間： 11:00am-11:00pm
網頁： http://www.rikyu-gyutan.co.jp
消費： ￥1,500 起
★INFO

22h

品嚐日本各地食物
d47食堂

d47食堂由設計師長岡賢明策劃，將日本全國47個都道府縣的食材及餐具都帶來東京，餐牌上面會標明材料產地，檯上有由d47出版的旅遊雜誌，旁邊的d47 博物館亦展覽出日本各地的手工藝品、美食等，讓人認識每個道府縣的個性。

位置： ヒカリエ 8F **電話：** 03-6427-2303
營業時間： 12:00am-8:00pm，週三休息
網頁： https://www.d-department.com/ext/shop/d47.html
★INFO

女士至愛 23 MAP 3-2 D4
L'OCCITANE Cafe by Pierre Herme

JR 涉谷駅ハチ公口出步行 2 分鐘

Loccitane以法國南部的薰衣草產品最為人熟悉，現在於東京開設Café，更大受一班女士追捧。店內招牌甜品是焦糖燉蛋布甸，幾乎每枱女士都會點一客，焦糖香脆但不過甜，蛋味非常濃郁。這裡的飲品也有點驚喜，冰紅茶中會喝到淡淡的薰衣草香味，充滿小南法風情。

吃甜品叫飲品，飲品可減￥200。

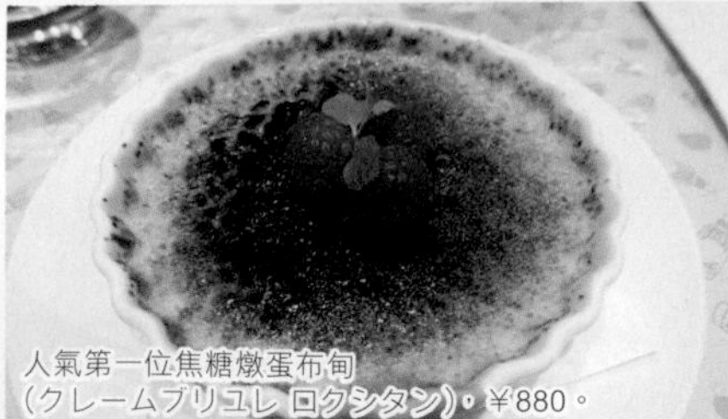
人氣第一位焦糖燉蛋布甸（クレームブリユレ ロクシタン），￥880。

地址： 東京都涉谷區道玄坂2-3-1 涉谷駅前ビル2-3F
電話： 03-5428-1564 **消費：** ￥900 起
營業時間： 10:00am-11:00pm
網頁： https://jp.loccitane.com/
★INFO

最新悠閒點 MAP 3-2 E2

Shibuya Cast 24

Metro 半藏門綫、副都心綫、東急東橫綫及田園都市綫涉谷駅，步行約 2 分鐘

集休閒、辦公室及住宅為一體的Shibuya Cast於2017年開幕，地下至1樓有一些個性商鋪、餐廳、Cafe及超級市場，而廣場的多用途空間不定期會舉辦一些市集、藝術活動等，是鬧市中的一小片綠洲。

地址： 東京都澀谷區涉谷 1 - 23 - 21
電話： 03-5778 9178
營業時間： 8:00am-10:00pm，各店營業時間不同
網頁： http://shibuyacast.jp

INFO

休閒歐式酒館 24a

THE RIGOLETTO

混合意大利及西班牙風味，提供各種扒類、各式自製Pasta、手工窯烤Pizza及Tapas等地中海菜。餐廳更附設酒吧，品嚐美食後想把酒談天也不用轉場，非常方便。

位置： GF 1F 電話：03-6631-1129
營業時間： 星期一至四及日 11:30am-10:00pm，星期五、六及公眾假期至 11:00pm，星期日至 11:00pm
網頁： http://rigoletto.jp/shibuya

INFO

抵食過築地 MAP 3-2 C5 25

梅丘寿司の美登利

JR 涉谷駅ハチ公出口步行約 2 分鐘

大家一定認為只有去築地吃壽司才是王道，這就大錯特錯了！因為美登利的材料也是築地當日早上直送，材料非常新鮮，而且價錢合理，等候時間不用說比築地少一半有多。午餐時間套餐由￥1,600至￥2,000。晚餐都有抵食套餐，還有季節精選，大多都不超過￥3,000。

地址： 東京都涉谷區道玄坂 1-12-3 Mark City East 4F
電話： 03-5458-0002
營業時間： 11:00am-10:00pm
網頁： www.sushinomidori.co.jp
消費： ￥800 起

INFO

MAP 3-2 C5 26 美食總匯

涉谷中央街 SEDE ビル

JR 涉谷駅ハチ公出口步行 2 分鐘 / 京王井之頭線涉谷駅西口步行 2 分鐘

SEDE位於JR涉谷西口的對面，位置不算顯眼，要花點眼力才可以找到。這裡是涉谷其中一處飲食大廈，由地庫計起，共有六層6間不同的餐廳，包括五樓愛爾蘭酒吧、四樓洋風創作料理餐廳、二樓車 涉谷南口店、一樓開放式意大利菜等。這裡的部分餐廳都在晚上6時後營業，一樓的Tharros意大利菜有午餐時段，但最好還是晚上前來，選擇會較多。

5F的Failte酒吧。

1F的Tharros意式料理。

SEDE 各層餐廳	
5/F	Irish Pub & Restaurant Failte（愛爾蘭酒吧）
4/F	Igu & Peace イグピー（洋風創作料理）
3/F	あくとり代官 鍋之進（Shabu Shabu）
2/F	車 涉谷南口店 (居酒屋)
1/F	Taverne & Bar ITALIANO Tharros（意大利菜）
B1	Crystal Bee House（意大利菜）

地址： 東京都涉谷區道玄坂 1-5-2 涉谷 SEDE ビル
營業時間： 11:30am-11:00pm（視各店而異）
網頁： http://shibuyachuogai.com/shop/

INFO

食肉獸出沒注意 MAP 3-2 C3

涉谷肉横丁 27

JR 涉谷駅ハチ公口出步行 7 分鐘

想體驗一下東京的居酒屋氣氛，又想大吃特吃，可以到2010年開業的涉谷肉橫丁。位於千歲會館的二樓及三樓，共24家食肆，形式有點像個室內夜市，亦接受點外賣，然後在別家店舖享用。雖然每間店的料理不太一樣，但大家都有個共通點，就是「肉」！

やきころ高級燒肉店。

熱鬧的てっぱん居酒屋。

たつばい串燒店。

地址： 東京都涉谷區宇田川町 13-8 ちとせ会館 2F&3F
營業時間： 各店營業時間迴異，一般由 5:00pm-12:00mn
網頁： https://nikuyokocho.jp/
INFO

迪士尼官方精品 MAP 3-2 D3

Disney Store 28

JR 涉谷駅ハチ公口出步行 8 分鐘

要買迪士尼的產品，不用千里迢迢去到Disneyland那麼遠。這裡有很多迪士尼人物的精品，而且針對女性口味，所以光顧的大人多過小朋友。

INFO
地址： 東京都涉谷區宇田川町 20-15
電話： 03-3461-3932 營業時間： 11:00am-8:00pm
網頁： https://www.disney.co.jp/store/storeinfo/101.html

涉谷 Shibuya

20cm 雪糕
白一（Shiroichi）29

MAP 3-2 C1

JR 涉谷駅ハチ公口出步行 12 分鐘

白一的招牌是20cm高雪糕，雖位置距離JR站較遠，但開店多年仍然打敗很多新興的甜品，因為牛奶雪糕成分天然，每日限量製造，又可選擇用雪糕筒或以咖啡、牛奶拌的吃法，獲得一眾OL支持。雖然是軟雪糕的賣相，但卻帶點冰粒口感，味道剛好不會太甜，是夏天必吃的消暑甜品。

地址： 東京都涉谷區神南 1-7-7 ANDOS II ビル 1F
電話： 03-6416-5574
營業時間： 11:00am-7:00pm
網頁： www.shiroichi.com
消費： ¥560 起

INFO

白一牛奶雪糕，¥560。

MAP 3-2 D4

飽覽涉谷十字街頭
30 MAGNET by SHIBUYA109

JR 涉谷駅ハチ公口步行 2 分鐘 / 東京 Metro 涉谷駅 7a 號出口直達

2018年4年重新裝潢109MEN'S後改名為MAGNET by SHIBUYA109。百貨連地下2樓共9層，1樓與5樓都是售賣服裝、鞋及飾物，6樓是最新開JOYPOLIS VR，賣點是七樓的全新餐飲空間「MAG 7」，他們開放了天台位置，讓大家可以從最佳位置拍攝到澀谷十字路口的相片。登上頂層是完全免費，你想拍多少張相片都可以。但如果你想利用MAGNET提供的高空相機拍攝自己和十字路口，則要付 ¥1,000。

想利用MAGNET提供的高空攝影機便要在這裡買券，¥1,000拍一張相片。

地址： 涉谷區道神南 1-23-10　**電話：** 03-3477-5111
營業時間： 10:00am-9:00pm，
(餐廳、MAG7 及 MAG's PARK) 10:00am-9:00pm
收費： (Crossing View) ¥1,000，6 歲以下免費；
(JOYPOLIS VR) 由 ¥1,000 至 ¥2,500 不等
網頁： https://magnetbyshibuya109.jp/

INFO

代官山
Daikanyama

交通策略

JR池袋駅 ● ● ● **JR新宿駅** ● ● **JR涉谷駅** ● ● ● **代官山駅**

- JR池袋駅 → JR新宿駅：JR・山手線・9分鐘/JR・埼京線・6分鐘
- JR新宿駅 → JR涉谷駅：JR 山手線 7分鐘
- JR涉谷駅 → 代官山駅：從JR涉谷駅步行至東急電鐵涉谷駅・8分鐘轉乘東橫線・3分鐘

橫濱駅 ● ● ● ● ● ● **自由が丘駅** ● ● ● ● ● ● ● **代官山駅**

- 橫濱駅 → 自由が丘駅：東急電鐵・東橫線・30分鐘
- 自由が丘駅 → 代官山駅：東急電鐵・東橫線・10分鐘

本區名物及推介景點

潮區暢飲手工啤 Log Road Daikanyama

最美書屋 蔦屋書店

珈琲屋台 Motoya Expresso Express

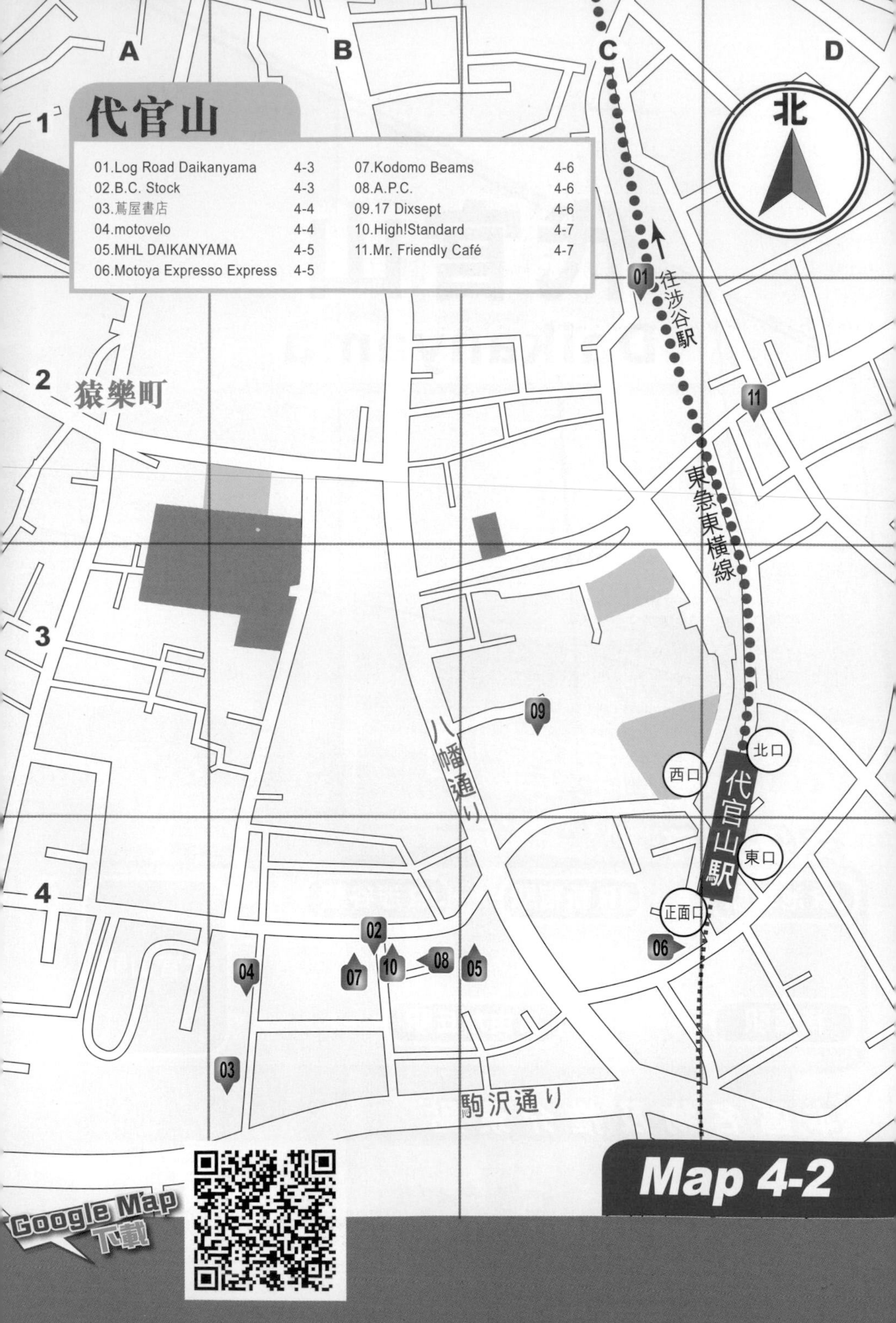

代官山
01.Log Road Daikanyama 4-3
02.B.C. Stock 4-3
03.蔦屋書店 4-4
04.motovelo 4-4
05.MHL DAIKANYAMA 4-5
06.Motoya Expresso Express 4-5
07.Kodomo Beams 4-6
08.A.P.C. 4-6
09.17 Dixsept 4-6
10.High!Standard 4-7
11.Mr. Friendly Café 4-7
A
B
C
D
1
2
3
4
北
猿樂町
往渋谷駅
東急東横線
八幡通り
代官山駅
北口
西口
東口
正面口
駒沢通り
Map 4-2
Google Map 下載

潮流小區 MAP 4-2 C2 01
Log Road Daikanyama

東急代官山駅西口步行 5 分鐘

代官山Log Road佔地3,200平方米，由5棟外形像倉庫的建築物組成，打頭陣的是由Kirin啤酒直營的Spring Valley Brewery手工啤酒吧，提供不同口味的啤酒、Pizza、漢堡飽，女裝的Women及男裝的Man，最後一棟是鎌倉有名的食店GARDEN HOUSE CRAFTS。小區綠意盎然，氣氛悠閒寫意，深受潮人垂青。

Spring Valley Brewery內最多人點選的，是這款提供六種不同口味的手工啤酒。

Spring Valley Brewery

電話： 03-6416-4960

時間： 星期一至六 9:00am-11:00pm，星期日及公眾假期 8:00am-10:00pm

網頁： www.springvalleybrewery.jp

GARDEN HOUSE CRAFTS

電話： 03-6452-5200

時間： 8:30am-6:00pm

網頁： https://ghghgh.jp/blogs/shoplist/garden-house-crafts-daikanyama

INFO

地址： 東京都涉谷區代官山町 13-1

網頁： https://www.instagram.com/logroaddaikanyama/

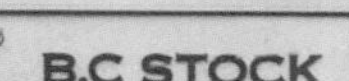

簡約休閒 MAP 4-2 B4 02
B.C. Stock

東急代官山　西口步行 8 分鐘

B.C. Stock是一間女裝Outlet，跟Journal Standardc均屬同一個集團，對比代官山一帶的時裝專門店，這裡價格真的十分相宜，而且吸納了多個知名服裝品牌，如Spick and Span、IENA、Deuxieme Classe等等，一般以四至七折的價錢出售，是貴價潮牌以外另一選擇。

INFO

地址： 東京都涉谷區猿樂町 19-5

電話： 03-5428-5065

營業時間： 11:00am-8:00pm

網頁： http://bcstock.jp

代官山
Daikanyama

新宿 原宿 涉谷 代官山 中目黑 六本木 銀座 東京車站

話題書店 MAP 4-2 B4

蔦屋書店 03

東急代官山駅正面口沿舊山手通步行 6 分鐘

★★★

代官山的蔦屋書店曾獲美國著名文娛網站選為全球20間最美麗書店之一，也是日本唯一一間入選的書店。這裡空間很寬敞，而且有很多地方可以讓人在這裡安靜閱讀，環境舒適。書店裡的書刊多達50萬冊，CD數量達13萬張，還有自家的café，午市時間經常排隊，喜歡看書的人分分鐘可在這裡消磨半天。

星巴克是蔦屋書店合作無間的夥伴。

書店設計出自書店創辦人增田宗昭及日本設計師大原研哉之手。

龐大的藏書量，熱門冷門的書刊都可以找到。

Menu用上iPad，既環保又方便。

café的食物甚有水準，價錢也不貴。

書店不光售賣書刊，還有創意品牌在此發售。

CD和影音產品數量也不少。

地址： 東京都涉谷區猿樂町 17-5 **電話：** 03-3770-2525
營業時間： 9:00am-10:00pm（1/F）；9:00am-8:00am（2/F）
網頁： http://tsutaya.tsite.jp

★ INFO

motovelo店與蔦屋書店相鄰，去書店時不妨留意一下。

MAP 4-2 B4 04 電動單車專門店

motovelo（モトベロ）

東急代官山駅正面口沿舊山手通步行 6 分鐘，於 T-SITE Garden 內

這裡是電動單車 motovelo 的旗艦店，位於代官山 T-SITE Garden 內，motovelo 的電動單車以推動環保節能為目標，適合城市使用。電單車只需要充電兩小時，就能自動行走約30公里的路程，無電時也可以改為腳踏。電動單車亦有兒童配件，例如小童座及嬰兒座，另外亦有售單車用的頭盔，花款選擇亦頗多。

地址： 東京都涉谷區猿樂町 16-15 代官山 T-SITE GARDEN3 號棟
電話： 03-6277-5698
營業時間： 10:00am-7:00pm
網頁： www.motovelo.co.jp

★ INFO

設計給女性的西裝 MAP 4-2 C5 05

MHL DAIKANYAMA

東急代官山駅正面口步行 3 分鐘

MHL DAIKANYAMA是 英國品牌Margaret Howell在日本的第二家店，主設計師Margaret Howell是一位女士，她很喜歡中性打扮，認為西裝不一定只適合男性穿著，於是設計了MHL一系列女裝西服，屬裙子以外的時裝選擇。在代官山店可以買到西裝大褸，各個顏色的女裝西褲，以及由西裝風格演化的休閒服飾。

光看MHL的店面，還以為是男士服裝店，原來品牌有不少女裝！

地址： 東京都涉谷區猿樂町 24-1 1F
電話： 03-5489-5781
營業時間： 11:00am-8:00pm
網頁： www.margarethowell.jp INFO

MAP 4-2 C4 06 充滿人情味珈琲屋台

Motoya Expresso Express

東急代官山駅正面口步行 1 分鐘

Motoya的咖啡車在東京多個地點營業，人氣甚大。他們很注重和顧客溝通，雖然整個過程只是短短數分鐘，咖啡師也會跟客人聊天，「跟客人成為朋友」是他們的經營理念。咖啡豆是特調的Original Blend，最重要的還是老闆仍堅持每天親手烘焙咖啡，有時甚至會在咖啡車幫忙。

冰咖啡由 ¥310起

每杯咖啡都是用心沖出來，大家要耐心等候。

Latte也只是 ¥270

地址： 東京都涉谷區代官山町 20-14 東急アパート・アネックス **電話：** 03-5704-0755 INFO
營業時間： 平日 9:00am-5:00pm、星期六日及假日 10:00am-5:00pm **網頁：** http://motoya-exp.com

代官山 Daikanyama

新宿 原宿 涉谷 代官山 中目黑 六本木 銀座 東京車站

潮媽不能不到 MAP 4-2 B4
Kodomo Beams 07

東急代官山駅正面口步行 10 分鐘

Kodomo Beams 鄰近 Merrier Beams，主要售賣童裝及兒童用品。品牌希望讓小孩與父母都擁有感到開心的生活方式，潮媽買完自己的東西，正好可以替自己的小孩選購衣服。

INFO
地址： 東京都涉谷區猿樂町 19-7
電話： 03-5428-4844 **營業時間：** 10:00am-7:00pm
網頁： www.beams.co.jp/labels/detail/kodomo-beams

08 法國簡約大師
MAP 4-2 B4 A.P.C.

東急代官山駅西口步行 8 分鐘

法國品牌A.P.C來到日本落地生根，更成為代官山甚具代表性的服裝品牌。在代官山有兩間分店，分別是男裝HOMME及女裝FEMME，男裝店由舊倉庫改建而成，滲出點點VINTAGE味。商品款式多元化，設計走時尚又不失優雅的路線，店內的裝潢更保留了歐洲獨有的風味。

地址： （代官山 FEMME）東京都涉谷區猿樂町 11-9，（代官山 HOMME）東京都涉谷區猿樂町 25-2
電話： 03-5489-6851/03-3496-7570
營業時間： 11:00nn-7:00pm
網頁： www.apcjp.com
INFO

舊廈重建
17 Dixsept
MAP 4-2 C3 09

東急代官山駅北口步行 4 分鐘

17 Dixsept由前身同潤會代官山アパート重建而成，也是一個高級購物消閒區。Dixsept是法文「17」的意思，因為這裡位處代官山町17號而獲命名。Dixsept的地面集中了多間餐廳和café，二樓及三樓則是廿多間知名品牌服裝店。

地址： 東京都涉谷區代官山町 17-6
電話： 03-3461-0034
營業時間： 1F 10:00am-10:00pm，2-3F 11:00am-8:00pm（因各店而異）
網頁： www.17dixsept.jp
INFO

時裝雜貨 MAP 4-2 B4 10
High!Standard

東急代官山駅西口步行 8 分鐘

High!Standard是一家雜貨小店，兩層高主打美式服裝及雜貨。這裡引入不同的美國品牌，有Tee、運動服裝和背包等等，不過就以男裝較為吸引。引入的牌子包括：Blue Blue、JKURA、Toll Free、Journey等，還有他們自家品牌High!Standard。

地址： 東京都涉谷區猿樂町 25-1
電話： 03-3464-2109
營業時間： 11:30am-7:00pm
網頁： www.hrm.co.jp

INFO

MAP 4-2 D2 友善先生？好人先生？
11 Mr. Friendly Café

東急東橫線代官山駅北口步行約 5 分鐘

Mr. Friendly Caf é 是已經開業超過25年的人氣咖啡廳，也是日本唯一一家主題餐廳，店內裝潢溫馨舒適，主打的食品就是Mr. Friendly的餐點及周邊商品，款式造型可愛得讓人愛不釋手。餐廳的甜品是縮小版的Mr. Friendly鬆餅，口味選擇很多，例如原味配焦糖醬、朱古力味配蜂蜜、水果口味配忌廉等，時會推陳出新品，每次去都會有新鮮感呢！

香蕉忌廉口味的Mr. Friendly鬆餅，口味清甜。

地址： 涉谷區惠比壽西 2-18-6SP ビル 1F
電話： 03-3780-0986
營業時間： 11:00am-8:00pm
網頁： www.mrfriendly.jp

INFO

中目黑
Nakameguro

交通策略

JR池袋駅 → JR新宿駅：JR · 山手線 · 9分鐘 / JR · 埼京線 · 6分鐘

JR新宿駅 → JR涉谷駅：JR 山手線 7分鐘

JR涉谷駅 → 中目黑駅：從JR涉谷駅至東急電鐵涉谷駅步行8分鐘 轉乘東橫線 · 5分鐘

上野駅 → 銀座駅：Metro 日比谷線 11分鐘

銀座駅 → 惠比壽駅：Metro 日比谷線 15分鐘

惠比壽駅 → 中目黑駅：Metro 日比谷線 2分鐘

東京駅 → 銀座駅：Metro · 丸ノ内線 · 2分鐘

本區名物及推介景點

賞櫻名所
目黑川

快樂的布甸
うれしいプリン屋さんマハカラ

Snoopy粉絲必到
PEANUTS Café

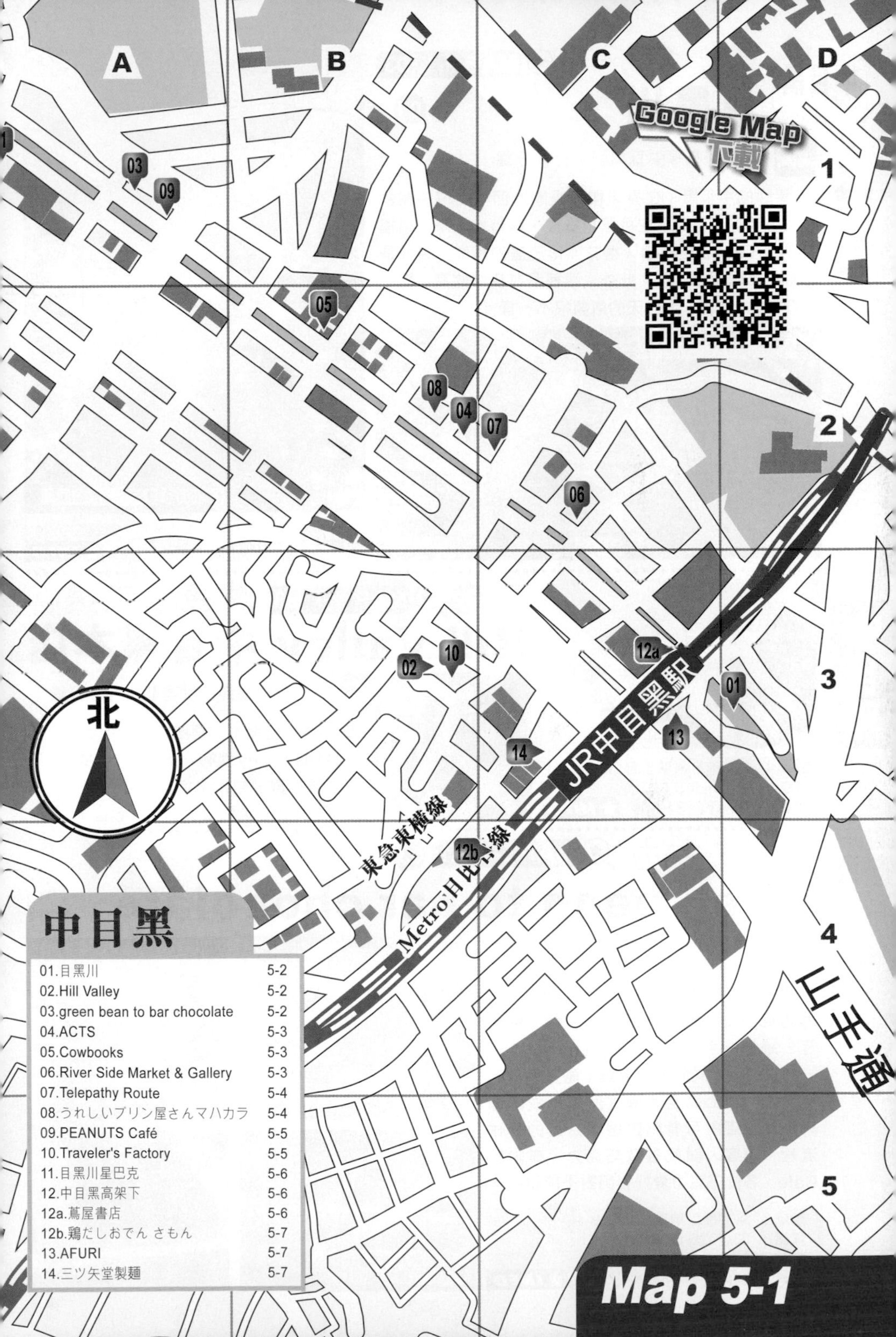

A
B
C
D
1
2
3
4
5
Google Map 下載
北
03
09
05
08
04
07
06
02
10
12a
01
13
14
12b
JR中目黑駅
東急東横線
Metro日比谷線
山手通
中目黑
01.目黑川 5-2
02.Hill Valley 5-2
03.green bean to bar chocolate 5-2
04.ACTS 5-3
05.Cowbooks 5-3
06.River Side Market & Gallery 5-3
07.Telepathy Route 5-4
08.うれしいプリン屋さんマハカラ 5-4
09.PEANUTS Café 5-5
10.Traveler's Factory 5-5
11.目黑川星巴克 5-6
12.中目黑高架下 5-6
12a.蔦屋書店 5-6
12b.鶏だしおでん さもん 5-7
13.AFURI 5-7
14.三ツ矢堂製麵 5-7
Map 5-1

賞櫻名所

目黑川

MAP 5-1 D3 01

東急東橫線中目黑駅步行 4 分鐘

★★★

寧靜的中目黑，在春天櫻花盛開季節，變得熱鬧非常，各地的人們為了在目黑川賞櫻，都特地前來。這裡共種植了830株櫻花樹，櫻花開得茂盛的時候，恰像是覆蓋在目黑川上一樣。此外，這裡還有夜櫻欣賞，點燈會直到晚上8點，跟白天的氣氛很不一樣。

©JNTO

©JNTO 櫻花盛開的目黑川

地址： 東京都中目黑區目黑川

INFO

02 MAP 5-1 B3 健康手工爆谷

Hill Valley 中目黑本店

東急東橫線中目黑駅步行 3 分鐘

近年爆谷已然不再是戲院小食的專利，中見黑的Hill Valley就有一家年輕爆谷店，不含任何添加劑，製作出多種口味的爆谷，當中芝加哥芝士及焦糖口味非常受歡迎。

地址： 東京都目黑區上目黑 3-13-11
電話： 11:00am-8:00pm
網頁： www.hillvalley.jp

INFO

手工朱古力 MAP 5-1 A1 03

green bean to bar chocolate

東急東橫線中目黑駅步行 9 分鐘，位於目黑川旁

近年歐美流行「Bean to Bar」，意思巧克力由挑選可可豆，到烘焙、倒模等，統統一手包辦，而Green就是其中一間以這種方式經營的店舖。嚴選南美的可可豆，加上以全有機甘蔗煉製成的糖來調味，店內可看到整個巧克力的製作流程，讓客人試吃各款巧克力，亦附設Cafe，各位巧克力愛好者絕對不能錯過。

它的包裝精美，用來送禮也是不錯的選擇。

地址： 東京都目黑區青葉台 2-16-11
電話： 03-5728-6420
營業時間： 10:00am-8:00pm
網頁： http://greenchocolate.jp

INFO

新宿 原宿/青山 涉谷 代官山 中目黑 六本木 銀座 東京車站

男士置裝好去處 ACTS

MAP 5-1 B2 04

東急東橫線中目黑駅步行 6 分鐘

ACTS在目黑已經屹立多年，從前比較多賣具人氣的男裝， 如Lecospotif、ad-didas等外國名牌。現在除了自家設計之外，還搜羅一些有個性的款式，背心工作服款式襯忚衫，既有型之餘又不失斯文感。

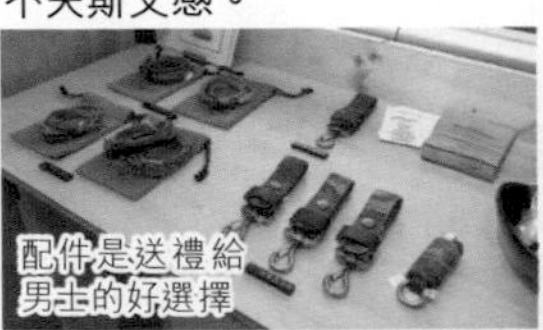
配件是送禮給男士的好選擇

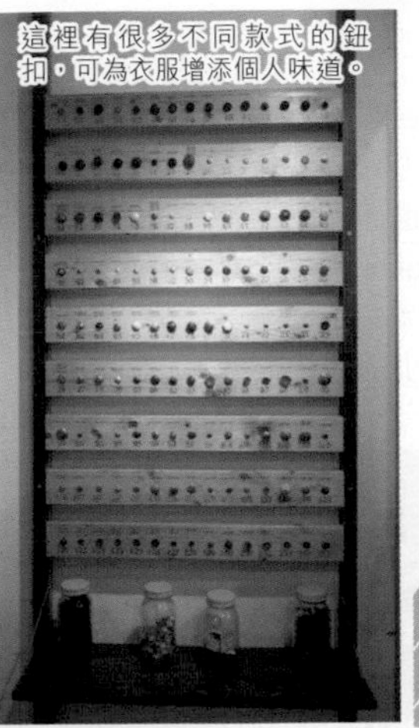
這裡有很多不同款式的鈕扣，可為衣服增添個人味道。

這款背心是老闆的推介

地址： 東京都目黑區青葉台 1-21-11
電話： 03-5457-5066
營業時間： 12:00nn-8:00pm，星期三休息
網頁： https://www.acts97.com/ INFO

型格二手書店 Cowbooks

MAP 5-1 B2 05

東急東橫線中目黑駅步行 6 分鐘

Cowbooks是松浦彌太郎在2002年創辦的，他本身是一位出色的文化人，同時也曾在日本老牌雜誌《生活手帖》總編輯。現在書店裡共有2,000本二手圖書，當中很多都是文化藝術的絕版書，定價也相當合理，所以吸引不少人前來尋寶。

書店面積很小，藏量達2,000本之多。

客人可以拿著書，坐在這裡慢慢閱讀。

地址： 東京都目黑區青葉台 1-14-11
電話： 03-5459-1747
營業時間： 12:00nn-8:00pm，星期一休息
網頁： www.cowbooks.jp INFO

河畔的市集 River Side Market & Gallery

MAP 5-1 C2 06

東急東橫線中目黑駅步行 4 分鐘

開在目黑川旁的「River Side Market」集gallery、時裝店和café 於一身，店內有自家設計的服裝，以輕便簡約為主，還時時跟不同的藝術家合作，將作品在店內展示。此外，這裡還有外賣咖啡，買一杯捧在手，邊飲邊欣賞目黑川，是另一種在目黑裡的享受。

這裡的咖啡很便宜，由￥280起。

地址： 東京都目黑區上目黑 1-14-6
電話： 03-5456-7010
營業時間： 12:00am-8:00pm INFO

70年代美式風 MAP 5-1 C2
Telepathy Route 07

東急東橫線中目黑駅步行 5 分鐘

★★★

東京有很多古著店，但要找有特定主題的也不是易事。Telepathy Route 的古著以美式風格為圭臬，大部分藉70年代的款式作主打，所選的品牌也是70年代大熱的Levi's、LEE、Wrangler等。此外，這裡也有很多30至40年代的牛仔褲，絕對適合喜愛型格的人。店內亂中有序，面積小卻款式很多，帶給人尋寶的感覺。

二手鞋未必人人能接受，但喜歡古著的人，越舊越喜歡。

店子小小，款式卻很多，也有引入新貨，而且不是大路貨色。

INFO
地址： 東京都目黑區青葉台 1-21-9-101
電話： 03-5456-3939
營業時間： 1:00pm-8:00pm，星期六日 12:00nn 開門

MAP 5-1 B2 08 快樂的布甸
うれしいプリン屋さんマハカラ

東急東橫線中目黑駅步行 6 分鐘

這間賣布甸的店標榜帶給客人一種宛如戀愛時的快樂感覺，以外賣為主，不過在門口則擺放了一些椅子，提供給遊客即買即吃。店舖位於目黑川旁的小巷轉角位置，採用木料的裝潢，店內燈光柔和，給人溫暖的氣氛，製布甸用的雞蛋全部經過嚴格挑選，還有指定的農場，味道香濃。

抹茶布甸，抹茶味和雞蛋相當夾，¥420。

全店共有5款回味，有時也會推出限定味道。

人氣的Happy Pudding(うれしいプリン，¥390)。

布甸全都用上玻璃小瓶盛載，可愛別致，吃完可交給店內回收。

地址： 東京都目黑區青葉台 1-17-5 メゾン青葉 101
電話： 03-6427-8706
營業時間： 11:00am-6:00pm，星期二休息
網頁： www.happypudding.com
消費： ¥390 起
INFO

Snoopy粉絲必到 MAP 5-1 A1 09

PEANUTS Café

東急東橫線中目黑駅步行8分鐘，位於目黑川旁

The Goose Eggs Sliders，用了Snoppy造型的迷你漢堡包，¥1,980。©2015 Peanuts

日本第一間PEANUTS Café，以美國西岸作為主題，一樓是咖啡廳，二樓則有Snoopy玩具和古董展示區。食物方面也以美式為主，最人氣的是以四個迷你漢堡為主的The Goose Eggs Slider，特別以花生漫畫故事中，曾經登場的棒球隊The Goose Eggs為主題而設計。大家前往餐廳前，可先於官網訂枱，屆時便不用再排隊了。

兩款T-Shirt，男女都合穿。©2015 Peanuts

人氣的Chocolate Chip Mikeshake (¥930)和PeanutButter Milkeshake(¥890)。©2015 Peanuts

這裡推出不同的紀念品，設計以大人為主。©2015 Peanuts

INFO

地址： 東京都目黑區青葉台2-16-7
電話： 03-6452-5882
營業時間： 10:00am-10:00pm
網頁： www.peanutscafe.jp（可先於網上預約座位）

MAP 5-1 B3 10 文具控必到

Traveler's Factory

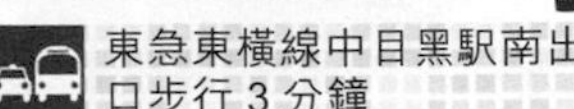

東急東橫線中目黑駅南出口步行3分鐘

對於文具控而言，Midori這個品牌相信絕對不會陌生，除了創意文具，他們的紙製品亦是出名好用，而以牛皮作為手帳封套的Traveler's notebook更是頭號熱賣商品。由Designphil所開設的Traveler's Factory除了售賣手帳，亦陳列一系列旅遊相關的文具、背包及家品。另外二樓設有Coffee Shop，逛累了可喝杯咖啡歇歇腳，絕對是文青必到的地方！

地址： 東京都目黑區上目黑3-13-10 **電話：** 03-6412-7830
營業時間： 12:00nn -8:00pm，星期二休息
網頁： www.travelers-factory.com

INFO

東京新咖啡聖壇 MAP 5-1 A1

目黑川星巴克 11

東京 Metro 日比谷線、東急東橫線「中目黑」駅步行約 14 分鐘；東急田園都市線「池尻大橋」駅步行約 14 分鐘

★★★

近年星巴克以Starbucks Reserve Roastery巨無霸旗艦店在全球插旗，繼西雅圖、上海、米蘭及紐約後，第5間Reserve Roastery選址東京的櫻花名所目黑川畔。目黑川店樓高4層，佔地13,000呎，出自設計大師隈研吾之手筆。1樓賣咖啡外，更有意大利麵包名店「Princi」提供約80種麵包及輕食組合。2樓設「茶瓦納TEAVANA」，銷售特色的和菓子、日本茶；而3樓的「ARRIVIAMO BAR」，則有超過百種咖啡調酒及創意雞尾酒供選擇。無論你是否咖啡控，總會找到幫襯的理由。

巨型烘豆機高達17米，非常吸睛。

地址： 東京都目黑區青葉台 2-19-23
電話： 03-64170202 **營業時間：** 7:00am-11:00pm
網頁： https://www.starbucksreserve.com/en-us/locations/tokyo

★INFO

文青必訪 MAP 5-1 C3

中目黑高架下 12

Metro 日比谷線、東急東橫線至中目黑駅，出站即達

2016年尾正式開幕的「中目黑高架下」，位於東急東橫線與日比谷線的鐵路高架橋下，全長700米，林立了共28間店。甫出中目黑駅就可見到「全球最美書店」蔦屋書店、松浦彌太郎所主理的書店COW BOOKS及多間充滿個性的餐廳，非常適合行程悠閒的文青們！

地址： 東京都目黑區上目黑一丁目、二丁目、三丁目
網頁： https://nakame-koukashita.tokyo/

★INFO

最美書店 MAP 5-1 C3

蔦屋書店 12a

被譽為「全球最美書店」的蔦屋書店，售賣流行、藝術、設計等書籍及雜誌，另外有精挑細選的生活品味雜貨和精品。在店內的休閒區，可坐在沙發上享用一杯星巴克咖啡，非常愜意。中目黑店更營業至凌晨，適合一眾夜貓子！

地址： 東京都目黑區上目黑 1-22-10
電話： 03-6303-0940 **營業時間：** 7:00am-1:00am
網頁： http://real.tsite.jp/nakameguro

★INFO

雞湯關東煮 MAP 5-1 C4

鶏だしおでん さもん 12b

名古屋關東煮名店，湯頭以雞骨、蔬菜熬煮而成，清甜得來含大量骨膠原。而配菜方面亦有很多選擇，除了一些常有的大根、魚板，亦有各款雞的部位、交趾雞溏心蛋、蕃茄等，好「雞」之徒必到！

地址： 東京都目黑區上目黑 3-5-31
電話： 050-5596-4797
營業時間： 4:00pm-2:00am
★ INFO

13 清爽柚子拉麵 MAP 5-1 C3

AFURI

東急東橫線中目黑駅步行 1 分鐘

發跡於惠比壽的AFURI，特色是使用阿夫利山的天然泉水，再加入雞、魚介、昆布等熬成的湯頭，而且更可選清淡（淡麗）或濃厚（まろ味）。店內最人氣的是鹽味柚子拉麵，口味清爽。拉麵來自北海道，由小麥磨碎及裸麥製成，配上炭火烤的叉燒、淡路島產的海苔、半熟蛋及脆筍，吃起來非常有質感。

地址： 東京都目黑區上目黑 1-23-1 中目黑アリーナ 1F
電話： 03-5720-2240
營業時間： 11:00am-11:00pm
網頁： http://afuri.com
★ INFO

邪惡芝士沾麵 MAP 5-1 C3

三ツ矢堂製麵 14

東急東橫線中目黑駅南口步行 1 分鐘

三ツ矢堂製麵在關東地區共有18家分店，首創麵有四種溫度可選。店內有多款特色沾麵，當中以芝士沾麵最受歡迎。先把冷的芝士醬倒進麵中拌勻，然後將麵條浸到沾汁內，冷熱交替的口感，加上味覺的衝擊，非常滋味！

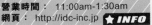

地址： 東京都目黑區上目黑 3-3-9 第 2 牡丹ビル 1F
電話： 03-3715-0079
營業時間： 11:00am-1:30am
網頁： http://idc-inc.jp
★ INFO

六本木
Roppongi

交通策略

JR池袋駅 → JR新宿駅：JR山手線・9分鐘 / JR埼京線・6分鐘

JR新宿駅 → JR恵比寿駅：JR山手線・7分鐘 / JR埼京線・8分鐘

JR恵比寿駅 → 六本木駅：地鐵・日比谷線 6分鐘

JR新宿駅 → 六本木駅：都營・大江戶線・9分鐘

新宿西口駅 → 都庁前駅（轉車）：都營・大江戶線 2分鐘

都庁前駅（轉車） → 六本木駅：都營・大江戶線 11分鐘

上野駅 → 秋葉原駅：地鐵・日比谷線・2分鐘

秋葉原駅 → 銀座駅：地鐵・日比谷線・12分鐘

銀座駅 → 六本木駅：地鐵・日比谷線・9分鐘

新宿三丁目駅 → 明治神宮前駅（轉車）：地鐵・副都心線・4分鐘

明治神宮前駅（轉車） → 乃木坂駅：地鐵・千代田線・4分鐘

本區名物及推介景點

六本木地標 Tokyo Midtown

百年老店 虎屋

東京夜景 Mori Tower

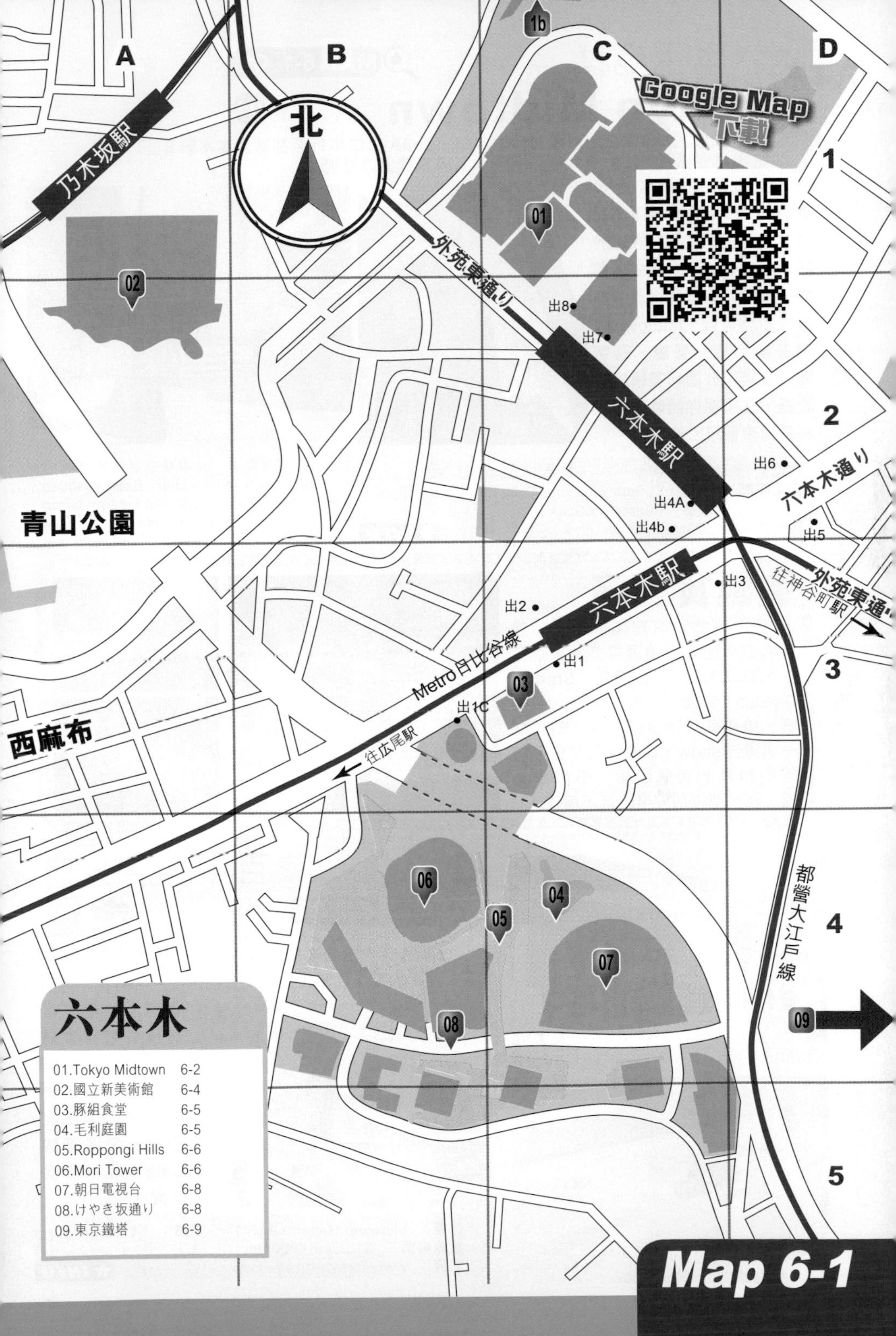

A
B
C
D
北
Google Map
下載
1
2
3
4
5
乃木坂駅
外苑東通り
六本木駅
六本木通り
青山公園
西麻布
Metro日比谷線
往広尾駅
往神谷町駅
都營大江戸線
出8
出7
出6
出4A
出4b
出5
出3
出2
出1
出1C
01
02
03
04
05
06
07
08
09
1b
六本木
01.Tokyo Midtown 6-2
02.國立新美術館 6-4
03.豚組食堂 6-5
04.毛利庭園 6-5
05.Roppongi Hills 6-6
06.Mori Tower 6-6
07.朝日電視台 6-8
08.けやき坂通り 6-8
09.東京鐵塔 6-9
Map 6-1

六本木地標 Tokyo Midtown

MAP 6-1 C1

01

Metro 丸之內線或日比谷線至六本木駅，於 4A 出口步行至都營六本木駅 8 號出口 / 都營大江戶線六本木駅，下車於 8 號出口直達

Tokyo Midtown集合日本和海外多名建築師策劃而成的最新文化設施，興建於防衛廳的舊址。它是由休閒的公園與六座建築構成的綜合性新型設施。Midtown內集各類商店、餐廳、寫字樓、酒店、公園和美術館等設施，在這裡你隨時都可以和藝術來個親密的接觸。

100間店舖及餐飲，其中最為港人熟悉的店舖有：Fuji Film Sqaure、Muji、Beams House、IDEE Shop、Toyko Midtown Design Shop、Pleats Please Issey Miyake、Suntory Museum of Art、21_21 Desight Sight

地址： 東京都港區赤坂 9-7-4 **電話：** 03-5413-0050
營業時間： 商店 11:00am-8:00pm，Cafe11:00am-9:00pm，餐廳 1:00am-11:00pm
網頁： www.tokyo-midtown.com

INFO

聖誕賞燈飾

日本雖然沒有聖誕節假期，但聖誕氣氛比香港要濃得多。東京六本木Mid Town這個燈飾「Starling Garden」，是東京人的一大盛事。這裡有28萬個LED燈，幻化成一場燈光show，概念來自宇宙。每年的11月下旬便開始，不想跟人擠，可於聖誕前較早的日子前往。

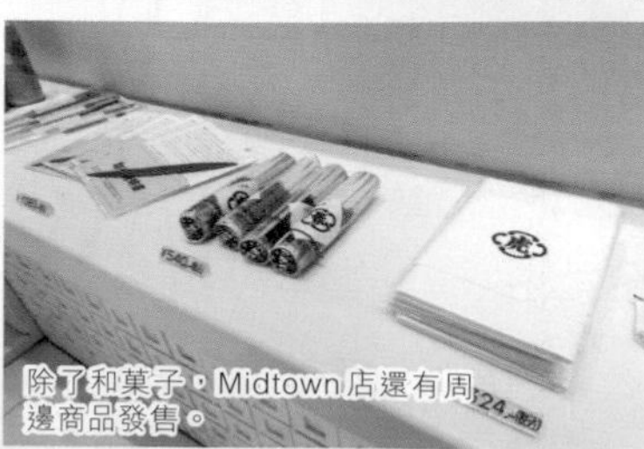

除了和菓子，Midtown店還有周邊商品發售。

1a

百年老店分店 虎屋

MAP 6-1 C1

虎屋とらや是日本的和菓子老店，最有名氣的是羊羹。其實羊羹是以寒天將餡料凝固形成。店家為了與時並進，現在已經發展成數百種味道，店內除了著名的羊羹外，更有不少限定商品發售，旁邊還設Café，經常都見人龍。

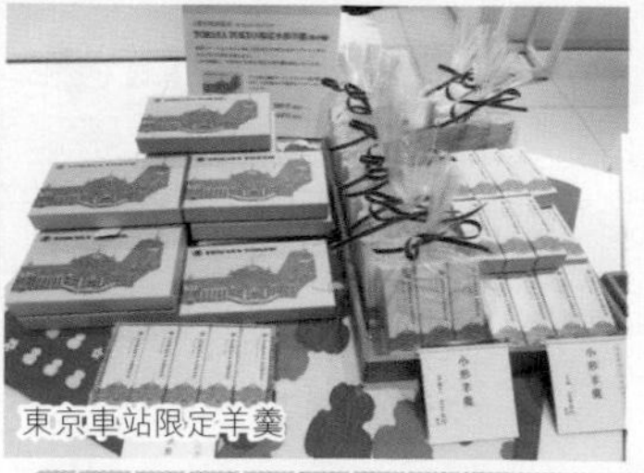

東京車站限定羊羹

位置： Midtown Galleria B1F 11 **電話：** 5413-3541
營業時間： 11:00am-9:00pm
網頁： www.toraya-group.co.jp

INFO

日本頂尖設計師的結晶品
21_21 Design Sight

1b

21_21 Design Sight是Tokyo Midtown最受注目的地方，21_21由當代日本建築大師安藤忠雄(Tadao Ando)以及服裝設計大師三宅一生(Issey Miyake)、平面設計師佐藤卓(Taku Satoh)、產品設計帥深澤直人(Naoto Fukasawa)及資深傳媒工作者川上典李子(NorikoKawakami)等人共同創作的藝術展覽館，可謂一個大師級的項目。四位設計大師親自定期策劃不同特色的展覽，摒棄商業味道，純粹提供平台展示出色的設計作品。

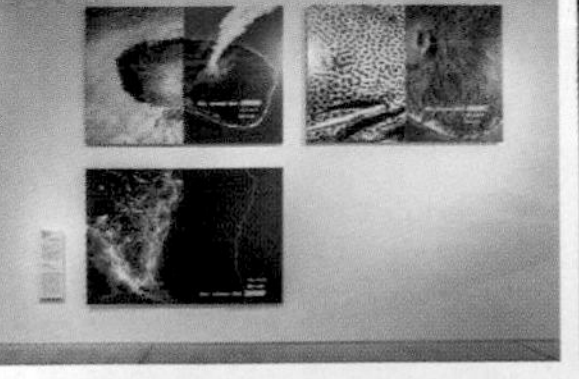

21_21 是甚麼意思？

這群當代設計師有著前瞻的思維，「21_21」乃取自英美俗語「20/20 Vision」，即是視力100%正常，同時包含「有洞察能力」的意思。因此，「21_21」便是超越常人之意，希望在21_21的設計師可以預視到未來的設計，藉此地把訊息傳達出來。

INFO

地址： 東京都港區赤坂 9-7-6（檜町公園內）
電話： 03-3475-2121
營業時間： 10:00am-7:00pm（入館時間到 6:30pm）
入場費： 成人 ￥1,200，大學生 ￥800，中學生 ￥500
網頁： www.2121designsight.jp
備註： 展覽場內不准拍照、錄影以及使用手提電話。
此外，也不能使用任何工具抄寫，保護展覽品版權。

免費看相機展覽
FujiFilm Square

MAP 6-1 C1

1c

Metro 丸之內線或日比谷線至六本木駅，於 4A 出口步行至都營六本木駅 8 號出口 / 都營大江戶線六本木駅，下車於 8 號出口步行 2 分鐘

在六本木並非所有商店都是高消費，在這裡也可以找到免費展覽館。對藝術品不太熟悉又不想付昂貴的入場費，FujiFilm Square絕對是最好的選擇。館內最底層設有定期更換主題的Gallery「PHOTO IS」；還有最新的數碼相機「FujiFilm Photo Salon」供試用，旁邊更有相機歷史長廊「FujiFilm Photo Museum」，千真萬確是攝影發燒友朝聖的熱點。

新產品當然可以試用啦！

Gallery「PHOTO IS」展覽。

有些展品更可讓參觀者體驗。

INFO

位置： Midtown West 1-2F
電話： 03-6271-3350
營業時間： 10:00am-7:00pm，12 月 31 日至 1 月 1 日休息
網頁： http://fujifilmsquare.jp

MAP 6-1 A2

日本第一大美術館
02 國立新美術館

東京 Metro 千代田線乃木坂駅 6 號出口直達

美術館外牆全部採用玻璃的建築形式，周圍栽種很多植物包圍整棟建築。除了展館外，還有餐廳和咖啡室，配套相當完善。

國立新美術館，是日本第一最大美術館，共四層，除了展覽場地和Art Library之外，還有Café 和國際級餐廳。更興建了一個屋上庭園，旁邊則有青山靈園公園，兩者合二為一，成為了「六本木藝術三角」的一部分。

乘地鐵前往國立新美術館

到達國立新美術館，在乃木坂駅出最為方便，但如果同樣在新宿出發的話，車費卻比從六本木駅貴 ¥50。其實，從六本木駅步行前往亦只是5分鐘，而且沿路有很多指示，並沒有難走的小路，所以，還是建議大家從六本木駅前往。

地址： 東京都港區六本木 7-22-2　**電話：** 03-5777-8600
營業時間： 展覽及 Café10:00am-6:00pm，Art Library 10:00am-6:00pm，餐廳 10:00am-9:00pm(星期五營業至 10:00pm)，星期二及 12 月 21 日至 1 月 4 日（如遇節假日，則改為翌日休息）
入場費： 視乎各展館而定，亦有部分免費　**網頁：** www.nact.jp

INFO

平食炸豬排  MAP 6-1 C3

豚組食堂 03

Metro 丸之內線或日比谷線至六本木駅，於 1C 出口步行 2 分鐘

在六本木，要找到平民價錢的餐廳不容易，偏偏豚組食堂把店開在這裡，也因此一到中午時間，店外便開始排隊，吸引了不少上班族來光顧。食堂對於豚肉的挑選卻一絲不苟相當嚴格，會不惜工本用上各地的銘柄豚，如沖繩、松阪、千葉椿ポーク等有認證的豬肉。

吃炸豬排不一定配醬汁，可試試選配粉紅鹽。

這份午餐只要￥1,200，份量適合一般女士。

地址： 東京都港區六本木 6-2-31 六本木ヒルズノースタワー B1
電話： 03-3408-6751
營業時間： 11:00am-11:00pm
網頁： http://butagumi.com
★INFO

04 賞櫻賞銀杏好去處

MAP 6-1 C4

毛利庭園

Metro 丸之內線或日比谷線至六本木駅，於 1C 出口直達 / 都營大江戶線至六本木駅，下車於 3 號出口步行 4 分鐘

在六本木Hills內也能找到寧謐優雅的休憩區——「毛利庭園」，這裡面積達4,300平方公尺，以水池為中心，繼而能找到瀑布與潺潺的溪流，還有櫻花樹與銀杏樹，難怪到了春秋二季便會聚滿賞花與賞銀杏的人潮。

地址： 港區六本木六丁目 10-1
電話： 03-6406-6000 **營業時間：** 全日開放
網頁： www.mori.co.jp

六本木 Roppongi

六本木的中心

Roppongi Hills 六本木山

MAP 6-1 C4

05

Metro 丸之內線或日比谷線至六本木駅，於 1C 出口直達 / 都營大江戶線至六本木駅，下車於 3 號出口步行 4 分鐘

東京足足花了17年時間把六本木這舊區，由從前燈紅酒綠的地方，搖身一變成為文化之首。這裡集合世界各地餐廳及商店總數達200間。Roppongi Hills的吉祥物是村上隆設計的「ロクロク外星人家族」，非常受歡迎。當中更有區內最高美術館「森美術館」和朝日電視台總部。整個Roppongi Hills內的大型建築以至公共藝術都充滿高格調品味，是個多元化的區域。

這隻10米高的巨型蜘蛛已經成為六本木的重點地標，由Louise Bourgeois設計，寓意「世界各地的人們來到這兒聚首一堂，編織出新訊息」的象徵，成了六本木的藝術象徵。

網頁： www.roppongihills.com

一覽東京夜景

森タワー Mori Tower

06

MAP 6-1 B4

Mori Tower由地下6/F至地面五十四層，樓高238米。低層是購物中心而中層則是辦公室，再往上就是會員設施。當中還有遊客至愛的Tokyo City View在52/F，可俯瞰東京的景色。此外，Mori Tower還設有開放至晚上10時的森美術館，位於53/F，是村上隆迷朝聖之地。

地址： 東京都港區六本木 6-10-1
電話： 03-0460-6000
營業時間： 商店 11:00am-8:00pm，餐廳 11:00am-11:00pm

INFO

這裡可以看到東京鐵塔，夜景更加漂亮。

52/F

Tokyo City View

展望台Tokyo City View比新宿的都廳更高。可以360度的視角俯瞰東京周遭景色，東京鐵塔、Skytree等都一覽無遺，惟全層都裝上落地大玻璃，畏高的人要考慮清楚。

營業時間： 10:00am-10:00pm
入場費： 成人 ¥2,200
★INFO

村上隆的產品在外面不易買到

Art & Design Store

雖 然Mori Tower有3間Art & Design Store，但City View這間則是最大最多商品，不光著名插畫師村上隆為這裡設計出一系列的吉祥物，奈良美智、三宅信太郎、草間彌生等當代藝術大師亦有很多限定商品在此發售。除了日本殿堂級藝術大師外，亦為一些新進藝術家提供展覽空間，藉此為他們打出名堂。當然，如果不打算登頂，亦可到三樓的分店。

草間彌生是近年很受女性歡迎的另一位藝術家

奈良美智的畫價值不菲

營業時間： 11:00am-9:00pm
★INFO

53/F

森美術館 Mori Art Museum

森美術館是世界上最高的美術館（Mori Art Museum），又叫MAM。館內以現代藝術為主題，題材每次都很新鮮，而且廣泛。一般的藝術館都會跟政府的辦公時間相同，但森美術館一反傳統，開放至晚上10時，旨在推廣藝術文化，讓上班族都可在公餘時間欣賞藝術。

營業時間： 10:00am-10:00pm，星期二至 5:00pm
入場費： 成人 ¥1,800
網頁： www.mori.art.museum
★INFO

多啦A夢迷必到 MAP 6-1 C4

朝日電視台 07

Metro 丸之內線或日比谷線至六本木駅，於 1 號出口步行 5 分鐘

以播映新聞及資訊娛樂節目為主的朝日電視台，位於六本木的總部一樓是對外開放給公眾參觀。除了大型節目展示版外，還有多啦A夢大型公仔供人拍照。累了可到旁邊的露天 Café CHEZ MADU 休息一會。

多啦A夢fans可隨意跟他合照。

多啦A夢商品當然不能或缺。

朝日電視台的吉祥物。

還有蠟筆小新的精品。

地址： 東京都港區六本木 6-9-1
電話： 03-6406-5555
營業時間： 9:30am-8:30pm，商店 10:00am-7:00pm
網頁： www.tv-asahi.co.jp/hq

INFO

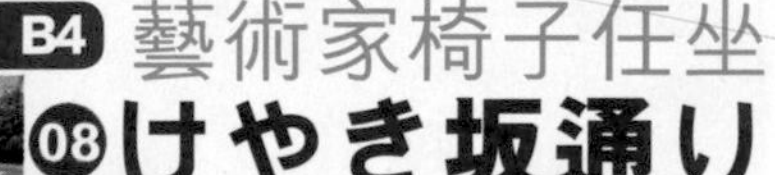
日比野克彥大師設計的「這塊大石從何處滾來？這條河流之水會流向何處？我從今伊始將走向何方？」

藝術家椅子任坐 MAP 6-1 B4

08 けやき坂通り

Metro 丸之內線或日比谷線至六本木駅，於 1 出口步行 5 分鐘

六本木這個重塑的區域，不僅僅打造成為一個藝術社區，而是要把藝術融入生活。每個人都可以在人來人往的街上欣賞藝術，每一件藝術都有自己的個性，大家無妨停下腳步去欣賞它們不同的形狀，甚至親手接觸一下藝術品，會是遊六本木的另一種態度。

卡里穆．拉稀德的作品，名為「彩色的島」。

安娜之石是由托馬斯．珊戴爾設計，石頭前面白色屏幕是個電子時鐘。

「拱」是安德列爾．玻蘭基的作品，概念來自設置於室外設計與建築間的周圍。

這椅子也是吉岡德仁的作品，和上面的玻璃石一樣，下雨的時候椅子便會神秘消失。

這塊外形像一片玻璃，是吉岡德仁的作品，下雨時就像消失了一般。

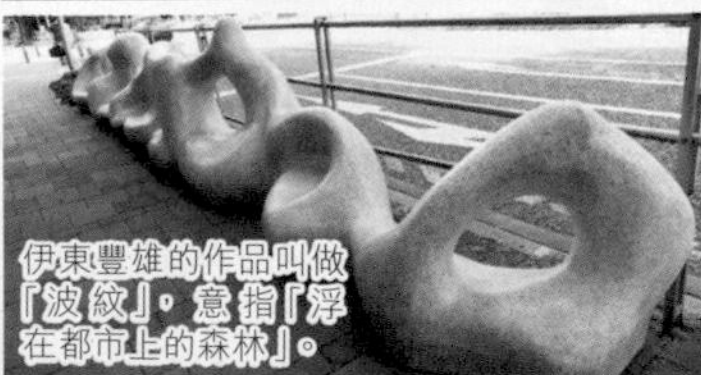
伊東豐雄的作品叫做「波紋」，意指「浮在都市上的森林」。

地址： 東京都港區六本木 6-12
網頁： www.roppongihills.com/cn/garden_art/index.html

INFO

日本地標之一
東京鐵塔

09

都營地下鐵大江戶線赤羽橋駅步行 5 分鐘

東京鐵塔建於1958年，參照了當時的巴黎鐵塔，在未建成Skytree前是全日本最高地標，最初是為了負責替東京多家電視台和電台發射電波。鐵塔的展望台分兩個部分，150公尺是大展望台，到了250公尺的位置是特別展望台，兩層都有360度景觀，可以俯瞰東京市。

東京鐵塔在冬季和夏季都有不同的點燈，圖為冬季較黃感覺溫暖的燈光。

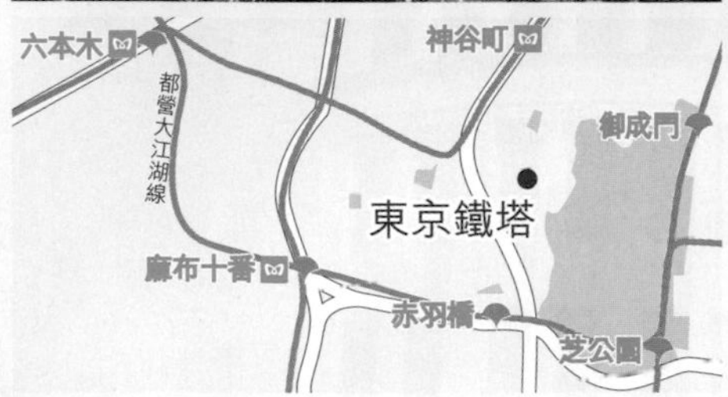

在3月底時，從赤羽橋走來，就會看到一些早開的櫻花。

地址： 港區芝公園 4-2-8　**電話：** 03-3433-5111
營業時間： 9:00am-10:30pm
門票： 大展望台 ¥1,200、特別展望台＋大展望台 ¥2,800
網頁： http://www.tokyotower.co.jp

INFO

全日本最大電競場
RED° TOKYO TOWER

9a

剛於2022年4月開幕的RED° TOKYO TOWER，號稱全日本最大的電競公園。園內率先引入科技運動系統「HADO」，客人只要穿戴VR頭盔及感應器，就能進行最多3對3的對戰，以能量球擊倒對方。除了「HADO」，場內還有20多款電競遊戲，有動又有靜，由VR擊球游戲到德州撲克通通有齊。

電競以外，RED° 另於一樓開設兒童遊樂區，波波池、跳彈床，甚至嬉沙池一一齊備，無論你的「小老闆」是幾歲還是十幾歲，都會樂而忘返。

緊張刺激的「HADO」。

全場有20多項電競遊戲選擇。

像真度極高的賽車。

1F的兒童遊樂區同樣令小朋友盡興。

地址： 東京鐵塔 1（兒童遊樂區）、3、4-5F（電競公園）
電話： 0120-210-519　**營業時間：** 10:00am-10:00pm
費用： 平日 3 小時票 成人 ¥3,000，大學高中生 ¥2,400，中小學生 ¥1,500
網頁： https://tokyotower.red-brand.jp/　**註：** 網上預訂有優惠，晚上 7 時後另設 1 小時門票

INFO

銀座
Ginza

交通策略

JR新宿駅 → JR池袋駅：JR・山手線・9分鐘 /JR・埼京線・6分鐘

JR池袋駅 → JR新橋駅：JR・山手線 27分鐘

JR新橋駅 → JR有樂町駅：JR・山手線 2分鐘

池袋駅 → 銀座駅：地鐵・丸ノ內線・19分鐘

新宿駅 → 銀座駅：地鐵・丸ノ內線・16分鐘

淺草駅 → 銀座駅：地鐵・銀座線・17分鐘

上野駅 → 秋葉原駅：地鐵・日比谷線・2分鐘

秋葉原駅 → 銀座駅：地鐵・日比谷線・12分鐘

本區名物及推介景點

食買玩熱點
Ginza Tokyu Plaza

最大旗艦店
Muji

銀座地標
SEIKO HOUSE GINZA

日本文具界大佬
鳩居堂

A
B
C
D
1
2
3
4
5
北
Google Map
下載
JR有樂町駅
往JR新橋駅
京橋口
中央口
銀座口
JR山手線
Metro 有樂町線
Metro日比谷線
Metro丸之内線
外堀通り
銀座駅
銀座一丁目駅
並木通り
Metro銀座線
Metro 銀座線
中央通り
松屋通り
往新橋駅
Metro日比谷線
往東銀座駅
出D9
出D8
出1
出2
出3
出4
出5
出6
出7
出8
出9
出C2
出C3
出B9
出B7
出B6
出B4
出B3
出B2
出B1
出A1
出A2
出A3
出A4
出A5
出A6
出A7
出A8
出A10
出A11
出A12
出A13
銀座
01.無印良品 銀座 7-2
02.Ginza Sweets March 7-3
03.Tokyu Plaza 銀座 7-4
04.Ginza Place 7-6
05.Center The Bakery 7-7
06.北海道どんさんこプラザ 7-8
07.有樂町iTOCiA + O1O1 7-8
08.Marronnier Gate Ginza 7-9
09.Marronnier Gate Ginza 2&3 7-9
10.Gap 7-10
11.煉瓦亭 7-10
12.松屋 7-10
13.木村家 7-11
14.鳩居堂 7-11
15.Apple Store 7-11
16.篝（かがり） 7-12
17.Manneken 7-12
18.竹葉亭 7-12
19.Fancl Square 7-13
20.伊東屋 7-13
21.Mikimoto Ginza 2 7-13
22.Shiseido Parlour Ginza 7-14
23.資生堂旗艦店 7-14
24.博品館 Toy Park 7-15
25.數寄屋バーグ 7-15
26.銀座きもの小町 7-15
27.Ginza Six 7-16
28.銀座Loft 7-19
29.SEIKO HOUSE GINZA 7-21
Map 7-1

無印全球旗艦店
無印良品 銀座

MAP 7-1 B2

01

東京 Metro 銀座一丁目駅 5 號出口步行 3 分鐘 / 銀座駅 B4 出口 步行 3 分鐘

★★★

樓高10層的無印良品銀座店，不單是日本、更是全球的旗艦店。銀座店於2020年開幕，集家品食材零售、時裝、餐廳、酒店以及文創基地於一身，絕對是無印迷的天堂。

樓層簡介	
6/F	ATELIER MUJI GINZA：複合式文創空間
5/F	寢具及清潔用品
4/F	Muji Book、家品
3/F	文具雜貨、美妝保養
2/F	男女衣飾
1/F	食品、麵包
B1/F	無印食堂

男女衣飾(2F)以天然材料為基礎，穿脫舒適的日常生活服裝。

文具控一定不可錯過(3F)的文具工房。

6樓另設WA餐廳，提供較精緻的和式套餐。

Muji Book位於4F。

6樓的文創空間，會不定期舉行文創產品的展銷。

無印食堂(B1)匯聚全國最新鮮優質食材，套餐訂價由 ¥500起，豐儉由人。

超市(1F)集中搜羅關東與附近各縣市出產，當季有機的農產品。

每日精選便當。

貫徹簡約路線的Muji Hotel(6-10F)。

地址： 中央區銀座 3-3-5
電話： 03-3538-1311
營業時間： 11:00am-9:00pm
網頁： https://shop.muji.com/jp/ginza/

甜品激戰區 GINZA SWEETS MARCH

02

東京 METRO 銀座駅 A2 出口徒步 2 分鐘

日本人對甜品的狂熱舉世聞名，剛於2022年4月開業的GINZA SWEETS MARCH，位於EXITMELSA的一樓，嚴選13家日式及西式甜品店進駐，引發了連場「甜蜜風暴」。

地址： 中央區銀座 5-7-10 EXITMELSA 1
營業時間： 11:00am-9:00pm，每間商店營業時間不同
網頁： http://www.exitmelsa.jp/

★ INFO

JÉRÔME cheesecake GINZA

由米芝蓮星級主廚 Jérôme Quilbeuf主理，選用西班牙原味巴斯克（Basque）芝士配北海道牛乳製作芝士蛋糕。外表雖然平平無奇，濃滑的味道與口感卻令人驚為天人。

網頁： https://jerome-cheesecake.com/

★ INFO

金田屋

人氣新派大福店，在傳統的大福上放上當造新鮮水果，外觀既鮮艷又高貴，呃 Like 一流。

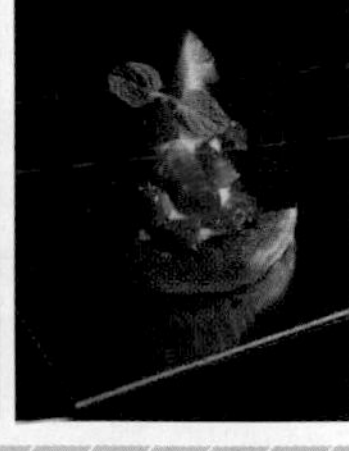

網頁： https://kanadaya.co.jp/

★ INFO

Petitrier

日本著名網上甜品店首次開設實體店，以蛋白芝士撻名揚甜品界。其他出品如馬卡龍及蛋白糖霜曲奇也是熱買產品。

網頁： https://www.petitrier.com/

★ INFO

日向利久庵

來自宮崎縣的名店，以栗子餡料的甜品馳名，而焦糖燉蛋也是該店的名物。

網頁： https://hyugarikyuan.co.jp/

★ INFO

新宿 原宿 涉谷 代官山 中目黑 六本木 銀座 東京車站

銀座玩樂地標
Tokyu Plaza 銀座

MAP 7-1 A3

03

Metro 銀座駅 C2 或 C3 出口直達 / Metro 日比谷駅 A1 出口步行 3 分鐘 / Metro 有樂町駅 A0 出口步行 2 分鐘 / JR 有樂町駅銀座出口步行 4 分鐘

★★★

於2016年開幕的Ginza Tokyu Plaza是銀座的全新地標。與原宿的Tokyu Plaza不一樣，設計採用了傳統工藝江戶切子為外觀主題(切子是日本雕花玻璃)，集合125間店鋪，主打高檔名牌包括Emporio Armani、Pandora等。因為所走的風格不同，所以就算你去過原宿店，也一樣可以到這裡，感受不一樣的購物樂趣。此外，位於頂層有一個空中花園「Kiriko Terrace」，分成以綠田園為題的「Green Side」及以水池為題的「Water Side」，大家可以在這裡的Café享用輕食之餘，也可以欣賞美景。

樓層指南	
RF	天台及Café(至11:00pm)
10F-11F	餐廳(至11:00pm)
8F-9F	樂天免稅店
7F	NEWSPICKS GINZA(學校)
6F	ZUKAN MUSEUM GINZA (體驗型遊樂設施)
4F-5F	流行服飾
1F-3F	商店及三菱展覽室
B1	商店及Cafe
B2	Cafe及餐廳(至11:00pm)

★ INFO

位置： 東京都中央區銀座 5-2-1
營業時間： 11:00am-9:00pm (各商店營業時間不同)
網頁： http://ginza.tokyu-plaza.com

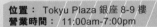

日本首間

樂天免稅店 3a

商場的8至9樓針對外國人，是日本首間來自韓國的樂天免稅店，集合150多個品牌，而且大部分比坊間定價便宜10%-20%。8樓主要售賣名牌服飾、精品；而9樓則售化妝品、香水、手錶、電器、酒類及手信。而店家亦非常貼心地推出一項服務，就是持有回程機票，可要求直接在成田或羽田機場取貨，非常方便！

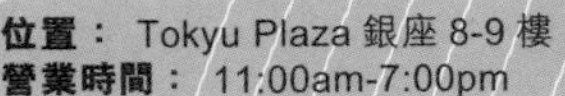
成田及羽田機場均設有免稅商品取貨點。

★INFO
位置： Tokyu Plaza 銀座 8-9 樓
營業時間： 11:00am-7:00pm
電話： 03-6264-6860
網頁： http://jp.lottedfs.com

3b 百年鰻魚名店

うなぎ徳

要吃鰻魚三食不一定要到名古屋，擁有130年的歷史うなぎ 德在Tokyu Plaza銀座亦佔一席位。用上靜岡縣浜名湖產的河鰻，以古法醬汁烹調，即叫即燒，皮脆肉嫩。

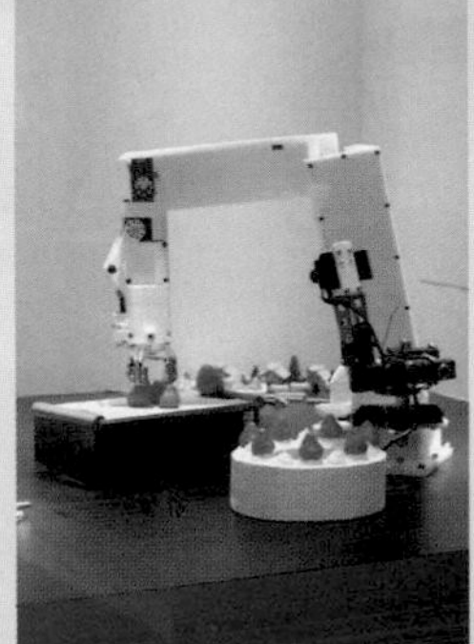

★INFO
位置： Tokyu Plaza 銀座 11 樓
電話： 03-6274-6109
營業時間： 11:00am-11:00pm
網頁： http://unagiya.co.jp

三菱展覽室 3c

METoA Ginza

三菱電機的活動廣場「METoA Ginza」位於Tokyu Plaza 2-3F，這裡不但展示三菱電機最新研發的科技產品，公眾更可以透過AR、VR及虛擬形象一窺未來世界的面貌。另外在一樓設有咖啡廳METoA Cafe & Kitchen，以「發現」(Discovery)為主題，客人可以品嚐別緻的健康食物，為生活帶來驚喜與歡樂。

★INFO
位置： Tokyu Plaza 銀座 1-3 樓
METoA Ginza： 11:00am-9:00pm / 免費入場
METoA Cafe & Kitchen： 11:00am-11:00pm，星期六、日提早 8:30am 開始

MAP 7-1 B4

現代生活美學 Ginza Place

04

Metro 銀座駅 C2 或 C3 出口直達 / Metro 日比谷駅 A1 出口步行 3 分鐘 / Metro 有樂町駅 A0 出口步行 2 分鐘 / JR 有樂町駅銀座出口步行 4 分鐘

★★★

銀座的Ginza Place位處銀座三越對面，外觀由代官山T-SITE(蔦屋書店)的設計團隊操刀。1樓和2樓是日產的汽車展示中心NISSAN CROSSING，展示全自動零排放概念車。4至6樓是Sony的產品陳列空間，除售賣相機、電腦外，還可體驗VR虛擬實境、4K HDR 100吋電視。

日產的汽車展示中心NISSAN CROSSING

地址： 東京都中央區銀座五丁目 8-1
電話： 03-5423-7114
營業時間： 10:00am-11:30pm，各店舖營業時間有異
網頁： http://ginzaplace.jp

★ INFO

4a 啤酒屋 Beer Hall Lion

相信好酒之人對銀座七丁目的Beer Hall Lion絕對不陌生，它是日本最古舊的啤酒屋，而位於Ginza Place地下二樓就是可以喝到各地啤酒的好地方，另外亦提供了多種下酒料理，令人不醉無歸。

位置： B2/F **電話：** 03-3571-5371
營業時間： 星期一至六 11:30am-11:00pm，星期日至 10:00pm

★ INFO

步行者天國

步行者天國，相等於我們的行人專用區。早在1970年，東京已經開這個概念，除了銀座，在新宿、秋葉原也有。不過，太多人濫用步行者天國，直至2008年秋葉原發生街頭濫殺事件，民眾對步行者天國開始有意見，最終，因為銀座的管理比較好，才得以保留。

開放時間： 星期六、日及公眾假期（4 月 -9 月）12:00nn-6:00pm、（10 月 -3 月）12:00nn-5:00pm

MAP 7-1 C1 高級Toast專門店

05 Center The Bakery

JR 有樂町駅步行 3 分鐘 / 東京 Metro 有樂町駅步行 3 分鐘

檯墊上有英文說明，各款Toast的最佳食法。

果醬的款式會不時更換，沒有固家。

涉谷人氣麵包店 VIRON的姊妹店Cenler The Bakery，分有堂食和外賣部份，無論是哪一邊都會出現人龍。Café 內提供了不同的Toast食法，1set可選2款或者3款Toast，不過價格略貴，最便宜都要￥1,000（包一杯飲品）。此外，Toast是由客人自己烘熱，多士爐亦是自己選擇。

多士爐也由客人自選。

建議大家選 Set C Jam & Butter（￥1,700），有3款不同的牛油加上6款果醬。

INFO

地址： 中央區銀座 1-2-1 東京高速道路紺屋ビル 1F
電話： 003-3562-1016 **營業時間：** 10:00am-7:00pm

新宿 原宿 涉谷 代官山 中目黑 六本木 銀座 東京車站

MAP 7-1 B2

人氣北海道土產
06 北海道どさんこプラザ

JR 有樂町駅京橋口 / Metro 有樂町駅 D8 口下車步行 1 分鐘

身處東京，想買到北海道名物自用或做手信，北海道定能滿足你的要求。這裡主要出售北海道產的食材，牛乳、海產、農產應有盡有。提起北海道名物，當然少不了近年瘋靡港台的馬油。而且由北海道政府經營，品質有一定保證。

旭川出產的豆類你又試過沒有？上面還列明收成日期，保證新鮮。

在北海道很受歡迎的六花亭朱古力士多啤梨，這裡也有售賣。

地址： 東京都千代田區有樂町 2-10-1 東京交通会館 1 階
電話： 03-5224-3800
營業時間： 10:00am-8:00pm
網頁： https://www.maruiimai.mistore.jp/common/dosanko.html

INFO

MAP 7-1 B2

繼續 Shopping
07 有樂町 ITOCiA + O1O1

JR 有樂町駅中央口步行 1 分鐘 / Metro 有樂町駅 D7 出口步行 1 分鐘 / Metro 銀座駅 C9 出口步行 2 分鐘

銀座大型商場 iTOCiA 及 O1O1 緊緊相依，讓愛 shopping 的你逛個夠買個夠。這幢複合大樓由 ITOCiA Plaza、有樂町 O1O1 及 iTOCiA Food Avenue 組成，內容多元化。有樂町 O1O1 主要以男女時裝為主，ITOCiA Plaza 則集合了咖啡館與各式商店；ITOCiA Food Avenue 有來自世界各地的食肆。

INFO

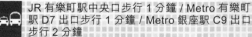

地址： 東京都千代田區有樂町 2-7-1

ITOCiA
電話： 03-3201-5470
營業時間： 商店 11:00am-9:00pm，餐廳 11:00am-11:00pm
網頁： www.itocia.jp

O1O1
電話： 03-3212-0101
營業時間： 星期一至六 11:00am-8:00pm
網頁： www.0101.co.jp

歐式百貨

MAP 7-1 B2

08 Marronnier Gate Ginza

JR 有樂町駅中央口步行 3 分鐘 / Metro 銀座一丁目駅 4 號出口步行 1 分鐘 / Metro 銀座駅 C8 出口步行 3 分鐘

★★★

Marronnier Gate Ginza是位於銀座Marronnier大街入口處的複合商場，地下1樓到4樓是精品及潮流品牌如Journal Standard等，5樓至9樓是Hands，10樓到12樓則是包含世界各國料理的美食樓層。

★ INFO
地址： 東京都中央區銀座 2-2-14 **電話**： 03-5524-8830
營業時間： 11:00am-9:00pm **網頁**： www.marronniergate.com

09 MAP 7-1 B2 巴黎春天百貨改裝

Marronnier Gate Ginza 2&3

地鐵銀座線、丸ノ內線或日比谷線至銀座駅，C8 出口步行 3 分鐘/ 有樂町線至銀座一丁目駅，4 號出口步行 3 分鐘

UNIQLO佔據2期的1-4F，連嬰兒裝都有供應。

2017年3月，Marronnier Gate Ginza 取代對面的銀座春天百貨Printemps Ginza，進行重新改造及更換店鋪，增設2、3館共有123間店，品牌及風格偏向歐美，包括服飾、珠寶、手袋、化妝護膚品、甜品等，完全為女性而設，是女士們的福音！

著名藥妝店AINZ TULPE設於2期B1F。

★ INFO
地址： 東京都中央區銀座 3-2-1
營業時間： 11:00am-9:00pm
網頁： www.marronniergate.com

Gap旗艦店
Gap

MAP 7-1 B3

10

Metro 銀座駅 B8 出口直達

★★★

日本的Gap很受遊客歡迎，因為價格比較便宜，又不時有折扣優惠，在1月及7月的大減價季節更是掃貨的時候。銀座店乃東京的旗艦店，商店外觀設計時尚，以玻璃幕牆打造出Gap品牌的簡約感。1至2/F是女性服飾、3/F是男裝、4/F則是童裝。

地址： 東京都中央區銀座 4-2-11
電話： 03-5524-8777
營業時間： 10:00am-9:00pm
網頁： http://gap.co.jp

INFO

配襯飾物和手袋，也是值得購買。

11

百年炸豬排老店
煉瓦亭

MAP 7-1 C3

JR 樂町駅中央口步行 6 分鐘 / Metro 銀座駅 A13 出口步行 4 分鐘

煉瓦亭起源於日本大正時期，它是日本炸豬排的始祖。招牌菜「豚勝」(Tonkatsu)即是把洋食的炸豬排改良，搭配椰菜絲，並淋上特製的豬排醬汁再配上白飯。豬排很厚且充滿肉汁，炸得非常香脆，有味噌及咖喱等口味選擇，晚餐時段來較少人流，可避免排長龍。

地址： 東京都中央區銀座 3-5-16
電話： 03-3561-3882
營業時間： 午餐 11:15am-2:30pm，晚餐 4:40pm-8:30pm，星期日休息
網頁： www.apcjp.com

INFO

地庫甜品層最正
12
松屋

MAP 7-1 C3

JR 有樂町駅中央口步行 8 分鐘 / Metro 銀座駅 A13 出口直達

開業超過一百四十年的松屋，銀座店於1925年開業，是日本著名的大型老牌百貨公司。時裝、家品、手袋鞋履當然不可少，但最為人所認識的，竟然是位於地庫的甜品層。當中包括資生堂Parlour、文明堂、千層夾心餅ミルフィユメゾンフランセ等，嗜甜如命的你又豈能錯過呢！

地址： 東京都中央區銀座 3-6-1　**電話：** 03-3567-1211
營業時間： 10:00am-8:00pm，8 樓餐飲層 11:00am-10:00pm
網頁： www.matsuya.com

INFO

新宿 原宿 涉谷 代官山 中目黑 六本木 銀座 東京車站

麵包老店 MAP 7-1 B3

木村家 13

Metro 銀座駅 A9 出口直達

創業於1869年的木村家，至今已有接近一個半世紀歷史。而銀座店是木村家的總店，整家店樓高八層，地下是麵包店，二至四樓是Cafē 及餐廳，八樓則是麵包工場。木村家採用日本傳統的酒種酵母配西式麵包方法，成功做出日本第一個紅豆餡麵包。現在，這款麵包已發展出六種不同口味。

木村家名物紅豆麵包，就算麵包放涼了，仍然很鬆軟，￥200。

地址： 東京都中央區銀座 4-5-7　**電話：** 03-3561-0091
營業時間： 10:00am-8:00pm
網頁： www.kimuraya-sohonten.co.jp

INFO

14 老字號和紙店 MAP 7-1 B3

鳩居堂

Metro 銀座駅 A2 出口直達

來自京都的鳩居堂創業於1663年，主要售賣日本的文房四寶及和紙工藝品，手工精緻具特色，成為了很多文具控來到東京便去的地方。隨著時代變遷，鳩居堂以保育日本傳統文化為使命，推出有趣又實用的商品，希望和紙手工得以延續。這裡還設有鳩居堂画廊，不時舉辦圖書等展覽會。

為了和紙這門工藝得以延續，他們用和紙製作出實用的產品，如卡片套。

把日本傳統和紙精品送給朋友，是一份相當不錯的手信。

地址： 東京都中央區銀座 5-7-4
電話： 03-3571-4429
營業時間： 11:00am-7:00pm（1月1日至1月3日休息）
網頁： www.kyukyodo.co.jp

INFO

即場退稅 MAP 7-1 A5

Apple Store 15

JR 有樂町駅中央口步行 8 分鐘 / Metro 銀座駅下車 A13 出口直達

銀座的Apple Store除了售賣不同Apple產品如iPhone、iPod、iMac、Macbook外，還有不少周邊商品發售，這些商品可能跟香港的不一樣，而且款式更多，亦有退稅服務。不過近年因iPhone炒風蔓延至日本，當時一樣有許多人搶購iPhone，所以現時的售價已經調整至跟香港差不多了。

地址： 東京都中央區銀座 8-9-7
電話： 03-4345-3600
營業時間： 10:00am-9:00pm
網頁： www.apple.com/jp/retail/ginza

INFO

長龍人氣拉麵 MAP 7-1 A3

篝（かがり） 16

Metro 銀座駅 A10、A13、B1 出口步行 2 分鐘

★★★

篝位於窄巷深處，大大個招牌寫著「Soba」的字眼，不算顯眼，但因為店內只得八個座位，只要憑著排到出巷口的人龍，就知道是這裡沒錯了！篝的招牌就是雞白湯 Soba，濃厚的乳白色湯底由雞骨熬煮出來，湯汁略帶鹽味，creamy之餘卻一點都不油膩，配上三河屋粗幼適中的麵條及時令蔬菜，令人一試難忘！現在連接東京地鐵的 Echika fit（エチカフィット）也開了新分店，希望可以減短一點排隊的人龍。

地址： 東京都中央區銀座 6-4-12 1F
電話： 03-6263-8900
營業時間： 11:00am-9:30pm ★INFO

人氣窩夫 MAP 7-1 B3

17 Manneken

Metro 銀座駅下車 A1 出口直達

Manneken 將比利時窩夫的滋味帶到日本，並加以改良，創造出多款與別不同的口味，包括原味、朱古力、抹茶及焦糖等等，而且每月及每季都會推出限定口味，要嘗遍所有口味真的不容易。除了新鮮窩夫外，店裡還有禮盒裝發售，作為手信也非常適合。

地址： 東京都中央區銀座 5-7-19
第一生命銀座フォリービル 1F
電話： 03-3289-0141
營業時間： 11:00am-10:00pm，
星期日 11:00am-8:00pm
網頁： www.manneken.co.jp ★INFO

限定口味是日本人營商的撒手鐧，有選擇困難，揀限定口味就是了。

米芝蓮一星 18

竹葉亭 MAP 7-1 B3

Metro 銀座駅 A5 出口直達

竹葉亭於一百四十年前江戶時代末期開業至今，專門出售「うなぎとお料理」，「うなぎ」解作鰻魚。竹葉亭對食材與製作方法非常認真，選用自家養殖的海鰻，以江戶風的先蒸後燒方法處理，外皮帶點炭燒味道，內裡鬆軟。竹葉亭更被2007年及2010年的Michelin Guide（米芝蓮）評為一星食肆。

地址： 東京都中央區銀座 5-8-3
電話： 03-3571-0677
營業時間： 11:30am-2:30pm，4:30pm-8:00pm，星期一休息 ★INFO

全日本旗艦店

Fancl Square

MAP 7-1 B4 19

Metro 銀座駅 A3 出口步行 2 分鐘

Fancl「Less Is More」無添加產品人所共知，是不少香港人愛用的護膚品牌之一。位於銀座的Fancl Square旗艦店更是粉絲的掃貨天堂。當然你也可前往salon做個Fancl專屬的facial，因為香港是沒有的。最重要的是店內售價比香港便宜約二至三成，不過切記Fancl產品未開封一年內要用完，不要一時興奮囤積太多。

這裡提供退稅服務，購物滿￥5,000（未稅前），便可即場退稅。

地址： 東京都中央區銀座 5-8-16
電話： 03-5537-0231
營業時間： 11:00am-8:00pm
網頁： www.fancl.co.jp
INFO

20

另一文具大哥

伊東屋

MAP 7-1 C2

JR 有樂町駅中央口步行 8 分鐘 / 東京 Metro 銀座駅 A13 出口步行 2 分鐘

鳩居堂可說是日本文具界的「大佬」，而伊東屋也是老店之一，兩者不同的是，伊東屋主要售賣西式文具為主。伊東屋（Itoya）創立於1904年，擁有過百年歷史，店內提供超過十五萬種各式各樣的文具，既有日本產的「万年筆」，即我們叫的鋼筆，款式相當多，亦有由歐美進口的貨品。本館更於早前完成原址裝修，行完這兩間文具老店，你肯定會對文具店大開眼界。

地址： 東京中央區銀座 2-7-15 **電話：** 03-3561-8311
營業時間： 10:00am-8:00pm，星期日及公眾假期 10:00am-7:00pm
網頁： www.ito-ya.co.jp
INFO

真正的珍珠

Mikimoto Ginza 2

MAP 7-1 C2 21

JR 有樂町駅中央口步行 5 分鐘 / 東京 Metro 銀座一丁目駅 4 號出口步行 2 分鐘

Mikimoto的珍珠在日本很出名，創辦人御木本幸吉在三重縣的伊勢起家，有「日本珍珠之父」稱號。銀座店的設計配合了珍珠的概念，而且產品也很迎合年輕人及上班族的口味。這裡的建築由日本建築大師伊東豐雄所設計，外牆如海中採集珍珠的氣泡，令人印象深刻難忘。

INFO
地址： 東京都中央區銀座 2-4-12
電話： 03-3535-4611
營業時間： 11:00am-7:30pm，星期日 11:00am-7:00pm
網頁： https://www.mikimoto.com/jp_tc/ginza2-store-tc

和 Hello Kitty crossover的珍珠飾物

美容與美食

MAP 7-1 A4

Shiseido Parlour Ginza（資生堂パーラー）

22

★★★

Metro 新橋駅 3 號出口步行 5 分鐘 /
Metro 銀座駅 A2 出口步行 7 分鐘

位於銀座的這幢深紅色建築內的 Shiseido Parlour Ginza 可謂集美容、美食及藝術於一身。除了 Shiseido 的產品外，由地庫的 gallery，到四至五樓的餐廳，再到十樓的課室，都充分表達了 Shiseido 的完整概念，是購物以外，一個認識 Shiseido 品牌的好地方。

一樓專賣甜點，款式很多，相當受女士歡迎。

3樓的 Cafe，提供令女士難以抗拒的甜品輕食。

4-5樓的餐廳，提供正統精緻的西式料理。

INFO

地址： 東京都中央區銀座 8-8-3
電話： 03-3572-2147
營業時間： 11:00am-8:30pm，7 月及 12 月至 9:00pm
網頁： https://parlour.shiseido.co.jp/ginza/

高科技扮靚

資生堂旗艦店

Metro 銀座丁目駅 4 號出口步行 5 分鐘

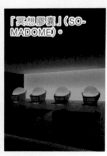

資生堂的銀座旗艦店開業於 2020年7月，新店佔地三層，是集團全球最大的專門店。旗艦店整個布局行高科技風格，展示品牌邁向新一頁。例如在一樓的設置數碼試妝專櫃，只要把臉部拍攝，便可展示不同粉底的美妝效果。B1F 則設有「冥想膠囊」（SOMADOME），客人在膠囊中可以徹底休息，淨化身心。而每位客人入店時都獲派發數位手環，紀錄在店內的活動。客人選定貨品時，手環又會幫助儲存，離開前只要憑手環結帳，便可領取商品，輕鬆又方便。

數位手環「Sconnect」。

「冥想膠囊」（SOMADOME）。

名為「Foundation Bar」的數碼試妝專櫃。

INFO

地址： 東京都中央區銀座 3-3-14
電話： 03-3538-5071
營業時間： 11:00am-8:00pm
網頁： https://international.shiseido.co.jp/

小朋友天堂

MAP 7-1 A5

博品館 Toy Park

24

Metro 新橋駅 3 號出口步行 3 分鐘 / 東京 Metro 銀座駅 A2 出口步行 7 分鐘

博品館Toy Park樓高四層，設各種專區，分別售賣世界各地的玩具、電玩、模型及日本芭比娃娃Licca。雖説是小朋友的天堂，可是大人們來到這個大型玩具庫，隨時會童心爆發，瘋狂購物。只要購物滿￥5,000以上，持護照即可到專屬櫃枱辦理退稅。

地址： 東京都中央區銀座 8-8-11
電話： 03-3571-8008
營業時間： 11:00am-8:00pm
網頁： www.hakuhinkan.co.jp

INFO

MAP 7-1 B3

25

平食漢堡扒

數寄屋バーグ

Metro 銀座駅 B8、B10 出口即達

漢堡扒由￥1,000起，按大小收不同價錢，醬汁由￥100-￥400不等。

銀座出名購物貴兼食飯貴，不過，只要用心在JR站找一下，火車站附近總有便宜一點的美食。在JR有樂町駅附近，便有一間專門吃漢堡扒的餐廳，不用￥1,500便有交易！這裡人氣鼎盛，曾錄得一個月6,000人光顧，他們標榜採用日本牛肉，百分百人手製作，功夫多，價錢便宜，難怪大家都喜歡。

地址： 東京都中央區銀座 4-2-12 銀座クリスタルビル 1F
電話： 03-3561-0688
營業時間： 11:00am-9:30pm，星期三休息
網頁： www.sukiyaburg.jp

INFO

(小)數漢堡扒加月見のせ（半熟雞蛋）￥1,100。

東京和服體驗

MAP 7-1 A4

銀座きもの小町

26

Metro 新橋駅 5 號出口步行 5 分鐘 / Metro 銀座駅 B7 出口步行 7 分鐘

想體驗穿和服未必一定要到京都，在東京的淺草、上野及銀座也可以。這間位於銀座的和服店有超過二千套和服，不同厚薄及款式都有，而且質量都非常好。整個過程有專人指導，老闆高橋小姐更會推介最適合你的和服，如果剛好遇上新年來到日本，不妨入鄉隨俗來扮一扮靚！

穿著和服有專人協助，確保不會穿錯。

地址： 東京都中央區銀座 8-4-23 クレグラン銀座 6F
電話： 03-3575-9629
營業時間： 星期一至五 1:00pm-8:00pm
網頁： www.ginza-kimonokomachi.com

INFO

最強最大旗艦百貨 27

Ginza Six

MAP 7-1 B4

地鐵銀座線、丸ノ内線或日比谷線至銀座駅，A3 出口步行 2 分鐘/ 淺草線或日比谷線至東銀座駅，A1 出口步行 3 分鐘

Ginza Six於2017年4月開幕，前身是松阪屋百貨，是銀座區內最大型的複合商業設施。商場共有240多家店鋪進駐，當中包括121家旗艦店，其中4間更是全球最大，而且有12個品牌是首次進駐日本！集時尚、文學、美食、藝術、設計等元素的Ginza Six，一躍成為銀座的龍頭。

地址： 東京都中央區銀座 6-10-1
電話： 03-6891-3390　網頁：https://ginza6.tokyo
營業時間： （店鋪）10:30am-8:30pm；（餐廳）11:00am-11:00pm，部分商店營業時間不同

INFO

樓層介紹	
B3F	觀世能樂堂（表演廳）
B2F	美食廣場
B1F	化妝護膚品
1F-5F	流行時裝、生活雜貨、咖啡店
6F	蔦屋書店、咖啡店、餐廳
7F-12F	辦公樓層
13F	餐廳
RF	屋頂花園

這裡可以欣賞到東京鐵塔的景色。

27a 空中花園

想一次過看到晴空塔及東京鐵塔，可以來到Ginza Six的空中屋頂花園，佔地4,000平方公呎，有大量植物，樹種以櫻，松為主，還設置了霤護稲荷神社。

天台上的霤護稲荷神社。

Snoopy x 觀世能樂堂 27b

能樂是一種日本傳統戲劇，當中最大流派就是「觀世流」。而位於B3F 的就是表演廳，劇場還導入了多國語言翻譯系統。場內最吸引人的必定是crossover Snoopy 的精品。

Snoopy 與觀世能樂堂crossover 的週邊商品，保證獨家。

位置： B3F　**電話**：03-6274-6579
網頁： http://www.kanze.net

INFO

文青必遊最美書店
蔦屋書店 27c

蔦屋書店全店約有六萬冊豐富藏書，除了一般流行文學，書店主要分為兩區，第一大區主要是雜誌、藝術、設計及攝影書籍，另有日本唯一搜集了約50本重達40kg的大型藝術書專區。第二大區域主要圍繞日本文化，有售日本茶酒、雜貨、及藝術家奈良美智、村上隆、草間彌生等商品。店內有瑞士名錶Richard Mille史上第一間概念Showroom，亦一如概往有Starbucks專區，但這個Starbucks Reserve Bar，除了一般咖啡，也是日本首家提供氮氣冷萃咖啡，更有酒精飲料！

大型藝術書專區。

書店內部裝潢充滿人文藝術感。

INFO
位置： 6/F
電話： 03-3575-7755
營業時間： 9:00am-11:30pm
網頁： http://store.tsite.jp/ginza/

銀座限定抹茶芭菲驗
27d 中村藤吉本店

來自京都的中村藤吉在關東的第一間店，裝潢用上製作研茶石磨的御影石作地板、漆器特色設計的桌子、重現從前審茶場感覺的黑色牆身。雖然香港都有分店，但這裡卻有Ginza Six限定甜品，就是芭菲「別製まるとパフエ」。抹茶忌廉下是特製抹茶雪糕、抹茶戚風蛋糕、白玉等，用上高級的碾茶及多重生茶、濃茶，極具層次。

Ginza Six 限定甜品芭菲「別製まるとパフエ」。

位置： 4/F
電話： 03-6264-5168
營業時間： 10:30am-8:30pm
網頁： http://www.tokichi.jp
INFO

蜜柑專賣店 27e
10 Factory

10 Factory是專賣蜜柑果汁的店，使用來自溫州蜜柑產量全國第二的愛媛縣。除了不同產區及甜度的蜜柑汁，更發展出一系列副產品如果醬、乾燥蜜柑片、果凍，甚至蜜柑口味的咖啡。每一件包裝簡單得來又有設計感，非常適合拿來做手信。

INFO
位置： B2F
電話： 03-6263-9891
營業時間： 10:30am-8:30pm
網頁： http://10-mikan.com

即使連蜜柑雪糕也有多種味道可供選擇。

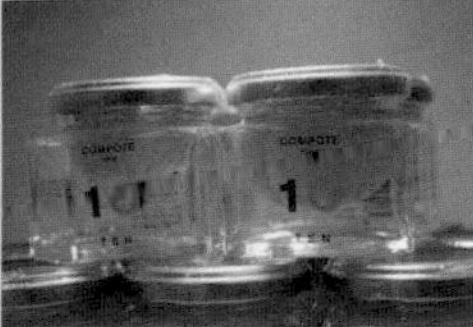

銀座 Ginza

新宿 原宿 涉谷 代官山 中目黑 六本木 銀座 東京車站

時令日本生蠔
Emit Fishbar 27f

Emit Fishbar是日本最大的蠔吧連鎖品牌General Oyster旗下餐廳，嚴選本土時令生蠔，再運到富山縣的自家淨化廠進行60小時的淨化，食用安全絕對放心。店內九成的生蠔均來自日本50個產蠔點，分不同大小、濃度、口感，所以每個人都可以找到自己的心水生蠔。

多款以蠔烹調的料理，嗜蠔者絕對不可錯過！

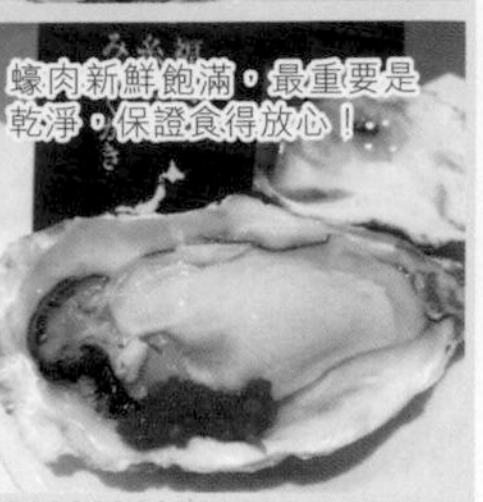
蠔肉新鮮飽滿，最重要是乾淨，保證食得放心！

位置：6/F　電話：03-3575-1540
營業時間：11:00am-11:00pm
網頁：www.oysterbar.co.jp
INFO

必儲布丁杯
Marlowe 27g

除了原味，也可品嚐到各種不同口味的布丁。

銀座限定版布丁，必儲！

Marlowe創立於1984年葉山市，售賣不同口味的布丁，質感滑順密，奶味香濃而且甜度適中。它的賣點就是用Pyrex玻璃杯來盛載，所以令賣相更加吸引。Ginza Six是東京的第一家店，有見及此，Marlowe推出了兩款銀座限定玻璃杯，杯上印有1910年及2017年的銀座面貌，每天只售300隻，每人限購兩隻，非常有紀念價值。

位置：B2F　電話：03-6264-5512
營業時間：10:30am-8:30pm　網頁：www.marlowe.co.jp
INFO

日式鯛魚茶泡飯
くろぎ茶 27h

くろぎ茶 々是非常有來頭的餐廳，由很難預約的日本料理店くろぎ與京都老字號茶店福壽園合作。店內獨沽一味只賣日式鯛魚茶泡飯，而餐後甜品就是由抹茶製羊羹加cream cheese的「常葉」，和叫做「藪北」的和式紅茶，非常別致。店內座位不多，適合想安靜享受日式茶泡飯的朋友。

簡單又好味的日式鯛魚茶泡飯。

位置：B2F　電話：03-6264-5754
營業時間：10:30am-8:30pm
INFO

全新雜貨總壇 MAP 7-1 C2

銀座 Loft

28

地鐵銀座線、丸ノ內線或日比谷線至銀座駅，C8 或 C9 出口步行 3 分鐘／有樂町線至銀座一丁目駅，5 號出口步行 1 分鐘

提到日本的雜貨，就是具設計感，而大大個黃色招牌的Loft內，就有各種各樣的優質的產品。雖然有樂町Muji地下的Loft已經結業，但趁着2017年創業30周年，Loft在銀座開設旗艦。由3樓至6樓，每一層都有不同主題。3樓主要是化妝品、健康用品，亦有最大的男士美容專區。4樓主要售賣家具雜貨，5樓就是文具，至於6樓就是流行創意商品、旅行及手機用品。

地址： 東京都中央區銀座 2-4-6
銀座ベルビア館 3-6F
電話： 03-3562-6210
營業時間： 11:00am-9:00pm，星期日至 8:00pm
網頁： www.loft.co.jp

INFO

首推自家化妝品

28a LOFCOS

LOFCOS是Loft首度推出的自家化妝品品牌，有底妝、眼妝及指甲油三個系列，主打平實價錢和高級品質。底妝系列大部分使用了礦物質等天然成分，不傷肌膚，保證只有日本才有售。

位置： 3F

INFO

銀座 Ginza

★★★ 新宿 原宿 涉谷 代官山 中目黑 六本木 銀座 東京車站

雨傘專區 28b

售賣雨傘的專區找來「そら植物園」的總監西畠清順來做裝置藝術，「原始森林の雨」投影出雨天時的情景，非常美麗。

位置： 3F ★INFO

來自世界各地的鉛筆 28c

Pencil Bar約有300種共5,000枝鉛筆，全部來自世界各地，當中包括倫敦I AM A、捷克KOH-I-NOOR與葡萄牙Viarco等。

位置： 5F ★INFO

Moleskine專賣店 28d

堅持Made in Italy的Moleskine向來是文具界的傳奇，銀座Loft店中除了貨品齊備，還設置了刻字機器。人氣紙膠帶品牌mt與Moleskine的crossover亦首次登場，Moleskine迷絕不能錯過！

超多款不同圖案的mt紙膠帶。

刻字機器

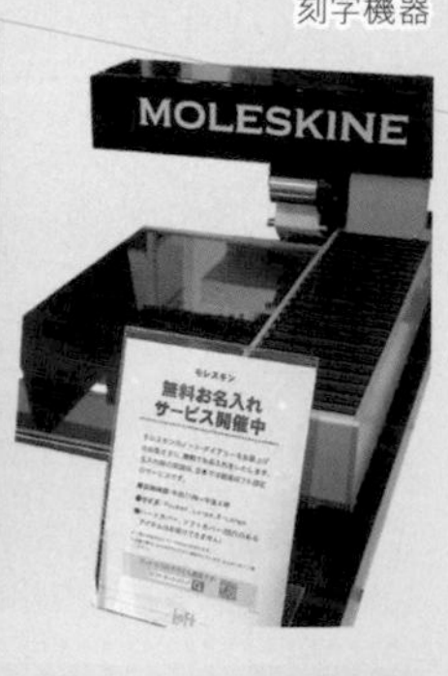

位置： 5F ★INFO

複製漫畫家的手繪原稿 28e

Graphics專區販賣-日本人氣動畫複製手繪原稿並加上裱框，轉化成藝術品，動漫迷都有份！

位置： 6F ★INFO

紐約現代藝術館 MoMA 商店 28f

鼎鼎大名的紐約現代藝術館MoMA也進駐銀座Loft，售賣由MoMA精選，全世界最好的設計作品。

位置：6F ★INFO

Loft&Lab 數碼加工 28g

只要把購買好的商品到帶到6F的Loft&Lab作即場加工，就能製作出獨一無二的產品，非常適合做手信！

位置：6F ★INFO

到銀座一定要識
SEIKO HOUSE GINZA 29

MAP 7-1 B3

Metro 銀座駅 B1 或 A10 出口直達

通常看到關於銀座的相片，一幢很有歐陸味道的建築物一定會出現，它就是位於銀座四丁目交界的SEIKO HOUSE GINZA（前名和光百貨），從1947年創業以來，售賣的都是貴價首飾、皮製品、手提包、鐘錶等等。就算沒計劃來購物，也別忘了在此影一張照，紀念來過銀座吧！

地址： 東京都中央區銀座 4-5-11 **電話：** 03-3562-2111
營業時間： 10:30am-7:00pm（12 月 31 日至 1 月 1 日休息） **網頁：** www.wako.co.jp ★INFO

新宿 原宿 涉谷 代官山 中目黑 六本木 銀座 東京車站

東京車站
Tokyo Station

交通策略

新宿駅 → 銀座駅：Metro · 丸之內線 · 16分鐘
銀座駅 → 東京駅：Metro · 丸之內線 · 2分鐘

JR新宿駅 → JR東京駅：JR · 中央線 · 13分鐘

JR上野駅 → JR東京駅：JR · 山手線 · 8分鐘

JR鎌倉駅 → JR橫濱駅：JR · 橫須賀線 · 27分鐘
JR橫濱駅 → JR東京駅：JR · 橫須賀線 · 30分鐘 / JR · 東海道本線 · 26分鐘

JR海濱幕張駅 → JR東京駅：JR · 京葉線 · 33分鐘

本區名物及推介景點

人氣沾麵
六厘舍

最新景點
常盤橋塔

玩具車專門店
Tomica Shop

必試鐵路便當
駅弁屋 祭

A
B
C
D
北
丸之內北口
丸之內中央口
丸之內南口
八重洲北口
八重洲中央口
八重洲南口
東京駅
JR中央線・山手線
JR京葉線
1
2
3
4
出7
出5
01
02
03
04
05
06
07
08

Map 8-1

Google Map 下載

東京車站

首都之門 東京車站

東京車站建於1914年，主體建築大致可分為兩部分，包括西側的丸之內側站房，即丸之內口，和東側的八重洲車站大樓，即八重洲口。

丸之內的部分以文藝復興式「赤煉瓦」的紅磚建造，一般遊客主要集中在這邊遊覽。購物方面，丸之內主建築一邊較為高檔，消費也相對較高；而八重洲口一帶則偏向大眾化，兩者兼備，難怪成了東京新名所。

今時今日的東京車站不但是交通樞紐，也成為東京市內食買玩的熱點，在車站一帶的熱門商場包括丸之內大樓、丸之內Oazo、Kitte丸之內及Gran Tokyo Tower等。至於地下街則有東京駅一番街、Gransta、Granroof及八重洲地下街，商店食肆密度之高，行足一天也可以。

東京車站是食買玩的熱點。

由於第一期修復工程在二戰結束後不久，在物資短缺下未能把南北圓頂修好，後改為比較簡單的八角形屋頂代替。

東京車站地下街及商場分布

COREDO 日本橋
日本橋高島屋
八重洲通
中央通
B1
B3
6
丸善
銀座線 京橋站
東西線 日本橋站
A3
Concept LABI TOKYO
八重洲 BOOK CENTER
外堀通
八重洲地下街
B10
GRANTOKYO NORTH TOWER (大丸)
GRANROOF
GRANTOKYO SOUTH TOWER
有樂町 →
東京站一番街
八重洲南口
八重洲中央口
八重洲北口
Sapia Tower
GRANSTA
東京站
京葉線 東京站
B7
← 神田
TOKIA
JR橫須賀線・總武線 東京站
Kitte
丸之內OAZO
丸之內線・東京站
丸之內大樓
新丸之內大樓
東西線 大手町站

東京駅一番街

MAP 8-1 C1 02

JR 東京駅八重洲口剪票處外

東京駅一番街是八重洲口一帶的商店街，這裡比丸之內口更顯得平民化。店舖以大眾口味為主，很多食店都是東京排隊餐廳，在這裡不怕找不到好吃的東西。東京駅一番街在八重洲口的剪票處外，從地下一至二樓，分成三層不同的商店街，有餐飲廣場、手信廣場及最引人注目的「Character Street」，單是逛這裡也得花上半天。

網頁： https://www.tokyoeki-1bangai.co.jp/tokyocharacterstreet/

INFO

MAP 8-1 C1 漫畫迷必到

2a Jump Shop

將美食配上漫畫，很有創意。

Jump Shop是集英社的直營店，這裡主要售賣他們的漫畫雜誌中出現的人物，最為人熟悉的有龍珠、海賊王和火影忍者。他們旗下的漫畫《週刊少年Jump》、《Young Jump》、《Jump SQ》的連載產品也有在這裡發售，漫畫迷別錯過。商品方面更不少是東京車站限定版，尚有Jump系列專屬的限定產品，最受歡迎當然是IQ博士作者鳥山明的漫畫人物商品。

海賊王的草帽，粉絲一定不能抗拒。

位置： 東京駅一番街 B1F
營業時間： 10:00am-8:30pm
網頁： http://shonenjump.com/j/jumpshop

INFO

NHK電視台專門店 MAP 8-1 C1 2b

NHK Character Shop

除了晴空塔外，在NHK電視台旗下卡通人物的直營店，可以找到多摩君的限定商品。多摩君是NHK電視台最受歡迎的卡通人物，同時也是他們的吉祥物，所以店面都用他作招徠。香港人或許會對他比較陌生，但人氣的邪留丸商品這裡亦有發售，其產品在別處比較難買到，這裡很齊全。

INFO

位置： 東京駅一番街 B1F
營業時間： 10:00am-8:30pm
網頁： www.nhk-character.com

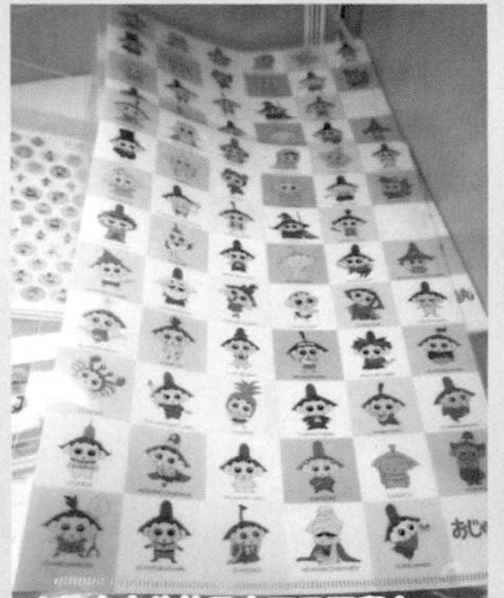

人細鬼大的外星小王子邪留丸。

NHK吉祥物多摩君。

小小玩具車 MAP 8-1 C1

Tomica Shop 2c

Tomica的玩具車深受小朋友歡喜，而大人車迷又喜歡用來作收藏，來到出產國的Tomica專門店，可以買到齊全的車仔，另外小朋友亦可以組裝出自己的專屬玩具車，另外店內有售其他商品如文具、糖果等，喜歡的切勿錯過！

INFO
位置： 東京駅一番街 B1F
電話： 03-5220-1351
營業時間： 10:00am-8:30pm
網頁： www.takaratomy.co.jp/products/tomicashop

Snoopy專門店 MAP 8-1 C1 2d

SNOOPY TOWN mini

東京站限定商品一定不能沒有。

Snoopy的Nano Block，街外難找到。

現時於東京車站的Snoopy直營店，店內的Snoopy商品都是街外找不到的，小至擺設文具，大至生活家品一應俱全。這裡不僅適合大人小朋友，而且相當受女性歡迎，設計非常可愛。其實Snoopy Town曾在2008年傳言關掉所有店舖，原來只是關掉原宿的獨立店，後來於同年在原宿Kiddyland內的一角繼續經營，暫時讓粉絲止止渴。

INFO
位置： 東京駅一番街 B1F
營業時間： 10:00am-8:30pm
網頁： http://town.snoopy.co.jp

宮崎駿產品專門店 MAP 8-1 C1 2e

Donguri Republic

這裡的商品以龍貓為主，其他吉卜力工作室旗下主角的產品也有少量發售。商品很多都是園藝擺設，除了電話繩和玩偶之外，也有文具和嬰兒用品。

巨型龍貓錢箱。

這裡以園藝擺設居多。

龍貓的商品佔據了大部分範圍。

位置： 東京駅一番街 B1F
營業時間： 10:00am-8:30pm
網頁： www.benelic.com
INFO

鬆馳熊專賣店
Rilakkuma Store

MAP 8-1 C1　2f

Rilakkuma鬆馳熊近年瘋魔萬千少女，除大阪梅田的專門店外，現在也進駐到東京車站一番街。全店清一色賣鬆馳熊商品，包括文具、精品、擺設等。此外，更有寵物用品發售。店內還推出Rilakkuma Store限定商品，門後更擺放了一隻巨型鬆馳熊，很多人都喜歡在此拍照。

鬆馳熊和Sky Tree Crossover的商品。

大家都先給這巨型鬆馳熊吸引。

位置： 東京駅一番街 B1F
營業時間： 10:00am-8:30pm
網頁： https://www.san-x.co.jp/blog/store/category/tokyo.html
★INFO

朝日電視專門店
テレアサショップ 東京駅店

MAP 8-1 C1　2g

既然是朝日電視專門店，當然就是賣他們旗下的卡通商品。大家熟悉的叮噹、幪面超人、戰隊、蠟筆小新和美少女戰士等，都可以在這裡找到。近來美少女戰士又再流行起來，成為一眾90後的集體回憶，連帶這裡的商品也推出了不少。

多啦A夢的商品很受歡迎。

近來美少女戰士的商品也增加了不少。

位置： 東京駅一番街 B1F
營業時間： 10:00am-8:30pm
網頁： www.tv-asahi.co.jp
★INFO

火車便當
駅弁屋 祭

MAP 8-1 C1　2h

日本人吃車站弁當(駅弁)是他們的文化之一，特別在乘坐長途車的時候，弁當更是不可或缺的東西。要體驗這種文化，不一定要乘長途火車，來到東京車站，可以買一份回去當午餐或晚餐也不錯。弁屋祭把全日本的車站弁當帶來東京，由北海道到鹿兒島都有，大概有兩百多種不同款式的弁當，但每款數量不多，人氣的甚至一早便會賣完。

新幹線便當，是屬於小朋友的便當。
這裡的便當多得令人眼花繚亂
很多盛載便當的器皿吃完後可以再用，成為了旅行的手信。

位置： 東京駅一番街 B1F
營業時間： 5:30am-10:00pm
網頁： https://foods.jr-cross.co.jp/matsuri/
消費：¥500 起
★INFO

東京駅拉麵街兩大人氣拉麵

在一番街內的美食街中，有一條小小的拉麵街，在這些各地極具人氣的拉麵店中，以斑鳩跟六厘舍最多人排隊，未到中午便見人龍。六厘舍由早上7:30便開始朝食的營業，想避開人潮，建議提早一點來到。

拉麵店包括：

らーめん玉、ソラノイロ•NIPPON、六厘舍、ひるがお、俺式 純、味　の章及斑鳩

MAP 8-1 C2

魚介豬骨湯

03 斑鳩

斑鳩的老闆坂井保臣是各拉麵排行榜或比賽的座上客，雖然曾經敗給另一家拉麵店「せたが屋」，但人氣依然高企。這裡的拉麵湯底選用了豬骨湯，特別的是會加入高級柴魚及貝類去熬湯，成為了他們獨有的豚骨魚介湯，濃郁不膩之外更增加了鮮甜味。

入店前客人要先在食券機先購買食券，按圖索驥，就算不諳日語也可輕易吃到拉麵。入座時把發票交給店員即可。

位置： 東京駅一番街 B1F
營業時間： 10:00am-10:30pm
消費： ￥790 起

★INFO

人氣沾麵

MAP 8-1 C2

04 六厘舍

六厘舍以沾麵（つけ麵）作主打。吃沾麵的方法相當簡單，先將一小撮麵條夾起，蘸一些湯汁食用，吃畢後可請店員加熱湯，把湯都喝掉。此外，該店設有早餐時段，早餐沾麵訂價比午晚市平，但份量比較少。

人氣沾麵，前面橙紅的醬是海老汁，提升了鮮味。

這是魚介粉，下一點到湯中沾麵更加好味。

入座前必須先購票，因為麵款只有一種，只須選搭不同配菜，遊客也能輕易應付。

位置： 東京駅一番街 B1F
營業時間： 7:30am-10:00am；10:00am-10:30pm
網頁： https://www.rokurinsha.com/
消費： ￥850 起

★INFO

手信便當大賣場
大丸東京店
05

JR 東京駅八重洲北口直達

毗鄰東京車站的大丸東京店，樓高13層，每逢周日便聚滿逛街的人潮。場內有逾140家國際品牌及本地品牌的服飾商店、美妝品牌店、雜貨生活用品店、手信店及餐廳食肆等，地下1樓更有超市及美食廣場，雲集五十多家洋菓子名店，絕對是選購手信的好地方，方便又快捷。

地址： 千代田區丸之內 1-9-1
電話： 03-3212-8011
營業時間： 10:00am-8:00pm
網頁： www.daimaru.co.jp/tokyo
INFO

MAP 8-1 B2

郵局商場
KITTE
06

JR 東京駅丸之內南口步行 1 分鐘

KITTE位於JP Tower地下一至六樓共七個樓層，前身是東京中央郵局大樓，如今成為呈現三角形天井的現代建築物，名字取自於「郵票（Kitte）」的日文發音。商場有過百間商店及餐廳，四樓保留了舊郵局局長室，陳列著不少當年的資料，而六樓的屋頂庭園更可通到古色古香的東京車站。另外，KITTE入口旁有個小門剛好就是中央郵便局，除了可買到特別的明信片，亦有不少限定商品。

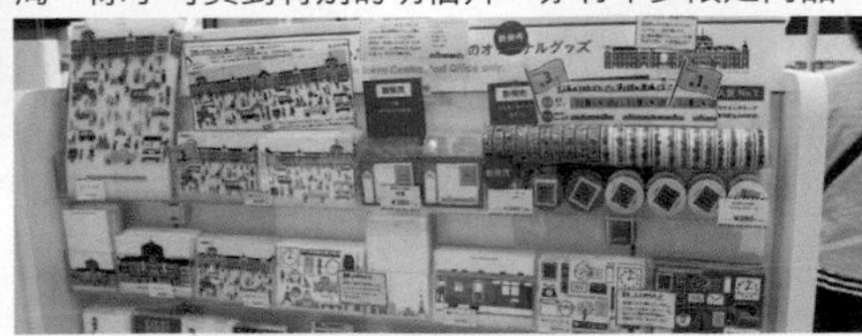

地址： 東京都千代田區丸之內 JP Tower B1F-6F
電話： 03-3216-2811
營業時間： 商店 11:00am-9:00pm
餐廳 11:00am-11:00pm
網頁： https://marunouchi.jp-kitte.jp/
INFO

半澤直樹拍攝地
Café 1894
07

JR 東京駅丸之內南口
步行 5 分鐘

有不少日劇都曾在Cafē 1894取景，當中最有名的就是《半澤直樹》。這裡本身是銀行，現時保留銀行窗口及舊時擺設，成為三菱一號美術館內的Cafē，以西餐為主，收費不算很貴，食物賣相精緻，吸引不少半澤迷！

地址： 東京都千代田區丸之內 2-6-2（三菱一號美術館內） **電話：** 03-3212-7156
營業時間： 11:00am-11:00pm **網頁：** https://mimt.jp/cafe1894/index.html
INFO

東京站矚目新建設 08

常盤橋塔

MAP 8-1 D1

JR 東京駅日本橋口步行 5 分鐘

★★★

東京車站日本橋附近，近年展開了大規模再開發企劃，其中最矚目的項目是興建日本第一高樓「TOKYO TORCH Tower（東京火炬塔）」及常盤橋塔。前者要2027年才完工，後者則已在2021年6月完成。常盤橋Tower樓高40層，其中1-3層闢作商場「TOKYO TORCH Terrace」，又設TOKYO TORCH Park在兩座巨型商廈之間。公園佔地7,000平方公尺，不但種滿花草樹木，更設有美麗的水池，飼養來自新潟縣小千谷市的錦鯉，令這裡成為真正的鬧市綠州。

商場集合了大量名店及餐廳，包括北海道炉端燒名店えぞ羅。

TOKYO TORCH Park裡的錦鯉魚池及遊樂場。

逢周五及周日TOKYO TORCH Park會開設假日墟市銷售新鮮農產品。

以味噌為主題，讓客人體驗入廚樂的MY Shokudo Hall & Kitchen。

地址： 東京都千代田區大手町 2 丁目 6-4
營業時間： 7:00am-11:00pm
（不同店舖有不同營業時間）
網頁： https://tokyotorch.mec.co.jp/ ★INFO

淺草
Asakusa

交通策略

出發站	路線	轉車站	路線	目的地
JR池袋駅	JR 山手線・16分鐘	JR上野駅（轉車）	Metro・銀座線・4分鐘	淺草駅
JR新宿駅	JR・中央線 11分鐘	JR神田駅（轉車）	Metro・銀座線・9分鐘	淺草駅
新宿三丁目駅	Metro・丸之內線・8分鐘	赤坂見附駅（轉車）	Metro・銀座線・23分鐘	淺草駅
新橋駅	都營・淺草線・2分鐘	東銀座駅	都營・淺草線・8分鐘	淺草駅

本區名物及推介景點

淺草必到
金龍山淺草寺

古老購物街
仲見世通

必食人形燒
三鳩堂

天婦羅蕎麥
尾張屋

高級鰻魚老店
鰻駒形前川

A
B
C
D
1
2
3
4
5
北
言問通り
淺草駅
Tsukuba Express
出1
出2
出3
出4
出5
往新御徒町駅
國際通
仲見世通り
新仲見世通り
雷門通り
東武淺草駅
出6
出7
出8
淺草駅
出A1
出A2
出A3
出A4
出A5
都營淺草線
往藏前駅
Google Map 下載
淺草
01.金龍山淺草寺 9-3
02.仲見世通 9-4
03.淺草きびだんご あづま 9-5
04.静岡屋 9-5
05.喜久屋 9-6
06.三鳩堂 9-6
07.人形のむさしや 9-6
08.梅林堂 9-7
09.染之安坊 9-7
10.尾張屋 9-8
11.鰻駒形前川 9-8
12.淺草文化觀光センター 9-9
13.水上バスヒミコ 9-9
14.犬印鞄製作所 9-9
15.壽々喜園淺草本店 9-10
16.花月堂 9-10
17.駅見世EKIMISE 9-11
18.Bandai 展示館 9-12
19.三定 9-12
20.おいもやさん興伸 9-13
21.西山 9-13
22.Marugoto Nippon 9-14
23.どぜう飯田屋 9-14
Map 9-2

東京歷史最悠久 MAP 9-2 C2

金龍山淺草寺 01

Metro 銀座線淺草駅 1 號出口步行 2 分鐘 / 都營淺草線淺草駅 A4 出口步行 3 分鐘

淺草寺建於西元628年，相傳從前有兩位以捕魚維生的兄弟，從水中打撈出一尊觀音像。他們把觀音像放回水中，不料之後意外地又再次撈起。消息一傳開，大家便認為這是聖物，決心興建觀音寺。

進入江戶時代，淺草寺已成為德川幕府指定的幕府拜祭場所，淺草寺及周遭也因此繁榮起來，成為江戶文化和信仰的中心所在。

地址： 東京都台東區淺草 2-3-1
電話： 03-3842-0181
營業時間： 24 小時
網頁： www.senso-ji.jp

INFO

淺草寺一帶重要日子

1月1日-7日	新年大祈禱會	新年祈願活動
2月2日-4日其中一日	節分會	節分在立春前一日，舉行撒豆活動驅趕妖魔
4月8日	仏生会	慶祝佛祖誕生之日
5月20日-22日左右	三社祭	江戶三大祭典之一，約有100座神像一同巡遊
7月9日-10日	四万六千日	在這天到淺草寺參拜等於46,000日功德
7月30日	隅田花火大會	會發放20,000枚煙花
12月17日-19日	羽子板市	18日也是觀音的「結緣日」，在淺草寺內會有一個羽子板市場

關於雷門

雷門的正式名稱是「風雷神門」，因為在門的兩側放有風神和雷神來守護觀音寺。現在於雷門中央掛著的大燈籠有4米高，由有接近二百八十年歷史的老字號「高橋提燈」所製作，現在已經傳到第五代，由松下電器捐獻，每年11月都會更新一次。

不論男女老少都可以一同參加。

三社祭每年高潮在5月22日，即是祭典的最後一日。

五重塔

五重塔高53米，於西元942年建成，與本堂一起由武將平公雅所建，但是1973年的一場大火，將其全部摧毀，現為重建之貌。五重塔即是代表地、水、火、風、空五種組成世界的元素，而在塔的最上層，收藏了來自斯里蘭卡的釋迦牟尼舍利子。

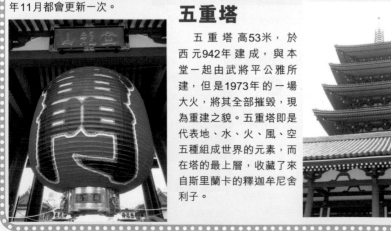

参拜的步驟

1. 先到手水舍洗手漱口，手水舍也有教大家潔淨的方法。

2. 走到本堂，投下硬幣，再九十度　躬，然後閉上眼虔誠地向神明說出願望。祈願完畢，再一次鞠躬。

3. 如想求籤，可到旁邊領取籤筒，先自行投入￥100，再拿起籤筒誠心求籤。

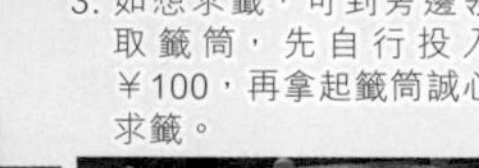

4. 籤筒上有一小洞，木籤會掉下來。

5. 根據木籤上的號碼，再從前方相應的抽屜取籤文。

6. 淺草寺的籤文背後有英文説明。

7. 有些人說如果籤文是凶的話，便要放在架上祈願，但也有人說無論求得甚麼結果，一年後才要帶回來掛上架祈願。至於採用哪種方法，悉隨尊便。

古老商店街
仲見世通

02

MAP 9-2 C2

Metro 銀座線淺草駅 1 號出口步行 2 分鐘 / 都營淺草線淺草駅 A4 出口步行 3 分鐘

踏進雷門，經過仲見世通商店街，才正式到達淺草寺。其實「仲見世通」並非街名，而是指通往寺廟或神社的「參道」上。而這條商店街建於德川幕府時代，兩旁商店林立，約有88間商店，喜歡購物的人可以花上幾小時遊覽。

地址： 東京都台東區淺草 1-18-1
營業時間： 一般為 9:00am-8:00pm（因各店而異）
網頁： www.asakusa-nakamise.jp

INFO

易入口甜酒 MAP 9-2 C3 03

淺草きびだんご あづま

仲見世通步行 2 分鐘

冬天走到這裡，總見到很多女士圍在店子附近，除了買和菓子作手信外，原來他們都會買一杯甘酒，熱騰騰的甘酒，味道甜美，一點都不覺得刺激的酒味，冬天來一杯，全身感到溫暖。配上日本雜誌重點推介的黃豆粉丸子（五串 ¥350），是體現江戶時代庶民生活的好方法。而夏天的時候，他們會賣凍抹茶，是相當消暑的飲品。

價錢絕對「庶民」，只要 ¥100。緊記在店旁飲用，勿邊走邊食邊飲。

甘酒用上長野縣產的純米大吟釀製造，但因為經過煲煮，所以沒有酒精。

★INFO

地址： 東京都台東區淺草 1-18-1
電話： 03-3843-0190
營業時間： 9:00am-7:00pm

佛珠店 MAP 9-2 C3

靜岡屋

04

仲見世通步行 4 分鐘

靜岡屋主要售賣念珠，各式各樣、大的小的、男的女的款式都有，豐儉由人。不過也並非只賣念珠，還有很多傳統的手工藝品，例如小物袋、茶具、開運吉祥物、小擺設等等，是買手信不錯的選擇。

★INFO

地址： 東京都台東區淺草 1-31-1
電話： 03-38420-2849
營業時間： 9:00am-7:00pm
網頁： www.e-asahina.com/shizuokaya

大福餅 喜久屋 05

MAP 9-2 C3

仲見世通步行 4 分鐘

在寺廟和神社附近，見得最多的小吃，就是糰子(だんご)。最基本的糰子口味是醬油味，在蒸熟的糰子上塗一層香甜的醬油，一串三個 ¥200。除了醬油味外，還有有餡料的，如芝麻口味，甚至有些是季節限定。另外，他們還會賣大福，用上北海道十勝紅豆作餡料，¥300。

地址： 東京都台東區淺草 1-20-1
電話： 03-3841-5885
營業時間： 10:00am-6:00pm，星期一休息

★INFO

06 只能存放四天 三鳩堂

MAP 9-2 C3

所有人形燒都是人手製作

地址： 東京都台東區淺草 1-37-1
電話： 03-3841-5079
營業時間： 11:00am-6:00pm

★INFO

仲見世通步行 5 分鐘

人形燒是淺草的一種特別手信，三鳩堂的人形燒又香又鬆軟，每天新鮮製造且沒有添加劑，如非購買真空包裝的，只可存放約四天。這裡的人形燒有很多不同的形狀，內裡是紅豆餡料。所以即買即吃最好味，不過記得不要邊走邊吃，站在店前吃完才走。

如一次過買十個紙袋裝的人形燒，只要 ¥500。

五重塔造型的人形燒，¥100。

日本傳統人偶 人形のむさしや 07

MAP 9-2 C3

仲見世通步行 4 分鐘

仲見世通可説是包括了大部分日本傳統的東西，而這間人形のむさしや賣的是日本傳統人偶。店內有很多穿上日本傳統和服的人偶、藝妓和招財貓，還有在日本新年時，小朋友會玩的羽子板，這種羽子板的玩法就像我們玩的羽毛球一樣。

地址： 東京都台東區淺草 1-20-12
電話： 03-3841-5451
營業時間： 星期一至五 11:00am-5:00，星期六日至 6:00pm

★INFO

懷舊豆舖

梅林堂

MAP 9-2 C3

08

仲見世通步行 3 分鐘

豆舖梅林堂專賣日式豆，有花生、蠶豆等多種豆類，配上各種調味材料，共有五十多種，成為日本人喜歡的零食之一。店內的裝潢充滿五、六十年代的味道，用上透明玻璃瓶盛載日式豆，也有玻璃櫃，客人一目了然。

花生糖，¥600。

黑糖製的和菓子，像我們吃過的米通。

用玻璃器皿盛載的豆，很有懷舊的氣氛。

地址： 東京都台東區淺草 1-18-2
電話： 03-3841-6197
營業時間： 9:00am-6:00pm
INFO

MAP 9-2 B3

旭川染布店

染之安坊

09

仲見世通步行 3 分鐘

染之安坊於1908年在北海道旭川創業，原本是一間染毛巾的工廠。現在已經由第四代目管理，他眼見染布店舖越來越少，希望保留這門傳統工藝，於是大膽決定在東京開設門市，將染布技術帶到生活各個層面。店內各種由布製成的產品，小至BB的口水肩和衣服，大至Tote Bag等也有發售，現在已成為了淺草的人氣店之一。

用畫框裱起也可當作裝飾品，所以深受歐美遊客歡迎。

將手巾摺成別致的和服，店員很樂意教授。

BB口水肩

地址： 東京都台東區淺草 1-2-5
電話： 03-5806-4446
營業時間： 10:30am-7:00pm
網頁： www.anbo.jp
INFO

天婦羅蕎麥 MAP 9-2 A3
尾張屋 ⑩

Metro 銀座線淺草駅 1 號出口步行 4 分鐘

尾張屋在明治3年創業，已經有一百四十多年歷史，同是見證淺草興衰的老店之一，在地人都會推介的蕎麥麵老店。這裡除了蕎麥麵出名，他們的炸蝦天婦羅也一樣具人氣，同樣以芝麻油炸成，外表炸得剛好，蝦和粉漿不會分離，而且油膩感也少，是一個吃天婦羅的經濟之選。

不同的季節可以吃不同味道的蕎麥麵

天せいろ，¥1,150，這是最經濟的蕎麥麵。

把蕎麥湯混和醬油，是健康又美味的食物。

★ INFO

地址： 東京都台東區淺草 1-7-1
電話： 03-3845-4500
營業時間： 11:30am-8:00pm，星期五休息
網頁： www.asakusa-umai.ne.jp/umai/owariya.html

高級鰻魚老店 MAP 9-2 C4
鰻駒形前川 ⑪

都營淺草線淺草駅 A2a 號出口，往駒形橋方向轉入巷子，步行約 1 分鐘

鰻駒形前川是創業二百多年的鰻魚老店，店內鰻魚飯分為「うな重」及「蒲燒」，前者即鰻魚放在飯上面，而後者即兩樣分開另上，除此之外亦有三款份量，視乎閣下胃口。客人進入店內首先要換上室內拖鞋，然後才被帶上二樓的和式用餐區，從這裡可以一次過欣賞到隅田川、駒形橋及晴空塔的景觀，是店內的一大賣點。

★ INFO

地址： 東京都台東區駒形 2-1-29
電話： 03-3841-6314
營業時間： 11:30am-9:00pm
網頁： www.unagi-maekawa.com

觀光中心

MAP 9-2 C3

淺草文化觀光センター ⑫

Metro 銀座線淺草駅 2 號出口步行 2 分鐘 /
都營淺草線淺草駅 A4 出口步行 3 分鐘

淺草文化觀光センター於2012年4月開幕，前身是一幢地區案內所，數年前邀請了日本有名的建築家隈研吾重新設計整幢大樓，在拜訪淺草寺前，可以在這裡先了解淺草的文化。大樓從地下的B1F至8F共有九層，一樓有會説中文和英語的職員，為遊客解答各種問題，八樓則是展望室和café，其他樓層設有會議室和主題展覽室。

這裡有懂中英文的職員，可隨時解答遊客的問題。

地址： 東京都台東區雷門 2-18-9　**電話：** 03-5246-1111
營業時間： 一般 9:00am-8:00pm，展望台 9:00am-10:00pm，cafe10:00am-8:00pm

★ INFO

另類交通到台場

MAP 9-2 D3

水上バスヒミコ ⑬

©t-miki@Flickr

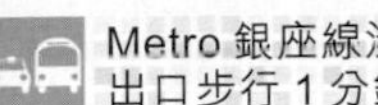

Metro 銀座線淺草駅 5 號出口步行 1 分鐘

從前未有Sky Tree，大家都會順道安排乘水上巴士往台場。巴士外形cyber，設計概念來自松本零士的「銀河鐵道999」，流線形的外觀，到了晚上更會開著LED燈，就像乘著未來的交通工，可以安排晚上由台場返回淺草，欣賞夜景之餘，感受一下浪漫氣氛。

地址： 東京都台東區花川戶 1-1-1（吾妻橋旁）
電話： 0120-977-311
航班： (エメラルダス)11:00am、2:10pm、4:10pm，全程約 55 分鐘
(ホタルナ)1:10pm、3:30pm，全程約 65 分鐘
(ヒミコ)2:40pm，全程約 50 分鐘
船票： ¥1,720　**網頁：** www.suijobus.co.jp

★ INFO

本土手作品牌

MAP 9-2 C2

犬印鞄製作所 ⑭

Metro 銀座線淺草駅 6 號出口步行 2 分鐘

犬印鞄製作所是東京有名的手工帆布店，淺草開了兩間分店，可以度身訂造款式簡單實用的包包如tote bag、shoulder bag、相機袋、奶粉袋、文件袋等等，大受歡迎。他們的包包用帆布製作，質料結實，而且精心設計了不同的功能和間隔，適合不同人士需要。除了度身訂造，這裡也有現貨出售，而且還可以繡上姓名，過程約15分鐘。

他們也有跟不同品牌crossover的包包

地址： 東京都台東區淺草 1-35-6
電話： 03-5806-1712　**營業時間：** 10:00am-6:00pm
網頁： http://inujirushikaban.jp

★ INFO

世界最濃的抹茶雪糕
壽々喜園浅草本店

MAP 9-2 C1
⑮

Metro 銀座線淺草駅 6 號出口步行 12 分鐘

壽々喜園創業於江戶時代，是茶品界的老字號。它最近與靜岡甜品店Nanaya合作推出了七種不同濃度的抹茶雪糕，其中還有號稱世界最濃的抹茶口味。由於每天都吸引了大批抹茶控，店方會派發號碼牌並告訴你何時可以進店，直到派完即止。除了各種茶味雪糕外，店內也有抹茶製品及茶葉出售，帶回港作手信也是不錯的選擇。

INFO
地址： 東京都台東區淺草 3-4-3
電話： 03-3873-0311
營業時間： 10:00am-5:00pm，每月第三個星期三休息
網頁： www.tocha.co.jp, http://nanaya-matcha.com

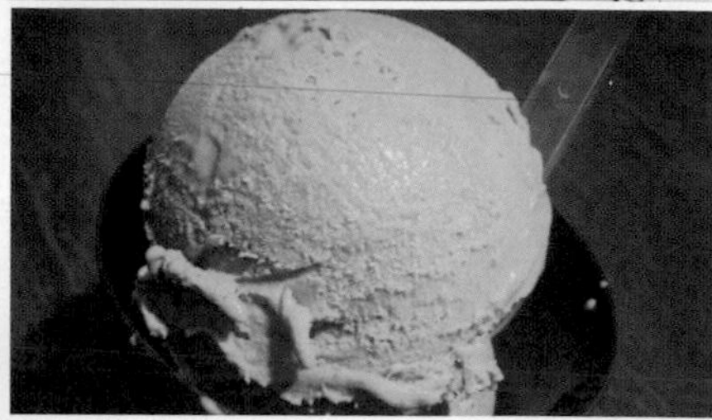

⑯
懷舊好玩好吃
花月堂

MAP 9-2 B2

Metro 銀座線淺草駅 1 號出口步行 9 分 / Tsukuba Express 線淺草駅步行 4 分鐘

花月堂於1945年開始營業，店內獨沽一味只賣蜜瓜包，每個直徑可達15cm，而且每日售出3,000個，極受歡迎。店家會不時推出限定口味，如紅豆加雪糕或是雜莓口味等。最吸睛之處是本店旁更開設了一間撈金魚的店鋪，充滿懷舊的日式風情，好玩之餘，亦非常適合打卡拍照！

地址： 東京都台東區淺草 2-7-13
電話： 050-3463-7423
營業時間： 11:00am- 售完即止，淺草金魚營業至蜜瓜包售罄
網頁： https://asakusa-kagetudo.com
INFO

新舊並存 17 MAP 9-2 D3

駅見世 EKIMISE

Metro 銀座線淺草駅 7 號出口步行 1 分鐘 /
都營淺草線淺草駅 A5 出口步行 3 分鐘

駅見世EKIMISE位於東武淺草駅的上蓋，翻新後仍然保留1931年關東第一家百貨公司的概念，底層B1至三樓是老字號松屋百貨，四至五樓是商店，六樓是書店，七樓則是餐廳。除了有新款的潮流服飾外，還引入不少傳統及古老的商店品牌，實行新舊兩者並存。

頂層可以遠望晴空塔

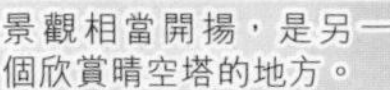

景觀相當開揚，是另一個欣賞晴空塔的地方。

地址： 東京都台東區花川戶 1-4-1
電話： 03-6802-8633
營業時間： 10:00am-8:00pm，
餐廳 11:00am-10:00pm
1 月 1 日及設施檢查日休息
網頁： www.ekimise.jp
INFO

推薦商店

17a 人氣超市

北野 ACE 松屋浅草店

匯集全國土產的零食專架。

連日本酒也有不同品牌及價位以供選擇。

咖哩包分門別類，好咖哩的朋友不可錯過。

北野ACE是日本著名雜貨連鎖店，經常與各地百貨公司的超市合作，占據這些大超市的一部分。松屋浅草店位於EKIMISE松屋百貨之內，在這裡可以找到齊全的日本全國土產美食。店內的咖哩包種類特別多，除了不同國家，日本不同道府的咖哩口味都可以在此找到，是帶回香港的極佳手信。

INFO
位置： EKIMISE 松屋浅草 B1F
電話： 03-3842-1370
營業時間： 10:00am-8:00pm
網頁： https://www.ace-group.co.jp/store/182_92.html

Bandai 辦公大樓 Bandai 展示館

MAP 9-2 B5 ⑱

都營淺草線淺草駅 A1 出口步行 4 分鐘

★★★

Bandai的辦公大樓地面和二樓展出了Bandai歷年出產的產品及玩具，遊客可參觀地下部分，完全免費，但留意內部不能拍攝。如果你是Bandai產品動漫人物的粉絲，也一定會給在大樓外面的大型角色擺設吸引而來，包括了幪面超人、超人、麵包超人、多啦A夢等，若路經淺草有時間的話，不妨來此參觀一下。

地下擺放很多Bandai歷年生產的玩具

Bandai的產品，怎能少了叮噹。

當然少不了最新的商品

地址： 東京都台東區駒形 1-4-8
營業時間： 10:00am-4:00pm，星期六日及假期休息
網頁： www.bandai.co.jp/visit

★ INFO

並天丼，有野菜、天婦羅蝦和竹夾魚等。

★ INFO

地址： 東京都台東區淺草 1-2-2
電話： 03-3841-3200
營業時間： 11:00am-8:30pm
網頁： www.tempura-sansada.co.jp

⑲ 天婦羅蓋飯 三定

MAP 9-2 C3

Metro 銀座線淺草駅 1 號出口步行 2 分鐘

三定距今已有逾170年歷史，日本人對於淺草有一句説話：「一淺草、二觀音、三三定」，即是説，來到淺草是不可不吃三定的食物。三定的天婦羅採用秘製粉漿，再以芝麻油炸，因此成本高。要知道天婦羅炸得好不好，首先看看有沒有多餘的油分沾在碟上，而三定在這方面的工夫做得十分好，天婦羅炸得外酥內軟，吃多都不會覺得膩。

中かき丼，入面主要是蠔，再混入其他海鮮。

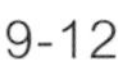

大學芋 おいもやさん興伸

MAP 9-2 C3 20

Metro 銀座線淺草駅 1 號出口步行 6 分鐘

為甚麼這裡的甜番薯叫「大學芋」呢？據説戰後的砂糖是貴價食物，一些店家希望讓在東京讀大學的學生可以吃到甜的食物，振作起來應付考試，所以就創作了這款番薯小吃。將番薯炸得香脆，再淋上甜甜的糖漿，其實跟北京甜品拔絲番薯很像。おいもやさん興伸是百年老店，淺草附近的居民都很喜歡走過來買一大份番薯當甜品。

每一顆番薯都裹上香甜糖漿，購買後店員會再為客人加添更多糖漿。

右邊的薩摩番薯比較粉和甜度更高，兩者的最低消費都是200克。

地址： 東京都淺草 1-37-1(仲見世店)
電話： 090-4259-8899
營業時間： 9:30am-6:00pm
網頁： www.oimoyasan.com

INFO

和式甜品 西山

21 MAP 9-2 C3

Metro 銀座線淺草駅 2 號出口直達

西山創業於嘉永5年成立，至今已達162年歷史，東京很多人都熟悉，但外國遊客卻比較少。雖然很受當地人喜愛，但他們並沒有廣開分店，現在已傳到第六代的西山隆夫先生繼承。他仍堅守祖上的傳統，製作出傳統和式甜品。店內必食的紅豆來自北海道十勝，然後用家族傳授的方法製成紅豆泥，香綿且甜而不膩。

クリームあんみつ，￥910，有紅豆泥、雪糕、生果和糖。

かき氷宇治金時，夏天最人氣。

地址： 東京都台東區雷門 2-19-10
電話： 03-5830-3145
營業時間： 10:00am-7:00pm，星期三休息
網頁： www.asakusa-nishiyama.com

INFO

MAP 9-2 A2 22

搜羅全日本土產 Marugoto Nippon（まるごとにっぽん）

Metro 銀座線淺草駅 1 號出口步行 8 分鐘 / Tsukuba Express 線淺草駅步行 2 分鐘

Marugoto Nippon 以日本各縣為主題，售賣各地的特產和美食，商場約有五十多個商戶，大部分都是首次進駐東京。一樓「樂市」搜羅了全國新鮮的農產品及食品，二樓「和來」有懷舊及手工藝品的特色商店，三樓展出日本47個道府縣的名物，四樓則是餐廳及戶外區，在此亦可遠眺 Sky Tree 及五重塔，五樓以上屬 Richmond Hotel Premier Asakusa International。雖然整個商場不大，但卻非常有日本色彩。

地址： 東京都台東區淺草 2-6-7 ★INFO
營業時間： （1F-2F）10:00am-8:00pm，（3F）10:00am-9:00pm，（4F）11:00am-11:00pm
網頁： https://marugotonippon.com

MAP 9-2 A2

23 泥鰍料理 どぜう飯田屋

Metro 銀座線淺草駅 1 號出口步行 8 分鐘

飯田屋於明治時代創業，相比另一間有名的泥鰍店較多本地人光顧。泥鰍本來就是庶民的美食，不過到了現代價格才開始高起來。店內提供幾種吃法，包括最受歡迎的連骨鍋（ほねぬき），配合壽喜燒醬汁和大量蔥絲，味道鮮甜。不喜歡骨頭的，可以點一份去骨的（骨抜き），也可選沒有蔥絲的どぜう鍋，或加了雞蛋的柳川鍋。額外再點一份炸泥鰍（どぜう唐揚げ），別具風味。

ほねぬき鍋，加上蔥絲拌吃十分美味，¥1,950。

無骨無蔥絲的どぜう鍋，¥1,850。

炸泥鰍連骨吃，どぜう唐揚げ，¥880。

地址： 東京都台東區西淺草 3-3-2
電話： 03-3843-0881
營業時間： 11:30am-9:30pm（最後點餐 9:00pm），星期三休息
網頁： https://dozeu-iidaya.com/ ★INFO

晴空塔
Sky Tree

交通策略

起點	路線	中轉	路線	終點
上野駅	Metro · 銀座線 4分鐘	淺草駅	步行15分鐘 / 都營 · 淺草線 · 4分鐘	押上駅
東銀座駅	都營 · 淺草線 15分鐘			押上駅
新宿駅	Metro · 丸之內線 19分鐘	大手町駅（轉車）	Metro · 半蔵門線 9分鐘	押上駅
池袋駅	Metro · 丸之內線 15分鐘	大手町駅（轉車）	Metro · 半蔵門線 9分鐘	押上駅
東新宿駅	Metro · 副都心線 2分鐘 → 新宿三丁目駅 → Metro · 副都心線 8分鐘	渋谷駅	Metro · 半蔵門線 30分鐘	押上駅

本區名物及推介景點

晴空塔專賣店
Sky Tree Shop

塔頂嘆咖啡
Sky Tree Café

啤酒愛好者
世界のビール博物館

朝日電視台專門店
Tree Village

東京第一高 Sky Tree 晴空塔

東京的大地標Sky Tree晴空塔於2012年開幕，高634公尺，比東京鐵塔足足高一倍，曾獲得健力士世界紀錄大全認證為「世界第一高塔」，而且經歷過311日本大地震的考驗。Sky Tree採用日本傳統「五重塔」作基本概念設計，加上一流的防震技術。當然，因為日本的電視台已逐漸被數碼廣播取代，東京鐵塔不敷應用，所以必須建造新的發射塔。

每晚7時便會亮燈，燈飾設計的藍色是「粹」，代表了隅田川的水流；紫色的「雅」，概念則來自江戶的染物，展現出優雅的氣度。頂部以白色燈代表了富士山積雪的姿態。在特別的日子裡，會有其他不同顏色的燈。

記者抵達的時間為中午12時左右，排隊購票及入場的時間為30分鐘。

入場心得

Sky Tree早上8時開始入場，於8-9時抵達可在20分鐘內進場。中午前人流較少，不過等候30分鐘屬正常事。如非必要，勿選擇在星期六、日、節慶及日本的公眾假期入場，這樣可減少排隊時間。

一般遊覽Sky Tree的時間為半天，可安排上午到淺草參觀雷門觀音寺，然後於午餐後往Sky Tree，這樣可逗留到晚上觀看開燈後的Sky Tree並於Solamachi晚餐。如果想欣賞夜景，夏季大約晚上8時才天黑。

門口購票處所買到的門票只包第一展望台，如要買450M的第二展望台門票則要在抵達第一展望台時購買。

購票完畢後，還要再排隊乘升降機到350M第一展望台，這部分購票連排隊等升降機時間約需10-15分鐘。

350M Tembo Deck天望甲板

天望甲板距離地面350米，配以360度全方位展望台，乘每分鐘600米的升降機大約50秒即到達。這裡用上5米高的大型玻璃，可以眺望從塔底至70公里遠處，於12月至2月前來景色最佳，天氣好的時候還可遠眺富士山。此外，登上450米天望迴廊的售票處設在此處。

就算天氣不佳，望出去的視野也很震撼。

每分鐘可爬升600米的升降機。

450M Tembo Galleria天望迴廊

只是相差100米，景觀已經大不同。

入場人士沿迴廊步行到451.2米的位置，邊走邊欣賞。

最高到達点
451.2m
634m
ソラカラポイント
SORAKARA POINT

這是最高點Sorakara Point，已到達451.2米高。

天望迴廊離地450米，門票必須於天望甲板購買。天望迴廊以管形玻璃結構相連，升降機先載你到445米，入場人士沿著環形斜路漫步到450米，享受仿如空中散步的感覺。

INFO

地址： 東京都墨田區押上 1-1-2
電話： 05-7055-0634
營業時間： 8:00am-10:00pm
入場費： （350m 天望甲板）成人 ￥2,100，（450 米天望迴廊）成人另付 ￥1,000
網頁： www.tokyo-skytree.jp
備註： 網上預訂門票有額外優惠

到達Sorakara Point後，可往攝影區拍照留念。

晴空塔專賣店 01
Sky Tree Shop

Sky Tree Shop在1/F、5/F及345/F也有分店，雖然1/F的最大，而且產品種類最多，但某些產品只可以在345/F的Sky Tree Shop找到。這裡有很多Sky Tree吉祥物ソラカラちゃん（Solamachi小姐）的crossover商品發售，設計非常可愛，別處買不到。

Hello Kitty是日本各大觀光點的常客，這裡當然少不了她。

精美和菓子，手信佳品。

有很多不同的酒和Sky Tree合作推出crossover產品。

Sky Tree 形狀的水，是這裡的限定商品。

ソラカラちゃん的商品是主打。

店內還有不少以Sky Tree為主題的文具，照顧不同客人需要。

位置： 1/F、5/F、345/F ★INFO
營業時間： 8:30am-8:30pm

02 塔頂嘆咖啡
Sky Tree Café

邊吃邊欣賞東京市的美景。

位置： 340/F、350/F
營業時間： 10:00am-8:45pm ★INFO

Sky Tree Café在天望甲板的三樓(Tembo Deck 3/F)，走完兩個展望台之後，吃一杯只有這個Café才提供的Sky Tree芭菲。盡量都要靠近窗口的座位，因為可以一邊欣賞東京市的美景，一邊吃甜品。

超級水族館 03
すみだ水族館

すみだ水族館位於Solamachi的五樓，是關東第一個完全以人工海水運行的環保水族館。館內模擬小笠原群島海洋世界，設計了「生命之搖籃、水之恩惠 ─ 東京大水槽」，也是館內重點地方。水族館共分成8個區域，共10,000種海洋生物。當中設計了全日本最大的室內開放式水池，讓參觀人士近距離觀看海狗、企鵝等海洋動物。

相片提供：SUMIDA AQUARIUM

紀念品店是免費進入的，有很多可愛的獨家商品發售。

位置： 5/F **電話：** 03-5619-1821
營業時間： 10:00am-8:00pm，星期六日及假日 9:00am-9:00pm
門票： 成人 ￥2,300，高中生 ￥1,700，中小學生 ￥1,100，小童 ￥700，3歲以下免費
網頁： www.sumida-aquarium.com ★INFO

天象廳數星星

04 天空in 東京Sky Tree Town

「天空in 東京Sky Tree Town」位於Solamachi七樓，是個天象廳，由著名品牌Konica Minolta營運，也是全世界第一個擁有一台投射極度像真星空的投影機。這裡放映的節目每年會轉換題材至少四次，而天象廳的開幕作「穿越時代的星空」則最受歡迎，將江戶時代的星空展現於人前。館內所放映的節目都是日語旁白，但不會太阻礙欣賞。

相片提供：
KONICA MINOLTA, INC

★INFO
位置： 7/F
電話： 03-5613-3043
營業時間： 10:30am-10:00pm，星期六日及假日 9:30am-10:00pm
門票： 成人 ¥1,500，小童 ¥900
網頁： www.planetarium.konicaminolta.jp

網頁： www.tokyo-solamachi.jp ★INFO

潮流商店街

05 Solamachi

Solamachi（東京ソラマチ）是Sky Tree的重點設施，當中包括各式有名的商店、服裝店和人氣餐廳，還引入了押上及墨田兩個老區的老店進駐，設計成「新•下町流」的商店街樓層，多達300家商店，就是逛一整天都不夠。此外，這裡的店舖也配合晴空塔的概念，合作推出crossover限定版商品。

Solamachi的一樓是商店街，二樓及三樓售賣生活雜貨與服裝，四樓是朝日電視台專賣店及品牌紀念品店，也有餐廳，而五樓及六樓則是水族館。

推薦手信

晴空塔的人氣手信，你一定要買！一款是晴空塔獨家的得獎菓子Campanella，意思是「鐘」。這個名字寓意菓子入口爽脆，好像聽到清脆利落的鐘聲一樣。曲奇分成三層，用上法國高級的可可粉及可可豆，配合三層薄片，口感非常酥脆。

此外，少不了晴空塔版Tokyo Banana香蕉蛋糕。本來它一早已是極具人氣的東京手信，再配合晴空塔限定版本，在別處買不到，更加深得人歡心。

朱古力味餡料，豹紋花紋代表了這是晴空塔版本，¥1,080/8件。

用上好像Tiffany的青綠色，感覺高貴大方，晴空塔版的盒子還請得日籍著名鋼琴家Fuzjko Hemming親手題畫，¥1,080/10片。

波浪紋餅面，使口感更加豐富、更加酥脆。

★INFO
售賣點： 1樓空之小町
東京奈奈網頁： www.tokyobanana.jp

★INFO
售賣點： 1樓空之小町
Campanella網頁： http://tokyo-campanella.com

日本國寶貓
Hello Kitty Japan 06

Hello Kitty已是日本的國寶，這裡有一家專賣店Hello Kitty Japan，針對女性市場，他們所設計的商品，大多都傾向成年人的產品，如手袋、手錶、閃石電話繩等，設計時尚高貴，絕對獲得女士歡心。店內還有不少晴空塔限定商品，Hello Kitty的粉絲一定不能錯過。

晴空塔的限定產品最受注目，是不少女生的心頭好。

INFO
位置： 4/F
營業時間： 10:00am-9:00pm
網頁： www.sanrio.co.jp

07 大熱小積木
Nanoblock Store

店內提供大量積木，大人和小朋友都可以玩個夠。

近年香港也興起Nano Block，它是世界最小的積木玩具，屬迷你版的Lego。由於體積小，更易拼砌出不同的造型，同時整體組合更細緻。這裡的Nano Block種類非常齊全，有很多在香港難以買到的款式。最注目的當然是和晴空塔crossover的Solamachi小姐的積木，普通版還有晴空塔、Miffy和鬆馳熊模型。

位置： 4/F
營業時間： 10:00am-9:00pm
網頁： www.diablock.co.jp/nanoblock
INFO

和風小物 08
Nippon'ichi

Nippon'ichi是中川政七商店旗下一個新品牌，即「日本市」的意思。中川政七商店本來就是日本的老店，於享保元年（1716年）已經創業，主要生產手工紡織的麻製品。現在由第十三代目中川淳繼續經營，除了保存傳統手工藝方法，還將產品與時並進，成功打入年輕人市場。而Nippon'ichi這個品牌，主要是以日本富士山作藍本，成功把富士山打造成一個更有朝氣的感覺。

富士山的商品，乃必買之選。

INFO
位置： 4/F
營業時間： 10:00am-9:00pm
網頁： www.yu-nakagawa.co.jp

得意動物

Aranzi Aronzo

Aranzi Aronzo是大阪的本土品牌，由一位日本、墨西哥的混血兒Aranzi，與一位挪威、越南混血的Aronzo共同創立的品牌。Aranzi Aronzo於1991年成立，旗下有多個不同角色，分別是：カツパ（河童）、パンダ（熊貓）、ワルモノ（壞東西）、くま（熊）、うさぎ（兔），並且在每間分店選出一位虛擬店長，這裡也有晴空塔限定商品，包括店長壞東西與晴空塔 Crossover雨傘。

每個角色都有其獨特的性格，是近年本土富人氣的卡通人物。

★INFO

位置： 4/F
營業時間： 10:00am-9:00pm
網頁： www.aranziaronzo.com

不能吃的美食

⑩ 元祖食品サソプル屋

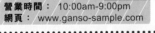

怕自己做不來，不妨買小擺設回家。

店家已將各款道具食品分好難度級數，客人可按自己能力購買。

日本人製作食品道具經已出神入化，現在更發展到人人都可在家製作。元祖食品サソプル屋，中文譯作「元祖食品樣品屋」，在日本已有八十多年歷史，本店在合羽橋。在日本人的眼裡，他們的樣品可稱得上是藝術品。現在，大家能夠把這些食品道具帶回家，因為他們研發了簡易版本，只要跟足指示，自己便能在家中製作。

★INFO

位置： 4/F
營業時間： 10:00am-9:00pm
網頁： www.ganso-sample.com

NHK電視台專門店

NHK Character Shop ⑪

NHK電視台的專門店，當然就是售賣他們的卡通人物商品。這裡以最受歡迎的吉祥物「どーもくん」(多摩君)為賣點，出售很多外面沒有的周邊商品。除了吉祥物多摩君外，還有其他NHK受歡迎的卡通人物，如邪留丸等的商品，當然少不了和晴空塔合作的限定產品。

多摩君的商品，這裡最齊。

還有姆明的商品

★INFO

位置： 4/F
營業時間： 10:00am-9:00pm
網頁： www.nhk-character.com

晴空塔 Sky Tree

★★★ 淺草 晴空塔 秋葉原 上野 池袋 吉祥寺 自由之丘

朝日電視台專門店 Tree Village ⑫

有NHK電視台，當然也有朝日電視台。朝日這個Tree Village比NHK大得多，商品種類十分多，幾乎所有卡通角色產品齊全，幪面超人、叮噹、蠟筆小新、KERORO軍曹等，大多是香港人耳熟能詳的卡通人物，當然少不了晴空塔聯營產品。

多啦A夢和sky Tree crossover的合作商品

蠟筆小新與晴空塔

★INFO
位置：4/F
營業時間：10:00am-9:00pm
網頁：http://tree-village.jp

櫪木縣土產店 ⑬ とちまるショップ

とちまるショップ是櫪木縣的土產店，店裡有出名的宇都宮餃子、那須高原的牛奶、日光的蕎麥麵和士多啤梨等，還有各式鄉村味噌、漬物，更加少不了甜品。這裡不僅產品種類繁多，尚有一個介紹櫪木縣的展覽角。

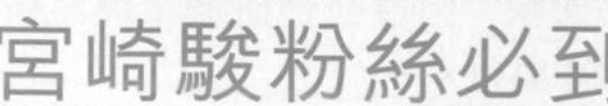

這裡展示了櫪木縣的資料，可供簡單了解櫪木的歷史文化。

各款櫪木縣的土產，基本上在東京只有這裡才買到。

★INFO
位置：4/F
營業時間：10:00am-9:00pm
網頁：www.tochimaru-shop.com

宮崎駿粉絲必到 どんぐり共和國 ⑭

どんぐり共和國，除了龍貓，還有其他宮崎駿的產品，如天空之城、風之谷、千與千尋等。這裡佔地較其他分店大，有幾個龍貓場景展示櫃和藏量豐富的影視與書籍區。如果是宮崎駿粉絲，又沒有時間去吉祥寺的美術館，這裡可暫時「解渴」。

DVD和書籍產品藏量豐富，空間也很大，最適合帶小朋友到來。

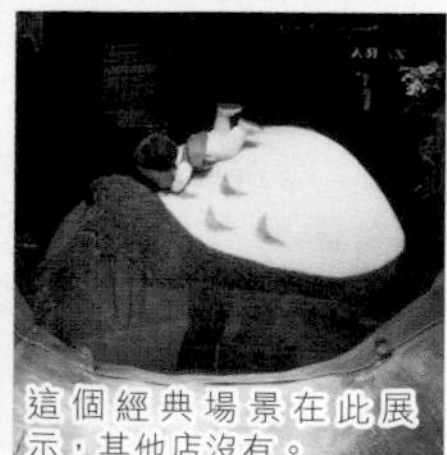

這個經典場景在此展示，其他店沒有。

★INFO
位置：2/F（可從押上站B3出口前往）
營業時間：10:00am-9:00pm
網頁：www.benelic.com/service/donguri.php

超人氣生果撻 15

Qu'il fait bon

Qu'il fait bon在東京、橫濱、仙台、福岡等地都有分店，每日新鮮製作的果撻，賣相精緻，而最特別的是水果視乎季節而定，加上又香又滑的忌廉，經常被搶購一空。

焦糖蘋果蛋糕棒

季節雜果撻

★INFO

位置： 2/F
營業時間： 10:00am-9:00pm
網頁： www.quil-fait-bon.com

16 平靚正迴轉壽司

回転寿し トリトン

除了能在壽司帶上取壽司，也可向師傅點菜，拿著菜單手指指即可。

海鮮爆彈軍艦

回転寿し トリトン天天都大排長龍，因為他們會從北海道運來新鮮肥美的刺身，客人可用便宜的價錢，吃到新鮮又美味的壽司。這裡最平的壽司只需￥136，而香港人最喜歡的三文魚壽司也只是￥189。回転寿し トリトン在北海道札幌有多間分店，東京首間分店開在晴空塔，以後不用山長水遠跑去北海道了。

位置： 6/F
營業時間： 11:00am-11:00pm
網頁： http://toriton-kita1.jp
消費： ￥1,000 起

★INFO

鰻魚三吃

ひつまぶし名古屋 備長 びんちょう 17

備長 びんちょう是名古屋的名物料理，最有名的鰻魚三吃，把鰻魚飯以3種方法來吃。用備長炭烤得焦香的鰻魚，再配他們自家醬汁，真的一試難忘。

★INFO

位置： 6/F
營業時間： 11:00am-11:00pm

啤酒餐廳

⑱ 世界のビール博物館

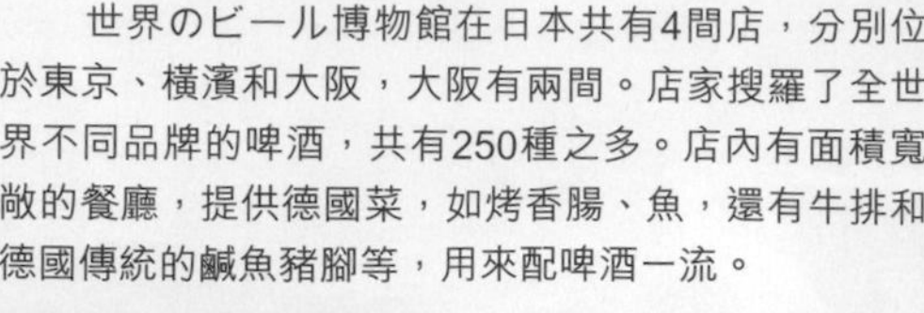

世界のビール博物館在日本共有4間店，分別位於東京、橫濱和大阪，大阪有兩間。店家搜羅了全世界不同品牌的啤酒，共有250種之多。店內有面積寬敞的餐廳，提供德國菜，如烤香腸、魚，還有牛排和德國傳統的鹹魚豬腳等，用來配啤酒一流。

世界各地的啤酒杯墊，可以帶幾個回家。

除了來自世界各地的啤酒，更少不了專門為晴空塔而設的限定啤酒。

位置： 7/F
營業時間： 11:00am-11:00pm

★INFO

美味文字燒

⑲ 月島名物もんじゃ だるま

先將材料略為炒熟。

然後加入粉漿和調味，再慢慢煎熟。

吃時利用小鏟鏟起直接享用。

在月島有名的だるま進駐了晴空塔，大家不用跑到月島區，隨時都吃到文字燒。文字燒同樣放在鐵板上煎熟，不過吃時仍呈漿糊狀，起源是因為二戰時物資匱乏，有家庭主婦利用麵粉和水放在滾熱的石板上，並在麵粉糊上寫字，所以被稱為文字燒。

位置： 7/F
營業時間： 10:30am-11:00pm
消費： ￥650 起

★INFO

仙台碳烤牛舌
⑳ 牛たん炭焼 利久

總店位於宮城縣仙台市，以牛舌料理馳名。牛舌肉厚而富彈性，無論是簡單的碳烤，或是配以咖哩、紅酒燴焗，都令人一試難忘。附送的牛尾湯看似清淡，其實牛肉味極濃，是非一般的例湯。

位置： 6/F
營業時間： 11:00am-11:00pm
網頁： https://www.rikyu-gyutan.co.jp/
★INFO

Global壽司行藏壽司的定位，以平價取勝。

㉑ 世界最大的迴轉壽司店
Global壽司押上店

Metro 銀座線淺草駅 1 號出口步行 2 分鐘 / 都營淺草線淺草駅 A4 出口步行 3 分鐘

Global壽司是著名連鎖集團藏壽司的新品牌，2022年3月在押上開了第四間分店，地點就在晴空塔附近。新店佔地兩層共834平方米，有227個座位，號稱是世界最大的迴轉壽司店。除了開餐，這裡更設有數碼遊樂區，分別有大型射擊遊戲及彈珠機供食客耍樂。以後去晴空塔，除了塔內的食肆，又多了一個美食新選擇。

寬敞舒適的店面。

數碼遊樂區啱晒坐唔定的小朋友。

高兩米長三米的巨型彈珠機。

地址： 墨田區押上 1-8-23 1-2F
時間： 11:00 am-11:00pm
網址： www.kurasushi.co.jp/oshiage/
★INFO

秋葉原
Akihabara
交通策略
JR新宿駅
JR · 中央●総武線 · 18分鐘
JR池袋駅
JR 山手線 24分鐘
JR東京駅
JR 山手線 8分鐘
JR上野駅
JR 山手線 3分鐘
JR 秋葉原駅
六本木駅
地鐵 · 日比谷線 · 9分鐘
銀座駅
地鐵 · 日比谷線 · 12分鐘
本區名物及推介景點
玩具總匯 秋葉原HOBBY天國2
二手動漫勝地 Mandarake Complex
動漫模型集中地 ラジオ会館
新奇便宜家電 あきばお零號店

秋葉原
01.Yodobashi Akiba 11-2
02.ラジオ会館 11-2
03.Sofmap Amusement 11-3
04.AOKI 11-3
05.EDION 11-3
06.GiGO秋葉原3號館 11-4
07.Streetcar 11-4
08.Mandarake Complex 11-5
09.あきばお零號店 11-5
10.Gamers 11-6
11.Café MOCO 11-6
12.秋葉原HOBBY天國2 11-6
13.肉之萬世 11-7
14.mAAch ecute 11-7
15.Tamashi Nations Store Tokyo 11-7
16.秋葉原ガチャポン会館 11-8
17.Carl's Jr. 11-8
18.Owlcafe Akiba Fukurou 11-9
19.Maidreamin 秋葉原本店 11-9
A
B
C
D
1
2
3
4
5
広町駅
出3
出1
Metro銀座線
Tsukuba Express
昭和通り
Metro日比谷線
中央通り
JR總武線
JR總武線
秋葉原駅
中央口
電氣街口
昭和通り
出2
出1
出3
出5
出4
秋葉原駅
万世橋
JR山手線
JR中央本線
Google Map 下載
北
都營新宿線
Map 11-1

秋葉原 Akihabara

淺草 晴空塔 秋葉原 上野 池袋 吉祥寺 自由之丘

有得食有得買 MAP11-1 C3 01
Yodobashi Akiba

JR 秋葉原駅昭和通り口出，步行 2 分鐘 / 地鐵秋葉原駅 3 號出口步行 3 分鐘

這裡除了一貫的電器樓層外，還有書店和餐廳樓層，買完後可在此吃晚飯，然後再轉戰書店。電器層由B1至6F，總面積23,000平方呎；餐廳在8F，關門時間比較晚，待購物完畢才吃晚餐。

地址： 東京都千代田區神田花岡町 1-1
電話： 03-5209-1010
營業時間： 9:30am-10:00pm
網頁： www.yodobashi-akiba.com
INFO

秋葉男必到 MAP11-1 B4 02
ラジオ会館

JR 秋葉原駅電器街口步行 2 分鐘

「ラジオ」即是Radio，樓高七層的ラジオ会館早年以售無線電產品為主，現在跟旺角信和中心有點相似，以動漫產品為主。這裡有很多有名的動漫模型店，如Yellow Submarine、宇宙船、K-Books和Kaiyodo等。

翻新以後多了專賣動漫模型的店舖進駐

Hobby Station專賣砌模型的用具，也有少量動漫產品。

無論何時推出的扭蛋都可以在這裡找到

地址： 東京都千代田區外神田1-15-16
電話： 03-3526-3614
營業時間： 11:00am-8:00pm
網頁： www.radiokaikan.jp
INFO

MAP11-1 B4 2a 扭蛋龍頭大哥
KAIYODO Hobby Lobby

海洋堂是日本知名的模型公司，專門製作人形及扭蛋等各種模型，其中又以造型精巧的動物及昆蟲系列聞名業界。它的專賣店Hobby Lobby位於秋葉原ラジオ会館的5樓，設置了數台扭蛋機及等身大的模型，非常適合拍照留念。

位置： ラジオ会館 5/F **電話：** 03-3253-1951
網頁： http://kaiyodo.co.jp/kaiyodo_HB/TK_topics
INFO

機迷天堂 03 MAP 11-1 A3
Sofmap Amusement

JR 秋葉原駅電器街口步行 5 分鐘

Sofmap是Bic Camera旗下的品牌。Amusement館樓高八層，一和二樓售賣手辦及模型；三樓以電子遊戲為主，產品由80年代的任天堂紅白機到現在機種都十分齊全；4至5樓為成人電腦遊戲，兒童不宜；6樓的animega專門售賣動漫精品；7F是STELLAMAP Cafe；8F則是活動場地。

地址： 東京都千代田區外神田 1-10-8
電話： 03-3253-3030
營業時間： 11:00am-8:00pm
網頁： www.sofmap.co.jp
INFO

其他於秋葉原上的分館，有時電器產品會比Yodobashi和Bic Camera都便宜。

MAP 11-1 A3 男士服裝
04 AOKI

這裡的上班服飾經常推出優惠，大減價不再是女士的專利。

JR 秋葉原駅電器街口步行 5 分鐘

AOKI的透明玻璃外牆驟眼看去以為是女士們的商場，其實這裡以男士服飾為主，而且主打上班服飾，因為秋葉原有不少辦公室，由恤衫、領呔、西褲到皮帶、皮包都甚多款式，而且價錢不貴又經常有折扣優惠，男士們終於可以大買特買了。

地址： 東京都千代田區外神田 1-13-3
電話： 03-5207-9688
營業時間： 10:00am-8:30pm
網頁： www.aoki-style.com
INFO

秋葉原電器始祖 05
EDION MAP 11-1 A4

JR 秋葉原駅電器街口步行 5 分鐘

在秋葉原未有Yodobashi之前，EDION電器曾經是秋葉原最大的電器連鎖店，後來太多競爭加入，店方重新定位及作大規模改革，最終得以在秋葉原屹立不倒。本店樓高七層，每層面積過萬呎，而且也有提供免税服務，去慣了Yodobashi或者Bic Camera的人，可以試試來這裡，貨品又多又齊，或者會買到心頭好。

地址： 東京都千代田區外神田 1-2-9
電話： 03-3257-1100
營業時間： 19:30am-7:30pm
網頁： www.edion.com
INFO

遊戲機大本營 MAP 11-1 A3

GiGO 秋葉原3號館 06

JR 秋葉原駅電器街口步行 3 分鐘

來到秋葉原，除了買電器和動漫產品外，當然少不了去打機啦！GiGO秋葉原3號館樓高五層，你想夾公仔又得，你想玩灣岸也行，街機、頭D、Mario賽車一次過滿足你的願望。

INFO

地址： 東京都千代田區外神田 1-11-1
電話： 03-5297-3601
營業時間： 10:00am-11:00pm
網頁： https://tempo.gendagigo.jp/am/akiba-new

MAP 11-1 B1 07 型爆秋葉原

秋葉原 Streetcar

近期去秋葉原除了掃動漫精品或者幫襯女僕Café，至in的潮流就是穿上著名動漫人物的服飾在秋葉原一帶風馳電掣，連Do姐與農夫二子都曾參與。雖然落場的只是高卡車（Karting），但最高時速可達60公里，所以必須持有國際車牌才可參與。想提高呃Like指數，駕駛員可免費借用動漫Cosplay服裝，實行秋葉原任我行。

行駛路線

Street Kart（秋葉原店）
地址： 東京都千代田區神田佐久間町 4-16-7
電話： 080-8899-8899
費用： 1 小時駕駛體驗 ¥7,000，1.5 小時駕駛體驗 ¥10,000
網頁： https://kart.st/akihabara2.html
註： 必須網上預約

INFO

二手動漫勝地 08 

Mandarake Complex

JR 秋葉原駅電器街口步行 7 分鐘

秋葉原的Mandarake分店樓高八層，這裡有大量二手漫畫，有些更是絕版貨品，而且價錢沒有抬到很高，成為動漫迷的尋寶地。此外，也有不少絕版二手玩具，Cosplay 服飾也很豐富。

Cosplay 服飾。

有時一些未開封的二手玩具，價格會比外面便宜。

這裡有很多美少女戰士的產品，去動漫店不是男士的專利。

地址： 東京都千代田區外神田 3-11-12
電話： 03-3252-7007
營業時間： 12:00nn-8:00pm
網頁： www.mandarake.co.jp
INFO

MAP 11-1 A2 新奇便宜家電

09 あきばお零號店

JR 秋葉原駅電器街口步行 7 分鐘

あきばお在秋葉原有零至八號店，不同分店各有他們的主題產品，而零號店售賣很多趣怪的電器產品，還有不少便宜的手機和電腦周邊商品。這裡的貨品跟香港的有點相像，故此較少看到日本大型電器店賣的常見品牌，大部分貨品價格略為便宜，所以吸引不少IT愛好者前來尋寶。

地址： 東京都千代田區外神田 3-1-12
電話： 03-5297-3601
營業時間： 11:00am-8:00pm，星期六日及假日 10:00-7:30pm
網頁： www.akibaoo.co.jp
INFO

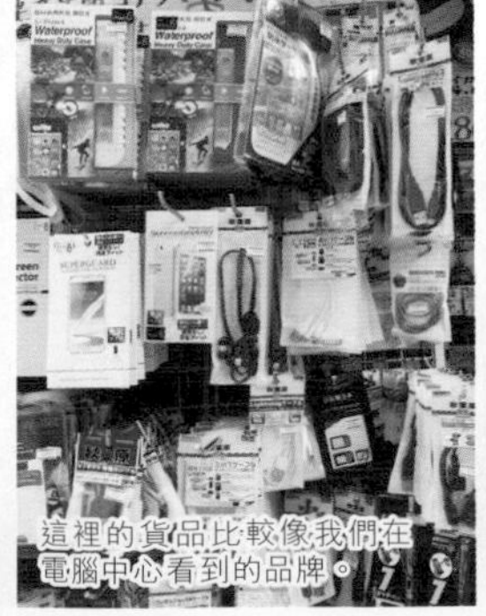
這裡的貨品比較像我們在電腦中心看到的品牌。

記憶卡比香港稍平。

秋葉原 Akihabara

漫畫產品連鎖店 Gamers

MAP 11-1 A3

10

JR 秋葉原駅電器街口步行 2 分鐘

Gamers本店位於秋葉原駅旁邊，主要販賣主流的一手動漫畫，也有不少周邊商品，如：雜誌、DVD、CD、景品等。位置比其他動漫店都要近車站，如果時間不多，可以先到這裡逛逛。

地址：東京都千代田區外神田 1-14-7 宝田ビル
電話：03-5298-8720
營業時間：1F 10:00am-10:00pm，星期六日及假日至 9:00pm；2F-7F 11:00am-9:00pm
網頁：www.anibro.jp

INFO

秋葉原人氣Café Café MOCO

MAP 11-1 A3

11

熱狗會配上一堆薯片，吃起來相當飽。

這裡的咖啡不錯，很多人下午時間來。

JR 秋葉原駅電器街口步行 5 分鐘

Café MOCO是秋葉原的人氣餐廳，除了咖啡之外，這裡的自家製創意熱狗是最受歡迎的食物。熱狗款式多，很多口味更是你想像不到的，例如放上忌廉的甜熱狗。最特別還有一堆薯片伴著熱狗享用，所有熱狗都是即點即造，先付款，店員會把餐點送到你面前。

地址：東京都千代田區外神田 1-12-2 志村無線ビル 1F
電話：03-3251-2108
營業時間：11:45am-8:00pm

INFO

天國降臨 秋葉原HOBBY天國2

12

MAP 11-1 A2

JR 秋葉原駅電器街口步行 5 分鐘

秋葉原HOBBY天國2樓高7層，除了模型之外，更有不同種類的動漫產品發售。廣受歡迎的二手模型格仔店設於新店1樓。至於2樓，集中展示動漫周邊商品，如T恤及公仔等。至於3樓則是模型迷聖域，許多製作模型專用的工具及油漆都可以在此找到。至於鍾情砌模型或Figure的朋友，直接上4-5樓一定大有收獲。

2樓是動漫精品天堂。

4樓有大量模型選擇。

地址：千代田區外神田 4 丁目 2-10
電話：03-3254-1059
營業時間：11:00am-8:00pm
網頁：https://www.volks.co.jp/

INFO

淺草 晴空塔 秋葉原 上野 池袋 吉祥寺 自由之丘

秋葉原酒池肉林

肉之萬世

13 MAP 11-1 A4

JR 秋葉原駅電器街口
步行 7 分鐘

肉之萬世在日本各地有分店，位於秋葉原的是本店，由地下一層到十樓共十一層，每層都有一間餐廳，而且全部都是以肉食為主。三及四樓以西餐為主，五樓是烤肉，七樓主要供應涮牛肉、火鍋，十樓則是吃黑毛和牛鐵板燒，每一層店的價格和料理都不一樣。這裡更可以鳥瞰秋葉原中央通，絕對是現實中的酒池肉林。

地址： 東京都千代田區神田須田町 2-21
營業時間： 11:00am-10:00pm
（各店營業時間有異）
網頁： www.niku-mansei.com

INFO

舊車站商場

mAAch ecute

14 MAP 11-1 A4

JR 秋葉原駅電器街口，步行 7 分鐘

2013年落成的 mAAch ecute，是由紅磚建造的萬世高架橋活化而成的複合商場，這裡保留了自1943年封站後的萬世橋站、石樓梯及二樓平台的瞭望台，融合近年林立的Café、餐廳、雜貨、潮流服飾、生活用品，成為一個極具文藝氣息的商業設施。

地址： 東京都千代田區神田須田町 1-25-4 **電話：** 03-3257-8910
營業時間： 商店 11:00am-9:00pm，星期日及假期至 8:00pm；
餐廳 11:00am-11:00pm，星期日及假期至 9:00pm（各店營業時間有異）
網頁： https://www.ecute.jp/maach

INFO

模型殿堂

15 MAP 11-1 B3

TAMASHII NATIONS STORE TOKYO

JR 秋葉原駅電器街口步行 1 分鐘

TAMASHII NATIONS是日本著名模型品牌，主要走高階路線，一套模型動輒3-5萬日圓。TAMASHII NATIONS STORE TOKYO是品牌首間直營店，與其説它是模型店，不如説是博物館。全店共分三區，展銷品牌的人氣動漫角式產品，由高達、軍曹、聖鬥士星矢到美少女戰士，回憶簡直返晒嚟，老土的一句，唔買都要來睇下。

地址： 千代田區神田花岡町 1-1 **電話：** 098-993-6093
營業時間： 10:00am-8:00pm **網頁：** https://tamashii.jp/store/tokyo/

INFO

淺草 晴空塔 秋葉原 上野 池袋 吉祥寺 自由之丘

扭蛋天堂
秋葉原ガチャポン会館 16

MAP 11-1 A1

地鐵末廣町駅 3 號出口步行 2 分鐘 /
JR 秋葉原駅電器街口步行 12 分鐘

來到東京除了要玩夾公仔外，更不可少了扭蛋。這間扭蛋會館有多達430台扭蛋機，機種豐富而且罕有，不論新款或舊款都可以在這裡找到，喜歡瘋狂扭蛋的要小心銀包大出血！

地址： 東京都千代田區外神田 3-15-5
電話： 03-5209-6020
營業時間： 星期一至四 11:00am-8:00pm，
星期五、六至 10:00pm，星期日至 7:00pm
網頁： www.akibagacha.com

INFO

哈迪斯情意結
17 Carl's Jr.

MAP 11-1 B2

地鐵末廣町駅 1 號出口步行 3 分鐘 /
JR 秋葉原駅電器街口步行 10 分鐘

香港人對哈迪斯都有一份情意結，但現在不用飛到美國，到日本就可以重拾回憶。秋葉原的Carl's Jr. 是哈迪斯美國總公司在西岸的分店名稱，黃色星星logo不變，可惜蘑菇飯及炸雞的蹤影卻不見。店內主打漢堡包，全部採用安格斯牛，而且飲品可以免費續杯，店內更有為日本店設計的產品賣，應該可為粉絲們止止渴。

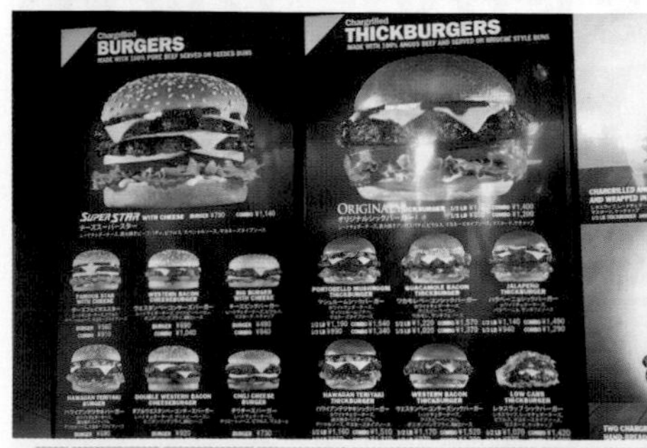

地址： 東京都千代田區外神田 4-4-3
電話： 03-3525-4690
營業時間： 10:00am-8:30pm
網頁： www.carlsjr.jp

INFO

貓頭鷹咖啡廳
Owlcafe Akiba Fukurou

MAP 11-1 C2 ⑱

JR 秋葉原駅步行 5 分鐘

Owlcafe Akiba Fukurou是秋葉原近年的人氣Café，2019-20年連續兩年被旅遊網站Tripadvisor選為【全日本人氣體驗】第1名。咖啡廳內共有約40隻不同品種的貓頭鷹，客人可以隨意與牠們近距離接觸及拍照。場內的工作人員也會向客人介紹每隻貓頭鷹的品種、特性及飼養方法。最算聽不懂，但被這麼多可愛生動包圍，感覺也非常療癒。

INFO

地址： 東京都千代田區神田練塀町 67
營業時間： 12:00nn-6:00pm，星期六、日至 7:00pm，星期二休息
網頁： https://akiba2960.com/
※ 遊客可於 Klook 先預約以確保順利入座，入場費每位約 HK$132

MAP 11-1 A1 ⑲

女僕Café龍頭店
Maidreamin 秋葉原本店

JR 秋葉原駅步行 5 分鐘

女僕Café 誕生於上世紀日本的電玩遊戲，至今已瘋魔全世界，由最初以「有色眼鏡」批評，變成今天很多人都接受的二次元文化。Maidreamin是日本的龍頭女僕Café，分店遍佈全國，而宅男勝地秋葉原更是Maidreamin的本店所在。店內除了有女僕貼心的服侍，每隔兩小時便有歌舞表演，極盡視聽之娛。

無論男女客人，都能感受女僕Café 充滿夢幻的氛圍。

網站內有店內女僕的詳細介紹。

Café食物的造型亦很有心思。

地址： 東京都千代田區外神田 3-16-17 住吉ビル 6 階
營業時間： 11:30am-11:00pm，星期六，日提前至 10:30am 開始
網頁： https://maidreamin.com/
※ 遊客可於 Klook 先預約，入場費每位約 HK$132，可逗留一小時及包一杯飲品。
相片來源： Klook

INFO

上野
Ueno

交通策略

JR新宿駅 ——JR・山手線 10分鐘—— JR池袋駅 ——JR・山手線 16分鐘—— 上野駅

銀座駅 ——Metro・銀座線・5分鐘—— 淺草駅 ——Metro・銀座線・5分鐘—— 上野駅

本區名物及推介景點

東京第一動物園
上野動物園

¥100生果
百果園

抵食鰻魚飯
名代宇奈とと

波鞋王
ABC-Mart本店

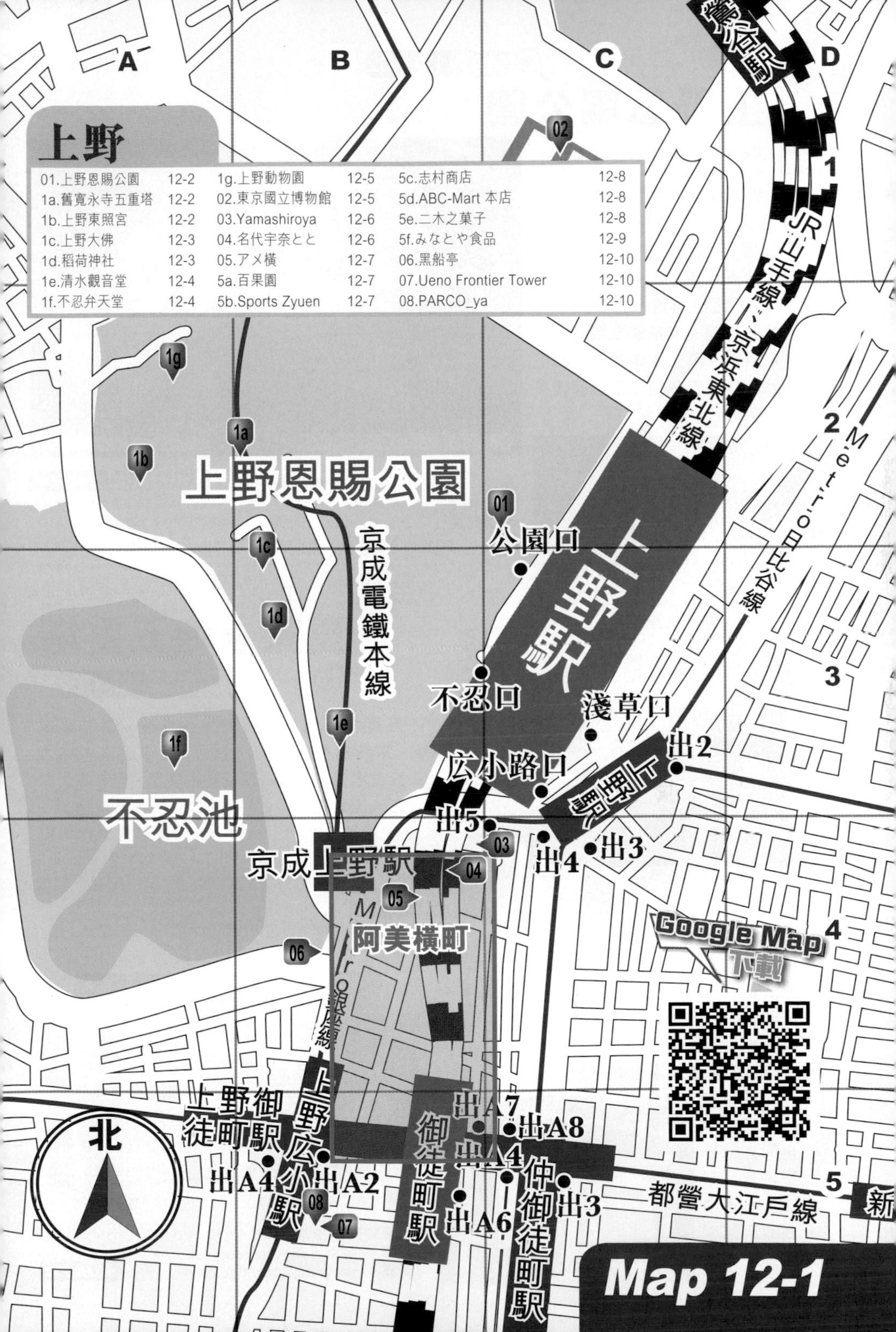
上野
01.上野恩賜公園 12-2
1a.舊寛永寺五重塔 12-2
1b.上野東照宮 12-2
1c.上野大佛 12-3
1d.稲荷神社 12-3
1e.清水觀音堂 12-4
1f.不忍弁天堂 12-4
1g.上野動物園 12-5
02.東京國立博物館 12-5
03.Yamashiroya 12-6
04.名代宇奈とと 12-6
05.アメ横 12-7
5a.百果園 12-7
5b.Sports Zyuen 12-7
5c.志村商店 12-8
5d.ABC-Mart 本店 12-8
5e.二木之菓子 12-8
5f.みなとや食品 12-9
06.黑船亭 12-10
07.Ueno Frontier Tower 12-10
08.PARCO_ya 12-10
鶯谷駅
JR山手線、京浜東北線
Metro日比谷線
上野恩賜公園
京成電鐵本線
上野駅
公園口
不忍口
浅草口
広小路口
出2
出3
出4
出5
不忍池
京成上野駅
阿美橫町
Metro銀座線
Google Map 下載
上野御徒町駅
上野広小駅
御徒町駅
仲御徒町駅
出A7
出A8
出A4
出A2
出A6
出3
都營大江戸線
新
北
Map 12-1

賞櫻名所

MAP 12-1 C2

上野恩賜公園 01

JR上野駅公園口出對面

★★★

上野恩賜公園是日本歷史上第一個公園，它於1876年開園，前身乃皇室擁有，後來大正天皇把公園賜給東京市，所以取名為「恩賜」。公園面積54萬平方公尺，內有上野動物園、東京國立博物館、上野東照宮、國立西洋美術館和下町風俗資料館等多個文化和藝術設施，足夠逛上大半天。

春天步道兩旁開滿櫻花甚為壯觀。 ©Yasufumi Nishi/©JNTO

INFO

地址： 東京都台東區上野公園池之端三丁目
電話： 03-3828-5644
營業時間： 5:00am-11:00pm，12月29日至1月3日休息
網頁： www.kensetsu.metro.tokyo.jp/toubuk/ueno/index_top.html

德川家定及篤姬安葬地

舊寬永寺五重塔 1a

MAP 12-1 B2

五重塔是日本重要的文化遺產，建於寬永8年，當時由德川家光所創立，後來因為一場大火，五重塔損毀，再於原址附近重建。因為德川家第十三代德川家定將軍的夫人也是安葬於此地，日本NHK電視台拍攝「篤姬」時也特別來到此地取景。

供奉德川三將軍

MAP 12-1 A2

上野東照宮 1b

上野東照宮當中的鳥居、正殿和透塀如今已被聯合國評定為日本重要文化遺產。這是專門供奉德川家族成員的神社，於1627年，德川家族成員根據德川家康的遺願所興建，至1651年，由當時的江戶幕府將軍德川家光進行大型修建，形成了今日大家見到的東照宮莊嚴模樣。

這裡供奉了德川家康、吉宗和慶喜三位將軍。

INFO

營業時間： 9:00am-5:30pm，10月至2月4:30pm
收費： ぼたん苑（牡丹苑）- 大人 ¥1,100
網頁： www.uenotoshogu.com

淺草 晴空塔 秋葉原 上野 池袋 吉祥寺 自由之丘

求學業合格

上野大佛 1c

MAP 12-1 B3

上野大佛由村上藩主堀直寄參考釋迦如來佛而建成的，經歷過多次倒塌損毀和重建。雖然佛身在第二次世界大戰時被永久破壞，但大佛的面部卻從來沒有著地，而「不著地」跟日語「不落第」相近，故上野大佛又名「合格大佛」。

求姻緣靈驗

花園稻荷神社 1d

MAP 12-1 B3

稻荷神社是全日本數量最多的神社，在日本無人不曉，稻荷的使者就是狐狸，稻荷神本來在日文的意思是「穀物之神」或「食物之神」的總稱，到了中世紀，因為日本的工商業開始發達，稻荷神漸漸被工商界供奉，也同時開始象徵財富。傳統上，如果一間日本企業的業績良好，就會向神社捐獻一座鳥居，有如中國人的「還神」。

電話： 03-3821-4306
網頁： www.gojotenjinja.jp

INFO

鳥居是甚麼？

鳥居是日本神社的大門和玄關，屬神社和外界接觸的橋樑。稻荷神社的鳥居全部都是紅色的，乃稻荷神社的象徵。一般來說，如果大家想了解一個神社有多靈驗，看它的鳥居數目就會知道。

仿清水寺而建
清水觀音堂

MAP 12-1 B3 1e

清水觀音堂是安放千手觀音的地方，受日本「文化財保護法」所保護。寬永8年(1631年)，由當時的僧人天海僧正以京都的清水寺作藍圖，參考「舞台造」的建築特色建築而成。另外，清水觀音堂也是獨家出售Hello Kitty平安符的地方，大家可以去看看。

MAP 12-1 A3 1f

祈求長壽健康
不忍弁天堂

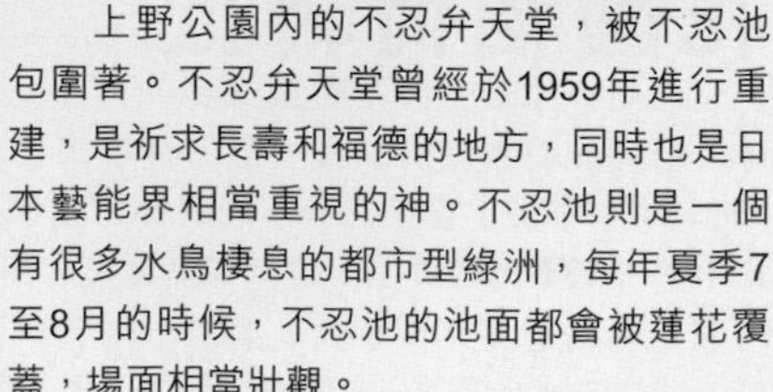

上野公園內的不忍弁天堂，被不忍池包圍著。不忍弁天堂曾經於1959年進行重建，是祈求長壽和福德的地方，同時也是日本藝能界相當重視的神。不忍池則是一個有很多水鳥棲息的都市型綠洲，每年夏季7至8月的時候，不忍池的池面都會被蓮花覆蓋，場面相當壯觀。

弁天堂內可求到「融通守錢」裡面有一個五円硬幣，會帶來財運，投下￥100便可。

日本第一個動物園

上野動物園

MAP 12-1 A2 1g

上野動物園是日本第一個動物園，1882年開園至今已經有超過一百三十年歷史。現時，園內飼養約三百種動物，獅子、企鵝和羊駝等熱門的動物，較冷門和稀有的蘇門答臘虎等。園內更有兩隻大熊貓，是2011年東京向中國政府提出租借的，一男一女，名字分別是「比力」和「仙女」，大家有空的話就去探訪一下牠們吧！

在動物園門口，有可愛的熊貓郵箱。

大家可以在這裡近距離接觸到羊駝，即「草泥馬」。

企鵝幾乎在日本的每個水族館和動物園都能見到

INFO

電話： 03-3828-5171
營業時間： 9:30am-5:00pm，星期一及 12 月 29 日至 1 月 1 日休息
收費： 大人 ¥600，中學生 ¥200；65 歲或以上 ¥300
網頁： www.tokyo-zoo.net/zoo/ueno/index.html

MAP 12-1 C1

02 國家級博物館

東京國立博物館

JR 上野駅公園口步行 10 分鐘 / JR 鶯谷駅南口下車步行 8 分鐘

東京國立博物館是全日本第一間博物館，建於1872年。博物館的規模成熟，分成本館、表慶館、東洋館、法隆館、寶物館和平成館，每一個展館都會根據日本不同時代的歷史，展出相關的文物如雕刻、刀劍等，歷史追溯至繩文時代，絕對是一個學習日本歷史及發展的好地方。

INFO

地址： 東京都台東區上野公園 13-9　電話： 03-5777-8600
營業時間： 9:30am-5:00pm（最後入館時間 4:30pm），星期一（公眾假期則改為翌日）、12 月 28 日至 1 月 1 日及 6 月 21 日休息
收費： 大人 ¥1,100，大學生 ¥500，高中生或以下及 70 歲或以上免費
網頁： www.tnm.jp

最新最齊玩具 Yamashiroya

MAP 12-1 B4

03

JR 上野駅広小路口步行 2 分鐘，位於車站對面

★★★

樓高六層的Yamashiroya是區內最大的玩具商店，不論大人還是小朋友，都會被各式各樣的玩具吸引著！店內有最新最齊的玩具和扭蛋，這裡出售的玩具，甚至比銀座有名的玩具店博品館更齊全。作為玩具迷，記得把Yamashiroya列入行程中。

近來大熱的船梨精

宮崎駿的卡通產品

怎少得杯緣子？

各層資料	
5F	動畫角色手辦、塑膠模型
4F	兒童玩具、TOMY CAR
3F	電子遊戲角色精品、桌上遊戲、拼圖
2F	日本和海外動畫及海外電影角色精品
1F	流行玩具、暢銷商品、展銷場
B1F	迪士尼、Sanrio、吉卜力、史諾比等可愛角色精品

INFO

地址： 東京都台東區上野 6-14-6
電話： 03-3831-2320
營業時間： 11:00am-8:30pm（1 月 1 日休息）
網頁： www.e-yamashiroya.com

抵食鰻魚飯 名代宇奈とと

MAP 12-1 B4

04

JR 上野駅広小路口或不忍口，步行 3 分鐘

名代宇奈とと是專營廉價鰻魚飯，不用¥1,000已有交易，且質素相當不錯，鰻魚汁是自家調配，白米來自埼玉百年老店，加上嚴選的鰻魚，再配合師傅利用備長炭用心燒烤，味道不比老店差。

うな重¥960，女士最適合，還有更小的うな丼只要¥590。

左面山椒飯可提起香味，右面的自家製醬汁，你喜歡下多少拌飯都可以。

每份鰻魚都用備長炭來烤，絕不馬虎。

地址： 東京都台東區上野 6-11-15
電話： 03-3831-9490
營業時間： 星期一至六 11:00am-11:00pm，星期日及公眾假期 11:00am-10:30pm
網頁： www.unatoto.com

INFO

淺草 晴空塔 秋葉原 上野 池袋 吉祥寺 自由之丘

★★★ 淺草 晴空塔 秋葉原 上野 池袋 吉祥寺 自由之丘

上野地標 MAP 12-1 B4 05

アメ横（阿美橫丁/Ame橫丁）

JR上野駅広小路口或不忍口/JR御徒町駅北口，步行3分鐘

阿美橫丁作為手信熱點，當然有很多十分便宜的貨品供大家選購！在長達400公尺的商店街中，有很多出售平價化妝品和富有特色的生活雜貨店共幾百家店舖，必定是選購手信的好地方。大家乘搭JR到上野駅或是御徒町駅下車均可以，因為，阿美橫丁就在這兩個站之間。

地址： 東京都台東區上野6-10-7
電話： 03-3832-5053　**營業時間：** 視乎各店不同
網頁： www.ameyoko.net
INFO

MAP 12-1 B4 ¥100生果

百果園 5a

蜜瓜跟菠蘿最平，只需¥100。

百果園是一間當地有名的新鮮水果店，店內的水果都是時令的，當大家選好想吃的水果後，店員便會替你把新鮮水果切片，方便大家繼續逛。不過日本人不會邊走邊吃，買好記得在店旁吃完才繼續走。

門口賣切片水果，有時會有又甜又大的士多啤梨。

地址： 台東區上野6-11-4（阿美橫丁內）
電話： 03-3831-0518
營業時間： 11:00am-8:00pm，星期二休息
INFO

要錢唔要貨 MAP 12-1 B4

Sports Zyuen 5b

店外堆積如山的波鞋，的確令人花多眼亂。Sports Zyuen這間運動用品連鎖店，在上野有兩間分店，以大堆頭形式示人，當中有些更是過季的特別版或crossover，所以如果想買平到笑的波鞋、泳裝、運動衫褲等，就要多花點時間和力氣在這裡尋尋寶。

地址： 東京都台東區上野4-6-3（阿美橫丁內）
營業時間： 10:00am-8:00pm
INFO

零食福袋

志村商店

MAP 12-1 B4 5c

★★★

在上野，志村商店一定是人流最多的商店了！老闆是個很有趣的人，每次叫賣，他都會先隨手拿起幾包物品放入福袋，高叫「￥1,000」。如果無人理會，老闆就會加多一樣貨品，一件一件的如此類推加上去，當大家看到自己的心水商品被放進福袋中，就舉起手購買吧！一般來説，袋中零食的總值都超過￥1,000了。

地址： 東京都台東區上野 6-11-3（阿美橫丁內）
電話： 03-3831-2454
營業時間： 10:00am-6:00pm
網頁： http://ameyoko.la.coocan.jp/

★INFO

MAP 12-1 B4 5d 波鞋王

ABC-Mart本店

ABC-Mart在上野區內宛如便利店，分店很多。在日本，它取得了VANS及HAWKINS的代理，因此，ABC-Mart的分店內有很多限量版和最新的波鞋款式。要買平波鞋，還是建議大家來ABC-Mart前，先上網做功課，貨比三家，了解ABC-Mart出售的鞋款後才到來購買吧！

VANS是ABC-Mart所代理，減價品經常出現。

有些款式的Nike波鞋，在香港未必找到。

金色扣的Converse就是日本版

地址： 東京都台東區上野 4-7-1（阿美橫丁內）
電話： 03-3832-0686
營業時間： 10:00am-8:00pm
網頁： www.abc-mart.com

★INFO

最佳手信熱點

二木之菓子

MAP 12-1 B4 5e

二木之菓子是當地一間很有名的人氣老店，專門售賣菓子、生活食品和土產手信，很多人都會來選購手信。二木之菓子大部分的手信都比機場出售的便宜，而且包裝精美，很適合送禮。遊客以外，其實很多日本人也喜歡來到購買日常生活食材，是當地最受歡迎的店舖之一。

香港賣差不多10元一包的薯片，這裡不用10元便有五包。

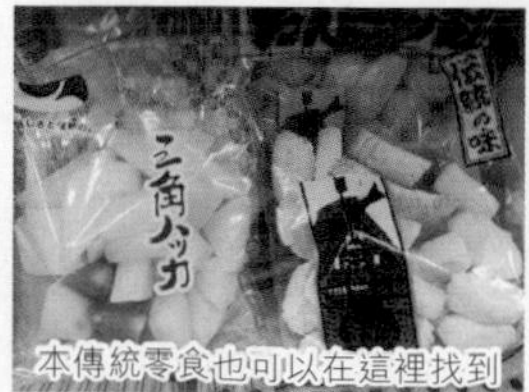

本傳統零食也可以在這裡找到

日清的即食飯，也比便利店要便宜。

地址： 東京都台東區上野 4-6-1（阿美橫丁內）
電話： 03-3833-3911
營業時間： 10:00am-7:00pm
網頁： www.nikinokashi.co.jp

★INFO

平食魚市刺身飯
みなとや食品

MAP 12-1 B4 5f

要吃最有名的吞拿魚腩（Toro）刺身飯，除了前往魚市場之外，還可以來到上野的鐵火丼みなとや。這個超人氣大排檔出名「拖羅」刺身飯，吞拿魚每日從魚市場新鮮直送，用料充足，最便宜的更只需￥500。每逢午飯時間，店內都會被客人擠個水泄不通，有興趣的朋友，最好在午飯前或下午茶時間前往，以避開擠逼的人潮。

以幾百日圓的價錢，也不可期望是上等貨。

地址： 東京都台東區上野 4-1-9（阿美橫丁內）
電話： 03-3831-4350
營業時間： 11:00am-7:00pm
網頁： www.ameyoko.net/shop/142
INFO

超人氣八爪魚燒

在鐵火丼的旁邊，有一間人氣很強的八爪魚燒專門店，很受當地人歡迎，未到午飯時間已經大排長龍，爭相購買八爪魚燒。みなとや食品的八爪魚燒有兩種包裝，八個￥400，四個￥200，購買後自行添加醬料、紫菜和木魚即可享用。

遊客想試試八爪魚燒，四個裝最適合。

左起：八爪魚燒醬、紫菜粉、木魚碎、QP沙律醬

和法料理  MAP 12-1 B4

黑船亭 06

JR 上野駅不忍口步行 4 分鐘

須賀氏二代為了繼承父業，於1959年於上野興建了一幢專賣雜貨的店舖，而4樓就是扒房，提供法式料理。後來於1986年易手，改名為「黑船亭」。他們在法式料理中加入日式元素，連約翰連儂都曾是座上客。這裡有3款名物是必吃的，包括：海鮮雜燴鍋、蟹鉗炸薯餅和燉牛肉。

利用忌廉醬包裹蟹鉗來炸，口感Creamy又吃到蟹肉的彈牙質感。

海鮮雜燴鍋，感覺像北歐奶油海鮮濃湯。

地址： 台東區上野 2-13-13 キクヤビル 4F
電話： 03-3837-1617 **營業時間：** 11:30am-10:45pm
網頁： www.kurofunetei.co.jp

INFO

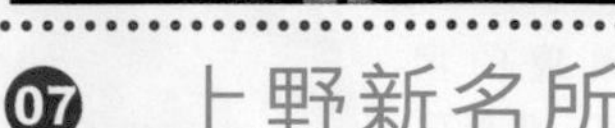

MAP 12-1 B5 07 上野新名所

Ueno Frontier Tower

Metro 銀座線上野廣小路駅直達或
JR 御徒町駅南口步行 2 分鐘

2017年11月開幕的Ueno Frontier Tower共有23層樓，地下一樓是松坂屋南館及上野案內所，1至6樓是百貨公司PARCO_ya，7樓至10樓是戲院，上層的則是商用辦公室，結合觀光、美食、購物，是上野全新的代表性購物商場。

地址： 東京都台東區上野 3-24-6
時間： 11:00am-11:00pm

INFO

食買百貨 MAP 12-1 B5

PARCO_ya 08

Metro 銀座線上野廣小路駅直達或
JR 御徒町駅南口步行 2 分鐘

PARCO_ya百貨有多達68間店舖，品牌取向較年輕，有KURA CHIKA by PORTER、日本最潮的帽子店CA4LA、生活雜貨店Idea Seventh Sense等，另外6樓的口福回廊更有很多美食名店，包括上野燒肉陽山道、利久牛舌、上野藪蕎麥麵、淺草銀鯱、金沢まいもん壽司、水果千層蛋糕HARBS等，一次過滿足大家。

地址： 東京都台東區上野 3-24-6
時間： 10:00am-8:00pm，6F 餐廳 11:00am-11:00pm
網頁： http://parcoya-ueno.parco.jp

INFO

淺草 晴空塔 秋葉原 上野 池袋 吉祥寺 自由之丘

池袋 Ikebukuro

交通策略

出發站	路線	目的地
JR原宿駅	JR 山手線 5分鐘 → JR新宿駅 → JR · 山手線 · 9分鐘 / JR · 埼京線 · 6分鐘	JR池袋駅
JR上野駅	JR · 山手線 · 17分鐘	JR池袋駅
東京駅	Metro · 丸之內線 · 17分鐘	JR池袋駅
涉谷駅	Metro · 副都心線 · 16分鐘 /JR · 埼京線 · 12分鐘	JR池袋駅

本區名物及推介景點

名牌集中地
西武

人氣吉士蘋果批
RINGO

室內遊樂園
Namja Town

24小時時裝店
Jeans Mate

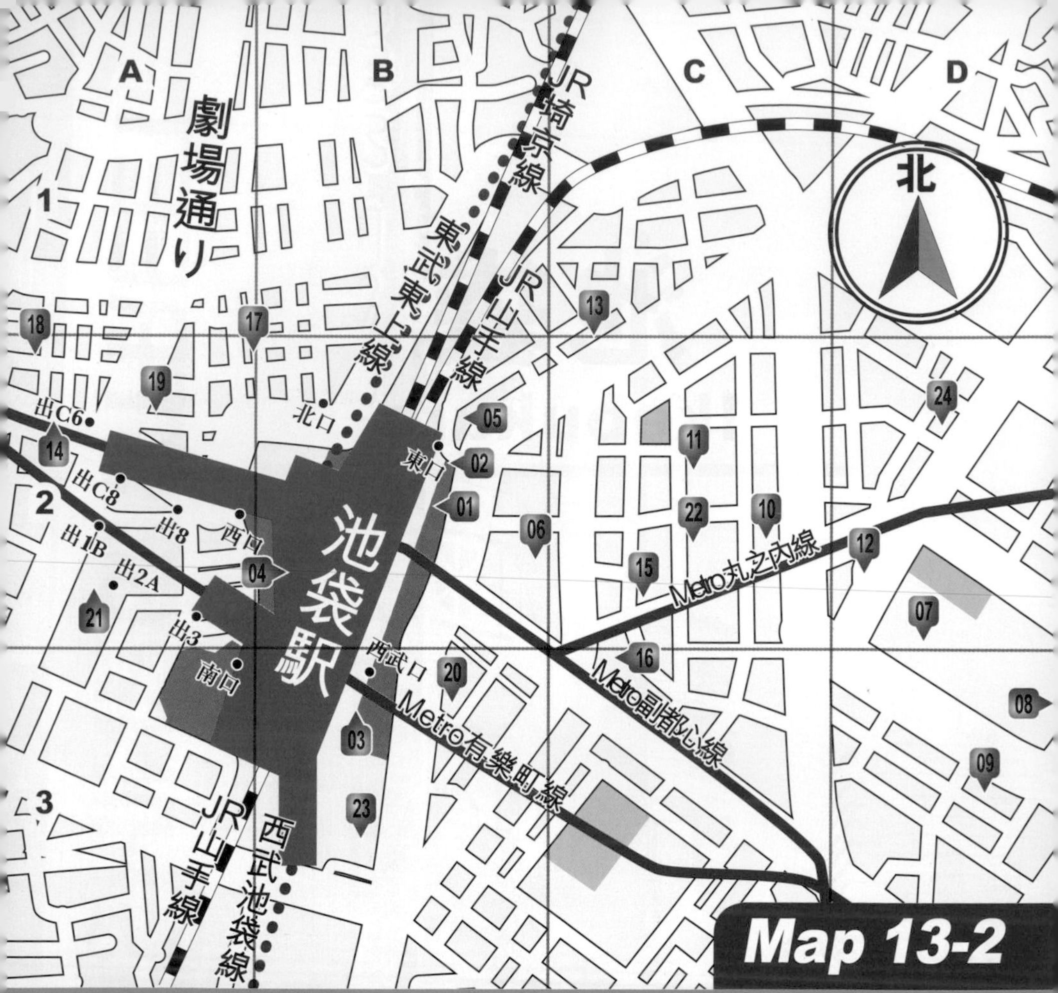

Map 13-2

池袋

01.Parco	13-3	13.一蘭	13-7
02.RINGO	13-3	14.Echika	13-8
03.西武	13-3	15.Game Adores	13-8
04.東武	13-3	16.Sanrio Gift Gate	13-9
05.Bic Camera	13-4	17.立寿司い 魚がし日本一	13-9
06.LABI 總本店	13-4	18.生粋	13-9
07.Sunshine City	13-5	19.Kamen Rider The Diner	13-10
08.Sunshine Aquarium	13-6	20.Can Do	13-10
09.西友超市	13-6	21.東京藝術劇場	13-10
10.ばかだん燒本舖	13-6	22.Jeans Mate	13-11
11.Animate 本店	13-7	23.無敵家	13-11
12.K Books	13-7	24.執事喫茶Swallowtail	13-11

Google Map 下載

潮流百貨
Parco

MAP 13-2 B2　01

JR 池袋駅東口直達

池袋東口的Parco分成兩部分，分別是和JR池袋駅東口連著的Parco本館，和比較靠近鐵道邊緣的P' Parco別館。本館有超過一百五十間商店及餐廳，多數是大家熟悉的品牌；別館P' Parco的店舖則是經常出現在non-no雜誌上的品牌，所以別館比較多年輕人光顧。

地址： 東京都豐島區南池袋 1-28-2
電話： 03-5391-8000
營業時間： 11:00am-9:00pm
網頁： https://ikebukuro.parco.jp
INFO

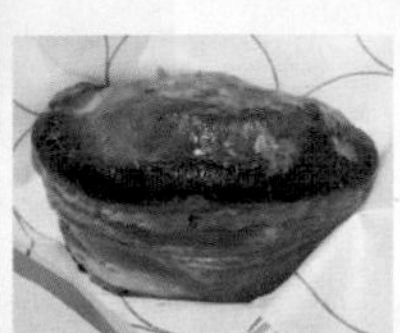

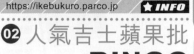

MAP 13-2 B2

02 人氣吉士蘋果批
RINGO

JR 池袋駅東口左轉，步行 1 分鐘

在BAKE半熟芝士撻熱潮鬧得熱哄哄之際，它的姊妹店Ringo又創造了一個甜品傳奇，就是吉士蘋果批。店內金黃色的蘋果批由人手即製，而且吉士用上北海道牛奶，出爐後就由店員逐個掃上糖漿，即場食用或用焗爐翻熱亦同樣好吃，每人限買四個，有時間排隊的話不妨一試！

地址： 東京都豐島區南池袋 1-28-2
池袋駅 1 樓
營業時間： 10:00am-9:00pm
網頁： http://ringo-applepie.com
INFO

名牌集中地
西武

03

MAP 13-2 B3

JR 池袋駅東口直達

西武百貨池袋總店除了一般的衫褲鞋襪，還引入特色品牌，如Yohji Yamamoto及CDG等進駐。除有知名的大品牌外，也有較為大眾化和年輕的生活雜貨店Loft，共佔了三層之多，由家居用品、手機配飾、文具、美容及健康雜貨樣樣齊，喜歡Loft風格的朋友不可錯過。

地址： 東京都豐島區南池袋 1-28-1
電話： 03-3981-0111
營業時間： 10:00am-9:00pm，星期日及假期至 8:00pm
網頁： www2.seibu.co.jp/ikebukuro
INFO

04 池袋另一龍頭
東武

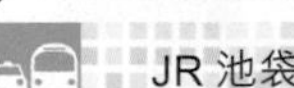
MAP 13-2 B2

JR 池袋駅西口直達

要分清東武、西武百貨的位置，只要記住他們各自在跟名字相反方向的車站出口：「西武百貨在東口，東武百貨在西口。」東武百貨主要針對家庭主婦和OL，店內多為國際知名品牌和日本高級女裝品牌。此外，東武也有自己的自營品牌商店，有些產品更是這裡的限定。而池袋店是關東最大的店，來到池袋不妨到此走一轉。

地址： 東京都豐島區西池袋 1-1-25
營業時間： 03-3981-2211
營業時間： 10:00am-8:00pm（假日不定）
網頁： www.tobu-dept.jp
INFO

池袋電器巨頭

MAP 13-2 B2

Bic Camera 05

JR 池袋駅東口步行1分鐘

★★★

從JR池袋東口走出來，就見到大大間的Bic Camera本店。Bic Camera在池袋有5間分店，其中3間最多遊客前往，分別是本店、outlet及電腦專館。近年Bic Camera推出以VISA或銀聯信用卡付款，遊客除了可即時滿額退稅餘，更額外再折扣。

Bic Camera不時都會推出優惠，圖為以VISA信用卡付款可額外多6%折扣。

outlet有多款產品特價發售

電腦館外牆設計有趣，有種電子產品都在掌握之中的意味。

OUTLET ★INFO
地址： 東京都豐島區東池袋 1-11-7
電話： 03-3590-1111
營業時間： 10:00am-9:00pm
交通： JR 池袋駅東口步行 2 分鐘

電腦專館 ★INFO
地址： 東京都豐島區東池袋 1-6-7
電話： 03-5956-1111
營業時間： 10:00am-9:00pm
交通： JR 池袋駅東口步行 1 分鐘

本店 ★INFO
地址： 東京都豐島區東池袋 1-41-5
電話： 03-5396-1111
營業時間： 10:00am-9:00pm
網頁： www.biccamera.co.jp

MAP 13-2 B2 06

家電總匯

LABI1 Life Select 池袋

JR 池袋駅東口步行 1 分鐘

LABI可說是日本電器店第三巨頭，走勢不比Yodobashi及Bic Camera弱，它的目標群是日本本土客人。不過LABI近年都在遊客區開分店。同樣是幾層高的電器店，有齊日本最新的電器產品，雖然沒有提供折扣給遊客，但有時精選的折扣貨品可能比其餘兩間電器店都便宜。

地址： 東京都豐島區東池袋 1-5-7
電話： 03-5958-7770
營業時間： 10:00am-9:00pm
網頁： www.yamadalabi.com ★INFO

有得食有得玩

MAP 13-2 B2

串家物語 6a

在LABI的餐廳樓層有一家相當人氣的餐廳—串家物語，不但是日本人喜歡的放題，更是「有得食有得玩」。客人可自行蘸炸漿即炸串物，以自助放題形式取食物，並有多款醬汁及冷熱食物。門口經常大排長龍，至少等半小時，可向店員登記留名，之後到LABI逛一會，店員會告訴你大約需要等多久。

這裡的食物款式相當多

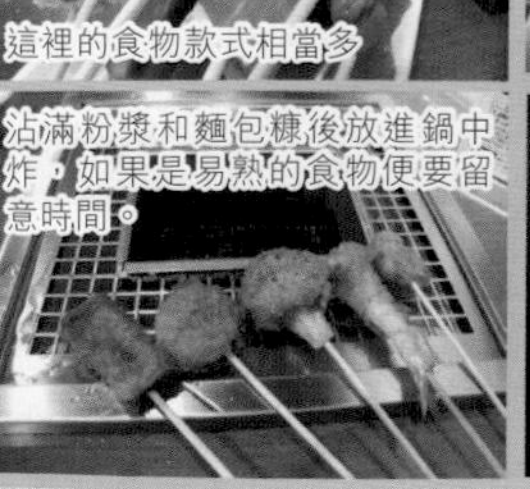
沾滿粉漿和麵包糠後放進鍋中炸，如果是易熟的食物便要留意時間。

客人可自取喜歡的食物，但不能浪費。

地址： LABI 7/F **電話：** 03-5953-2460 **營業時間：** 11:00am-10:00pm(L.O. 午餐 3:00pm、晚餐 9:30pm)
網頁： https://kushiyamonogatari-ikebukuro.owst.jp/
收費： 午餐 ¥1,980、星期六日及假日 ¥2200；晚餐 ¥3,080、星期六日及假日 ¥3300
（以上大小同價，限時 90 分鐘）
★INFO

綜合商場 MAP 13-2 D2

Sunshine City 07

JR 池袋駅東口，沿著 Sunshine 60 通步行 8 分鐘 / Metro 有樂町線東池袋駅步行 3 分鐘

Sunshine City為池袋一個重要的地標。日本人在假期時最喜歡一家大細到Sunshine City閒逛，這裡由Alpa購物中心、Orient博物館、Sunshine劇場、水族館等幾個區域組成，逛足半天也逛不完。另外，還可以到位於大廈頂樓的六十層展望台，飽覽東京360度美景。

地址： 東京都豐島區東池袋 3-1
電話： 03-3989-3331 **營業時間：** 10:00am-8:00pm
網頁： www.sunshinecity.co.jp

★INFO

餃子競技場

室內遊樂園

7a Namja Town

Namja Town是日本最大的主題公園，早在1996年開幕，集玩樂與飲食於一身，裝潢以日本昭和時期及歐美街景為題，場內有多個收費遊戲及「餃子競技場」和「福袋甜品橫丁」等主題區。此外，還有二十多種以貓為主題的室內遊戲，喜歡玩和吃的也不要錯過。園內有不同的主題風格，近年更加入J-World，吸引了不少年輕人。

參觀人士要買入場券，也即是儲值券。

位置： Sunshine City World Import Mart 2F
電話： 03-5950-0765
營業時間： 10:00am-10:00pm（最後入場 9:00pm）
網頁： www.namco.co.jp/tp/namja
收費： ¥800，各項遊戲另外收費；一日通行票 ¥3,500

★INFO

扭蛋扭到破紀錄 7b

扭蛋百貨（ガシャポンのデパート）

扭蛋可算是日本的國粹，而位於Sunshine City三樓的扭蛋百貨（ガシャポンのデパート），竟然坐擁3000台扭蛋機，隨時扭到你破產。扭蛋機禮物相當豐富，由動漫人物到療癒系動植物模型通通有齊。

扭蛋前可以先到網站看看不同扭蛋禮物的存貨。

地址： Sunshine City World Import Mart 3F
電話： 050-5835-2263 **營業時間：** 10:00am-10:00pm
網頁： https://bandainamco-am.co.jp/

★INFO

池袋 Ikebukuro

都內人氣水族館 08 MAP 13-2 D3

Sunshine Aquarium

JR 池袋駅東口，沿著 Sunshine 60 通步行 8 分鐘 /Metro 有樂町線東池袋駅步行 3 分鐘

★★★

1978年開館的Sunshine Aquarium，是日本首個都市型的水族館，館內集結了來自世界各地約750種的生物，海陸空混合展示，還設有日本首個「水母隧道」，非常受小朋友歡迎。水族館以「天空的綠洲」為設計概念，分成室內與室外兩大展示區，在這裡不僅可看到超過3萬隻海洋生物，還有定時定候的可愛動物表演活動。

地址： Sunshine City World Import Mart 大樓屋頂 **營業時間：** 10:00am-6:00pm
費用： 成人¥2,400、中小學生¥1,200、4 歲或以上兒童¥700、65 歲或以上長者¥1,700，未滿 4 歲者可免費入場
網頁： www.sunshinecity.co.jp/aquarium

INFO

超級抵買 MAP 13-2 D3

西友超市 09

JR 池袋駅東口步行 15 分鐘 / Metro 有樂町線東池袋駅 2 號出口步行 3 分鐘

在東京鬧市找平民超市不容易，但如果你在池袋離開了遊客區，可以找到這間兩層高的超市。地下賣新鮮蔬果、飲品、刺身、熟食和生活常用的東西。二樓則集中售零食、化妝品、清潔用品等等，不過這裡只有地下才是24小時營業，可以最後一站才在這層掃貨。

西友超市有賣便宜的魚生

這裡的水果不貴，款式比百貨公司底層的超市更多。

地址： 東京都豐島區東池袋 4-27-10
電話： 03-3989-4300
營業時間： 24 小時
網頁： www.seiyu.co.jp

INFO

MAP 13-2 C2 大大粒章魚燒

10 ばかだん燒本舗

巨型章魚燒，每份¥390-490。

JR 池袋駅東口步行 8 分鐘，在 Tokyu Hands 對面

章魚燒可能你已經吃過很多次，巨型章魚燒又吃過沒有？ばかだん燒本舗把章魚燒做成巨型版，號稱「爆彈燒」，每個直徑8cm，重200克，並且提供十款口味，裡面以章魚與麵粉混製，表層鋪滿不同口味的材料，吃下去有雙重口感。還要配上大量的醬汁、沙律醬和木魚碎，十分受年輕人的歡迎。

地址： 東京都豐島區東池袋 1-29 サントロペビル 1F
電話： 080-4802-8296
營業時間： 11:00am-9:00pm
網頁： http://www.bakudanyakihonpo.co.jp/

INFO

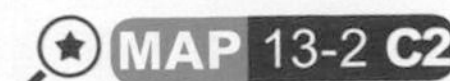

動漫迷天堂
Animate 本店

11

JR 池袋駅步行 10 分鐘 / 東京 Metro 東池袋駅步行 3 分鐘

除了秋葉原，池袋的Animate本店堪稱是最大的動漫周邊商品店，樓高8層，每一層都是不同的主題商品，例如漫畫、動畫周邊、DVD、CD、模型、雜誌、海報、Cosplay產品、同人本等，各種動漫迷必看必買的貨品都一應俱全，不時更有限定的商品販售，或是有作家的活動等，引來一眾書迷大排長龍，場面非常熱鬧。

地址： 豐島區東池袋 1-20-7d
電話： 03-3988-1351
營業時間： 10:00am-9:00pm
網頁： www.animate.co.jp

★INFO

K Books在池袋有幾間不同主題的分店

MAP 13-2 D2

大型二手漫畫
K Books

12

JR 池袋駅東口步行 10 分鐘 /Metro 有樂町線東池袋駅 2 號出口步行 4 分鐘

除了二手動漫，還有大量的二手遊戲光碟。

K Books本來是二手漫畫書店，後來發展到有二手動漫產品出售。他們還有專為女動漫迷而設的商品，加上不時有充滿話題性的音樂劇產品，所以吸引不少粉絲光顧。K Books也有一系列Cosplay的服飾及周邊商品，喜歡Cosplay的朋友一定要來這裡看看。

地址： 東京都豐島區東池袋 3-2-4 コーケンプラザ 1-2F
電話： 03-3985-5456
營業時間： 12:00am-8:00pm，星期六日及假日 11:30am 開始
網頁： www.k-books.co.jp

★INFO

博多拉麵店

13

一蘭

MAP 13-2 C1

JR 池袋駅東口步行 3 分鐘

一蘭池袋店位置較隱蔽，而且獨立座位的關係，大部分食客都是附近的上班族，所以比起新宿店的排隊時間相對較少。一蘭最特別處是可以自選拉麵的軟硬度、湯的濃淡等等，湯底是博多系的豬骨湯，把豬骨煮得溶入湯頭中，充滿骨膠原。

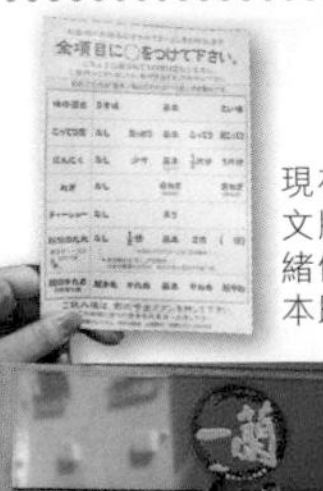

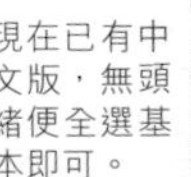

現在已有中文版，無頭緒便全選基本即可。

日本的一蘭跟香港的有點不同，如果你是拉麵遊，來到日本還是要試一次。

地址： 東京都豐島區東池袋 1-39-11（Sunny Side 大廈）サニーサイドビル 102
電話： 03-3989-0871
營業時間： 24 小時
網頁： www.ichiran.co.jp

★INFO

池袋 Ikebukuro

淺草 晴空塔 秋葉原 上野 池袋 吉祥寺 自由之丘

副都心線地下街 Echika

14 MAP 13-2 A2

JR 池袋駅西口 /Metro 副都心線池袋駅 C1-C8 出口

★★★

2009年Echika在池袋地下街開幕，四個小區共40間商鋪，集餐廳和購物於一身，多個本土人氣品牌和知名的連鎖也進駐此地。這條地下街以巴黎街道為主題，裝飾充滿歐陸風味。如果遇上下雨天，這裡也是個不錯的購物點。

INFO
地址： 東京都豐島區西池袋 3-28-14
營業時間： 7:30am-11:00pm（因店舖而異）
網頁： https://www.echika-echikafit.com/

排隊壽司店 立喰美登利

14a

美登利在日本非常出名，因為他們的海產也是由築地直送。除了食材質素有保證，價錢也平易近人，每件壽司都由經驗豐富的師傅手握出來。但注意池袋這間分店屬立食店，是一間方便上班族的分店，但每天仍然吸引很多遊客慕名前來。不想等位的話，門口也有外賣盤出售，品質不差，可以買回酒店慢慢享用。

13件壽司只賣¥1,500，平均每件¥115，還有海膽軍艦。

一間高質素的立食壽司店，在日本少見。

不時推出限定壽司

INFO
地址： Echika 池袋內
電話： 03-3984-0075
營業時間： 10:30am-9:00pm
網頁： www.sushinomidori.co.jp

夾公仔 Game Adores

MAP 13-2 C2 15

JR 池袋駅東口步行 5 分鐘

Game Adores樓高三層，有夾公仔也有遊戲機，因為公仔機款式非常多，所以很多人到來專門玩夾公仔。你可以選擇自己喜歡的機去夾，獎品多是近期的人氣動漫角色。

夾公仔已成為來東京不可不玩的娛樂。

INFO
地址： 東京都豐島區東池袋 1-14-4 シネマサンシャイン 1-3F
電話： 03-3971-9601
營業時間： 10:00am-11:45pm
網頁： www.adores.jp

Sanrio迷最愛 MAP 13-2 C3

Sanrio Gift Gate 16

JR 池袋駅東口步行 5 分鐘

Sanrio專門店不單止有齊Sanrio旗下所有角色的產品，更有不少Hello Kitty、Melody、Little Twin Star等限定商品，款式既齊又新。整間商店樓高兩層，布置成皇宮一樣，產品十分多。店裡更有退稅服務，不妨來這裡掃貨。

Hello Kitty和Melody的即食紫菜

這裡不只以小朋友為對象，大人的產品也相當多。

地址： 東京都豐島區東池袋 1-12-10 INFO
電話： 03-3985-6363
營業時間： 11:00am-8:00pm
網頁： https://stores.sanrio.co.jp/4431100

MAP 13-2 A2 17 立食壽司

立喰寿司い 魚がし日本一

JR 池袋駅西口步行 5 分鐘

立食是日本獨特的速食文化，由快餐演變而成，為了方便上班族午飯時間可以迅速用餐，魚がし日本一在池袋很有人氣，分店不止一間。除了價錢便宜外，每一件壽司都由師傅即時手握出來，絕不利用機器。每位客人點每款都要由兩件起，不可只點一件。

店內都是老師傅，客人點菜時馬上握出壽司，跟傳統壽司店一樣。

¥75一件的壽司款式最多，三文魚也在¥75之列。

在池袋東口對面也有一間分店

不懂説日語的人，可以手指指凍櫃入面的刺身給師傅知道，上面已標價錢。

這裡有不少香港難以吃到的壽司。

師傅會把握好的壽司放到一塊葉上，待客人吃完再放第二份。

地址： 東京都豐島區東池袋 1-35-1 INFO
電話： 03-5928-1197
營業時間： 11:00am-11:00pm
網頁： https://www.susinippan.co.jp/locations/

魚湯拉麵 18

生粋 MAP 13-2 A2

JR 池袋駅西口步行 5 分鐘

採用特別的秋刀魚魚湯做湯底，吃起來份外鮮甜。湯底可選擇鹽味或醬油味，鹽味更能吃出湯底的層次，但喜歡濃味的朋友，醬油味也不錯。叉燒在上桌前微微燒過，食物很多時未到關門時間便已賣完。

想惹味一點，可加些他們秘製的辣椒粉和蒜片。

先購券後入場，是日本拉麵店的慣常做法。

地址： 東京都豐島區池袋 2-12-1 大晃第二ビル 1F
電話： 03-5396-7098
營業時間： 11:30am-14:45pm、5:30pm-9:45pm，星期六日及假日 11:30am-15:30pm、5:00pm-8:30pm，星期二休息 INFO

全日本第一間 MAP 13-2 A2 19

Kamen Rider The Diner

JR 池袋駅西口步行 2 分鐘 /
Metro 副都心線池袋駅 C6 出口即見

★★★

餐廳以幪面超人一號的場景為主，還有阿修卡的寶座，你也可以一嘗做大首領的滋味。食物方面自然少不了以幪面超人作造型，而且餐單更會定期更換，保證每次來都有驚喜。餐廳內展出一些珍貴的幪面超人模型，甚至1:1電單車，粉絲們來到一定不捨得離去。

菜式不時更換，其中大部分以幪面超人造型為主。

粉絲們，很想要吧？

你也可試試做大首領

水吧布置很有心思

每位客人都能獲得限定版隨機杯墊

這裡展示了不少珍藏展品

地址： 東京都豐島區西池袋 1-21-9 パセラリゾーツ池袋本店 4 階
電話： 03-5953-3230
營業時間： 12:00am-9:00pm，星期六日及公眾假期 11:00am-10:00pm
網頁： www.paselabo.tv/rider

INFO

￥100店尋寶 MAP 13-2 B3 20

Can Do

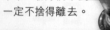

JR 池袋駅東口步行 1 分鐘

Can Do是日本另一個￥100連鎖店，跟其他￥100一樣，有自己設計的商品，也有從不同公司搜羅價廉物美的生活百貨。這裡面積不算十分大，樓高兩層，但密密麻麻的貨架放滿了生活所需品，相當齊全。店裡的貨品走年輕人路線，放學時間有很多學生會前來購物。

地址： 東京都豐島區南池袋 1-22-2F LCビル 1-2 階
電話： 03-5952-5355
營業時間： 10:00am-10:00pm
網頁： www.cando-web.co.jp

INFO

池袋文化地 MAP 13-2 A2 21

東京藝術劇場

JR 池袋駅西口步行 2 分鐘

東京藝術劇場有四個表演廳，最大一個表演廳可容納2,000人，裡面有全球首部雙面迴轉式管風琴，吸引很多知名的藝術團體前來，有時更會舉行舞台劇，就算未遇上你喜歡的表演，過來吸收一下藝術氣息也不錯。

地址： 東京都豐島區西池袋 1-8-1
電話： 03-5391-2111 **營業時間：** 視乎各項表演而定
網頁： www.geigeki.jp

INFO

晚飯後Shopping

MAP 13-2 C2

Jeans Mate 22

JR 池袋駅西口步行 4 分鐘

池袋稱得上名副其實不夜城，除了有24小時超市和驚安之殿堂外，還有營業至深宵11點的服裝店，方便你晚飯後還可以買衫。Jeans Mate共佔兩層，由衫、褲、鞋、襪、袋樣樣齊全，而且不少都是人氣品牌，價格有可能比外面還要便宜。

裡面不及外面精彩，很多減價貨都放在外面。

近年大人氣的吉祥物Kumamon，這裡也有售賣它的tote bag。

地址： 東京都豐島區西池袋 1-21-11 オーク池袋ビル 1F
電話： 03-3988-0612
營業時間： 9:00am-11:00pm
網頁： http://estore.jeansmate.co.jp

INFO

23

排隊拉麵店

MAP 13-2 B3

無敵家

JR 池袋駅東口步行 6 分鐘

無敵家每天由開門到打烊，都是大排長龍，名氣還紅到國外。店裡用的是傳統豬骨湯底，配合桌上的蒜頭，想啖湯鮮甜一點可加少少魚介粉。叉燒更用上八角去醃製，份外惹味，點拉麵時一定要點溏心蛋，這裡用秘製醬油和岩鹽煮成，再用煙燻，吃起來層次感很強。

地址： 東京都豐島區南池袋 1-17-1 **電話：** 03-3982-7656
營業時間： 10:30am-3:00am（1 月 1 日至 3 日休息）
網頁： www.mutekiya.com

INFO

執事喫茶

MAP 13-2 D2

Swallowtail 24

JR 池袋駅東口步行 10 分鐘

日本的宅男會光顧女僕Cafē，少女們卻選擇光顧執事cafe滿足成為千金小姐的夢想。執事喫茶Swallowtail室內布置令人有如置身維多利亞時代的豪宅，彬彬有禮的執事，為每位小姐們提供貼心服務。餐點方面也絕不馬虎，紅茶不但有數十款，水準更獲日本紅茶協會認可，更以名牌茶具奉上，任何細節都一絲不苟。

地址： 東京都豐島區東池袋 3-12-12 正和ビル
電話： 03-5957-1555
營業時間： 10:30am-9:15pm
網頁： https://www.butlers-cafe.jp/

INFO

吉祥寺
Kichijoji

交通策略

- JR東京駅 → JR新宿駅：JR · 中央線 快速 · 16分鐘
- JR新宿駅 → JR吉祥寺駅：JR · 中央線 快速 · 15分鐘
- JR吉祥寺駅 → JR三鷹駅：JR · 中央線 快速 · 2分鐘
- JR池袋駅 → JR新宿駅：JR · 埼京線 · 6分鐘
- 渋谷駅 → 下北沢駅：京王 · 井之頭線 · 4分鐘
- 下北沢駅 → JR吉祥寺駅：京王 · 井之頭線 · 12分鐘

本區名物及推介景點

宮崎駿迷必到
三鷹之森
ジブリ美術館

炸松阪牛肉球
Satou

地道居酒屋
いせや總本店

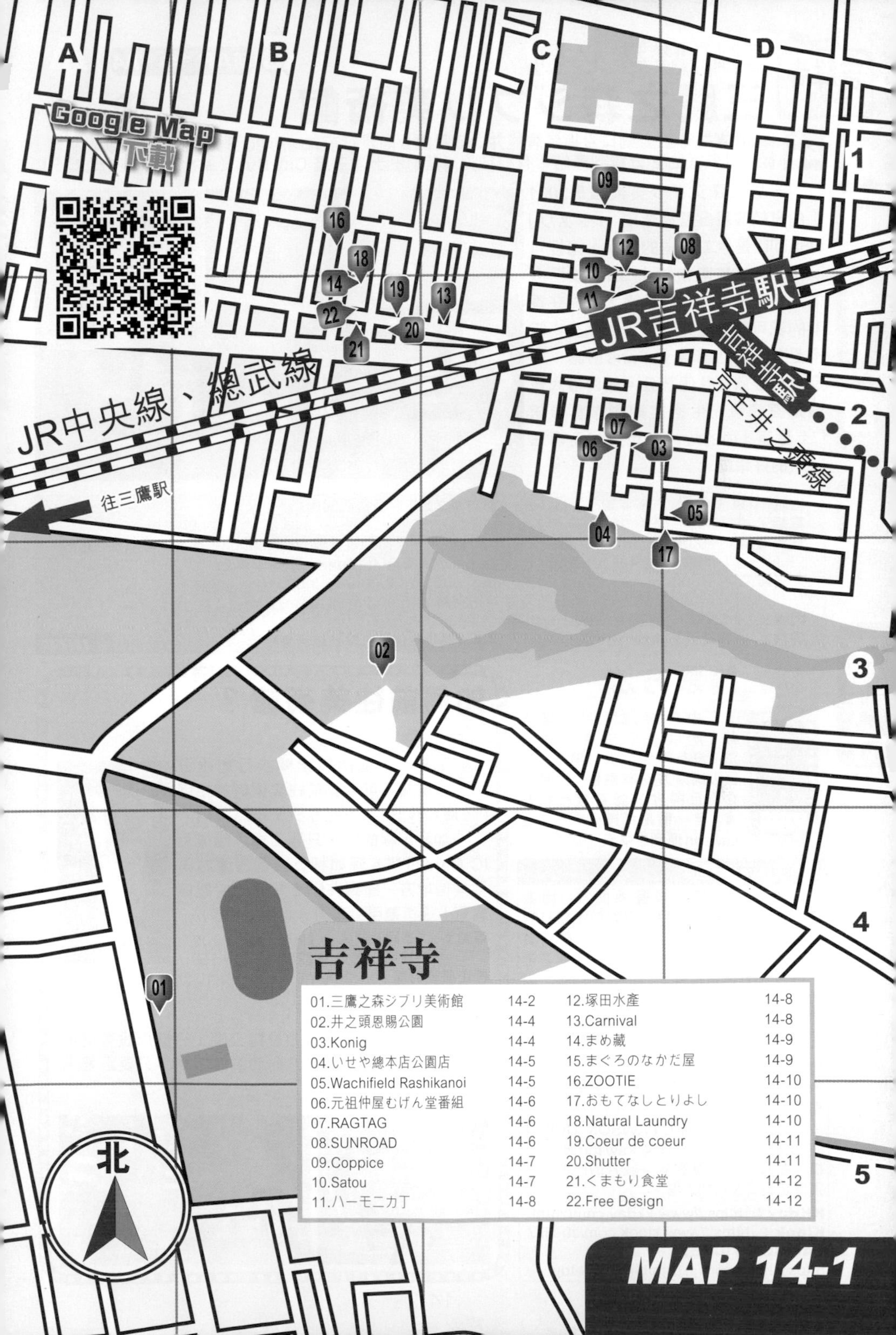
A
B
C
D
1
2
3
4
5
Google Map
下載
JR吉祥寺駅
吉祥寺駅
京王井之頭線
JR中央線、總武線
往三鷹駅
北
吉祥寺
01.三鷹之森ジブリ美術館 14-2
02.井之頭恩賜公園 14-4
03.Konig 14-4
04.いせや總本店公園店 14-5
05.Wachifield Rashikanoi 14-5
06.元祖仲屋むげん堂番組 14-6
07.RAGTAG 14-6
08.SUNROAD 14-6
09.Coppice 14-7
10.Satou 14-7
11.ハーモニカ丁 14-8
12.塚田水產 14-8
13.Carnival 14-8
14.まめ藏 14-9
15.まぐろのなかだ屋 14-9
16.ZOOTIE 14-10
17.おもてなしとりよし 14-10
18.Natural Laundry 14-10
19.Coeur de coeur 14-11
20.Shutter 14-11
21.くまもり食堂 14-12
22.Free Design 14-12
MAP 14-1

宮崎駿迷必到
三鷹之森ジブリ美術館

MAP 14-1 A4

01

從 JR 吉祥寺駅公園口沿指示牌經井之頭恩賜公園步行前往，約 20 分鐘或於 JR 三鷹駅下車，從南口步行約 2 分鐘到車站，有前往美術館的巴士「三鷹 City Bus（みたかシティバス）」

★★★

三鷹之森ジブリ美術館是2001年由宮崎駿親自監督建成，「ジブリ」(Ghibli) 是他工作室的名稱，這裡可說是「宮崎駿博物館」。由開設至今依然每天爆滿，故此建議大家先在香港的認可旅行社先購票。雖然美術館不是很大，但如果是Fans的話，一定會細心欣賞各個部分。館內最大賣點是宮崎峻先生不定期創作影像館「土星座」內的短片，也是一而再三前來的好藉口。

地址： 東京都三鷹市下連雀一丁目 1-83（都立井之頭恩賜公園西園內）
電話： 0570-05-5777 / 0570-00-0777
營業時間： 10:00am-5:00pm(最後入場為 3:00pm)，星期六日及假日至 7:00pm(最後入場為 5:00pm)，夏季特別期間 10:00am-6:00pm(最後入場為 4:00pm)，星期二休息
入場時間： 10:00am、11:00am、12:00nn、1:00pm、2:00pm、3:00pm、4:00(星期六日、假日及夏季特別期間)、5:00pm(星期六日及假日)
門票： ¥1,000 **網頁：** www.ghibli-museum.jp
備註： 美術館還有其他不定期的休館日，建議於編排行程前致電日航天地查詢。

★INFO

購票方法

由於館方限制入場人數，所以採取預售門票方法，沒有即場發售入場券。外國人購票方法有兩種，一種是在自己國家的認可旅行社購買，另一種是抵達東京後，在Lawson便利店購票。

日本 Lawson 購票

在Lawson購票較香港便宜，因為直接收取日圓門票費用，但對於不諳日語的人來說是十分困難的，因為不是所有Lawson都有英文版的售票機。加上館方會在每月10日開始預售下一個月的門票，因此，外國人是比日本人較難購得門票。

香港購票

可在KKday和Klook購票，外國人的門票是不限制入場時段（在當地要選定入場的時段，一天分成四段），不過就要選定入場的日子。

另外現在也可在LAWSON TICKET網上購買，但跟在日本Lawson購票一樣，在每月10日發售下一個月的門票，並須選定日子及時間入場。

KKday： https://www.kkday.com/zh-hk
Klook： https://www.klook.com/zh-HK/
LAWSON TICKET：
https://l-tike.com/st1/ghibli-en/sitetop

如何前往美術館？

三鷹駅發

下車後，從南口出閘步行約兩分鐘，在車站就可看到前往美術館的招牌「三鷹 City Bus（みたかシティバス）」。

如乘單程的話，只要上車入錢或用IC Card付費。假如打算回到三鷹站再到其他地方，建議在巴士站旁的售票機購買「往復割引乘車券」（來回車票）。

車費： （單程）成人 ¥210，小童 ¥100；
（來回）成人 ¥320，小童 ¥150
巴士服務時間： 7:20am-8:00pm，每 10 分鐘一班

吉祥寺駅發

於公園口前往井之頭恩賜公園，公園內設有指示牌，告訴你往美術館的方向和剩餘距離，只要跟著走便可以了。

館內注目部分

展館內最重點的部分，就是這個介紹宮崎駿動畫製作過程的展館，館內展示他的「Dream Studio」，從起稿、故事內容的創作、上色、配樂等等，都一一呈現在大家眼前，讓大家了解到製作一套動畫的工作有多艱巨。

這裡也呈現了宮崎駿的理想工作室模樣

宮崎駿有參與整個展館的設計，當中花了不少心思，遊客除了看展品，裝潢也是值得留意的地方。

在館內不時會發現一些動畫場景或相關物件

館內有大量手稿複製品，供參觀者細閱。

這裡的手稿雖然有些是複製品，但為了讓參觀人士看得更逼真，全部都沒加以特別保護，參觀者切忌做出破壞行為。

電影的後期製作

離開了畫圖的展館，來到電影後製的部分，這裡展示出從古到今的動畫製作方法，也有一些模擬展品，可以讓手癢癢的人互動。

貓巴士

貓巴士你一定不會陌生，館內將貓巴士製造出來，讓小朋友能夠真正登上這架巴士。這個地方叫「貓巴士廣場」，小朋友進入前記得要脫鞋，而且是不能拍照的。

「天空之城」守護兵

全館唯一可拍照的地方，就是屋頂的庭園，這裡有個4米高的「天空之城」守護兵，也是令人駐足最久的地方。如果要跟守護兵合照，大家要守秩序排隊。

Ghibli Museum Café

這裡的Café相當受歡迎，就在館外庭園的位置，堂食部分開門不久便告爆滿，不過也可以到旁邊的小賣亭買輕食如雪糕、飲品等。

心思全在細節中

館內有不少花心思的細節，是宮崎駿和他的設計團隊心思設計，如水龍頭和周圍細微處的布置，也是參觀這裡的樂趣。

離開前記得買手信

手信店中的八成商品都是館內限定，和外面吉卜力精品店所賣的不一樣，離開前別忘記買手信！

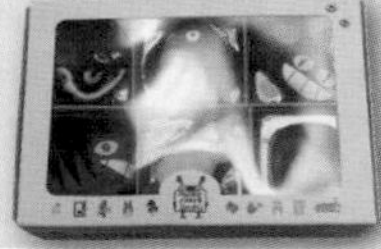

假日好去處 MAP 14-1 B3

井之頭恩賜公園 02

JR 吉祥寺駅公園口步行約 10 分鐘

★★★

井之頭恩賜公園於1917年正式啟用，同時吉祥寺被選為「最理想的居住地」，由此看來公園功不可沒。這裡是個賞櫻勝地，春天時櫻花樹開得非常燦爛，秋天的紅葉也毫不遜色，是一年四季都可遊覽的好地方。曾經有很多日劇在此取景，星期六、日更有熱鬧的跳蚤市場，表現出相當豐富的文化氣息。

整個公園面積三十八萬多平方米，種植樹木達兩萬棵，是個散步的好地方。

春天櫻花盛開，假日裡大家都很喜歡租一艘天鵝船在湖上游弋。

地址： 東京都武藏野市御殿山 1-18-31
營業時間： 24 小時
網頁： www.kensetsu.metro.tokyo.jp/seibuk/inokashira/index.html

★ INFO

井之頭池中有一弁天財神社，池中養了上千條大鯉魚。

這裡有個地方叫「お茶之水」，相傳德川家康很愛用這裡的水泡茶。

這裡供奉的是女神仙，聽說如果情侶和夫婦前來拜祭，女神會妒忌。

至今天，這裡的水已經不能飲用了。

自家製德國香腸 03

Konig MAP 14-1 C2

JR 吉祥寺駅公園口步行 4 分鐘

這裡的師傅曾經在德國接受訓練，利用埼玉縣的優質肉，製成自家的德國風味香腸。這裡有超過三十款不同的德國香腸，不少人喜歡買一份香腸或熱狗，然後邊吃邊漫步井之頭恩賜公園。

地址： 東京都武藏野市吉祥寺南町 1-17-1
電話： 04-2249-4186
營業時間： 星期一至五 1:00pm-8:00pm
收費： ￥400 起

★ INFO

地道居酒屋

MAP 14-1 C2

いせや總本店公園店 04

JR 吉祥寺駅公園口步行約 7 分鐘

いせや（伊勢屋）是吉祥寺的居酒屋老店，於1928年創立，至今已超過八十年的歷史。這裡的串燒價錢非常便宜，大部分都只售￥100一串，很多附近的街坊會來買外賣回家。午餐時間人較多，建議於12時左右前來。另總本店也在附近，人多時不妨試試去總本店惠顧，比較容易有位。

推薦食物		
ミックス焼き鳥（四本）（レバ、ハツ、ひたどり、シロ）	MIX鳥串燒四串（肝、心、雞肉、腸）	￥400
つくね	雞肉丸	￥100
ねぎ	日本蔥	￥100
鳥皮	雞皮	￥100
とうもろこし	粟米	￥300
冷奴	凍豆腐	￥300
ウーロン茶	烏龍茶	￥200

懷舊味十足的烏龍茶，￥200。

公園店的舊模樣，至今仍保留這裡用作外賣處。

總本店曾經翻新，現時兩店已沒有昔日地道的感覺，惟食物味道依然。

沒頭緒可先點一人一份MIX鳥串燒（ミックス焼き鳥），由廚師為客人選四串燒物。

用炭火燒的粟米，保留水分，咬下去一點也不乾。

總本店公園店

地址： 東京都武藏野市吉祥寺南町 1-15-8
電話： 04-2243-2806
營業時間： 12:00nn-10:00pm（Last Order 9:30pm），星期一休息（如遇假期則改翌日休息）
收費： ￥1,000 起
網頁： www.iseya-kichijoji.jp

總本店

地址： 東京都武藏野市御殿山 1-2-1
電話： 04-2247-1008
營業時間： 12:00nn-10:00pm（Last Order 9:30pm），星期二休息（如遇假期則改翌日休息）
交通： 從 JR 吉祥寺駅公園口步行約 7 分鐘
收費： ￥1,000 起

INFO

MAP 14-1 D2

05 貓奴必到

Wachifield Rashikanoi

JR 吉祥寺　公園口步行 6 分鐘

Wachifield這個名字是池田晶子小姐的筆名，後來也成為她工作室的名稱。作者池田小姐本人就是出生於吉祥寺，所以也在這裡設店。Wachifield的精品在日本相當受歡迎，而Dayan達洋貓就是她筆下最人氣的角色，牠與動物朋友每天踏上的奇幻之旅，是池田小姐旅居歐洲時所見所聞，因此故事充滿神話和傳說。

地址： 東京都武藏野市吉祥寺南町 1-17-9 メゾンブランカ A1
電話： 04-2240-5524　**營業時間：** 12:00nn-7:00pm，星期二休息
網頁： www.wachi.co.jp

INFO

外國進口雜貨店 MAP 14-1 C2 06

元祖仲屋むげん堂弐番組

JR 吉祥寺駅公園口步行 3 分鐘

元祖仲屋むげん堂弐番組是間平民百貨店，有衣服、飾物和家居用品，分別來自印度、尼泊爾、西藏等地。店中更有入口印度的小食和大量東南亞地區的精品，款式特別之餘價錢非常大眾化，誰說東京只有貴東西，願意花一點時間便可找到。

可愛又特別的小圓櫈，¥2,800。

門口地下的小箱子中，分分鐘會揀到便宜貨。

地址： 東京都武藏野市吉祥寺南町 1-15-14
電話： 04-2247-3334
營業時間： 11:30pm-7:45pm
INFO

名牌古著店 MAP 14-1 C2 07

RAGTAG

JR 吉祥寺駅公園口步行 2 分鐘

RAGTAG 以售賣名牌為主，最特別的地方，是他們的貨品都很整潔，不會有已經用得很殘舊但還是賣得很貴的名牌手袋，店裡商品價錢相當合理。各款名牌袋數量不少，外觀簇新，隨貨品還有8天購物保證，喜愛名牌又不介意二手貨，會是個很好的選擇。

地址： 東京都武藏野市吉祥寺南町 1-8-6
電話： 04-2270-5850
營業時間： 11:00am-8:00pm，12 月 31 日至 1 月 1 日休息
網頁： www.ragtag.jp
INFO

商店街 MAP 14-1 D1 08

SUNROAD

JR 吉祥寺駅北口步行 3 分鐘

Sunroad於1971年建成，位於吉祥寺駅的北口，最初名為「吉祥寺駅北口商店街」，到80年代末期才改名為「Sunroad」。近年再大規模翻新，主打平民市場。這裡有很多人熟悉的ABC-Mart、元祖壽司、CoCo壱番屋、一蘭等等，也有不少地道小店，是吉祥寺人日常常去的地方。

地址： 東京都武藏野市吉祥寺 ダイヤ商店街
電話： 04-2222-6030　營業時間： 視乎各店而定
網頁： http://sun-road.or.jp
INFO

主打童裝 MAP 14-1 C1

Coppice 09

JR 吉祥寺駅北口步行 3 分鐘

Coppice集合了生活用品、服裝、精品及各國餐廳，分成A、B兩館，以童裝佔最多。當中A館七樓是武藏野市立吉祥寺美術館；三樓則集合了許多和兒童、嬰兒有關的產品。家長可帶小朋友在Mum Kids Terrace一個小小的戶外空間Kids Space小憩，是東京少有集中買童裝的地方。

地址： 東京都武藏野市吉祥寺本町 1-11-5
電話： 04-2227-2100
營業時間： 10:00am-9:00pm

INFO

10 ￥270吃松阪牛 MAP 14-1 C1

Satou

JR 吉祥寺駅北口步行 2 分鐘

在香港吃一口和牛至少要幾百元，但你只要到吉祥寺付出僅￥270，折合不用港幣20元。不單吃到新鮮炸牛肉球，還是百分百的和牛。Satou每天都有人龍在門外排隊，為的就是買到這裡的炸松阪牛肉球。如果有時間坐下來，可到二樓餐廳，一份最便宜的午餐黑毛和牛定食￥2,000起，視乎牛的大小而定。

這裡的人龍每天如此，至少要排上15分鐘。

© Richard@Flickr
炸松阪牛肉球，每個￥270。

午餐和晚餐都能吃到平價和牛，只是午餐￥2,000起及晚餐￥3,000起。

地址： 東京都武藏野市吉祥寺本町 1-1-8
電話： 04-2222-3130
營業時間： 9:00am-8:00pm
（炸牛肉球於 10:00am 開始售賣）
收費： ￥220 起
網頁： www.shop-satou.com

INFO

松阪牛日本三大和牛之一

日本的三大和牛分別是神戶牛、米澤牛和松阪牛。不過神戶牛和松阪牛都是源出於但馬牛，所以，在日本國內松阪牛的知名度絕不遜於神戶牛，甚至地位更高。日本對於飼養和牛有嚴格規定，最上等級別以A5、A4、B5和B4可獲認為神戶牛及松阪牛。

小店一條街 ハーモニカ横丁

MAP 14-1 C1 ⑪

JR 吉祥寺駅北口步行 3 分鐘

ハーモニカ横丁中的「ハーモニカ」是口琴的意思，因巷子小店的排氣孔密密麻麻，而有此名稱。這條小巷是二次世界大戰後興起的商店街，聚集了過百間食店、雜貨店等，晚上亦有些居酒屋營業，非常有氣氛。

地址： 東京都武藏野市吉祥寺本町 1-1-4
營業時間： 視乎各店而定
INFO

得獎魚蛋 塚田水產

⑫ MAP 14-1 C1

JR 吉祥寺駅北口步行 3 分鐘

日本人的「蒲鉾」即是魚蛋，也是日本家庭的必備餸菜。這裡的魚蛋曾獲日本「農林水產大臣賞」和「都知事受賞」，魚由靜岡縣浜名湖直送，在店內即造即炸，很多人都會等有新鮮炸起才買。遊客的話，可買幾款回酒店享用。

地址： 東京都武藏野市吉祥寺本町 1-1-8
電話： 04-2222-4829
營業時間： 10:00am-6:30pm
網頁： https://tsukada-satsuma.com/
INFO

除了傳統魚蛋，還有其他款式。

舶來品超市 Carnival

MAP 14-1 C2 ⑬

JR 吉祥寺駅北口步行 4 分鐘

Carnival專賣舶來品，即是外國貨，主打家品和食品類，店面裝飾得很活潑，遠看還以為在賣精品，但你在此可找到很多從外國入口的食品、食材及副產品，門口擺放的是特別品，分分鐘揀到便宜貨。這裡的外國貨很多在香港都不易買到，咖啡的產品也多，喜歡逛超市的人，來到吉祥寺一定不要錯過。

除了外國貨，也有日本貨賣，其中以調味料居多。

原條肉桂，日本的咖啡店常用來沖調咖啡。

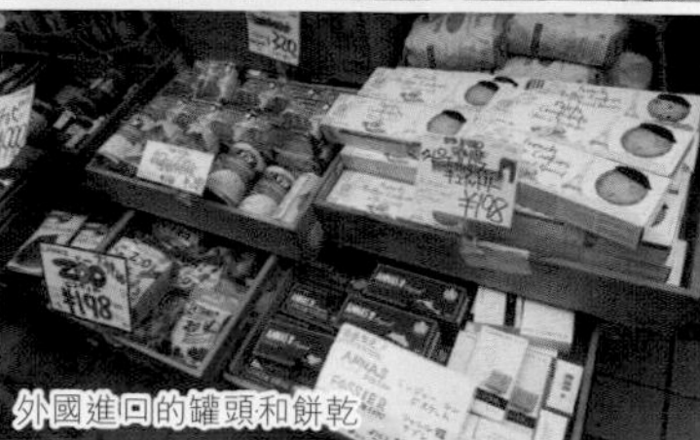
外國進口的罐頭和餅乾

地址： 東京都武藏野市吉祥寺本町 2-10-12
電話： 04-2222-3302
營業時間： 10:30am-9:00pm
網頁： www.liberty-feel.co.jp
INFO

歐風咖喱

まめ蔵

MAP 14-1 B2 ⑭

JR 吉祥寺駅北口步行 8 分鐘

餐廳於1978年開業，至今仍然為吉祥寺的人服務。老闆南椌椌是位韓日混血兒，在日本土生土長。他以咖喱與咖啡為主題，店內擺放著很多老闆的繪本作品，給予客人家的感覺，能夠悠閒地在這裡用膳。他烹調的咖喱是歐洲風，帶一點辛辣，所以別抱著吃日本咖喱的心態前來。午餐時間只要加 ¥200，便有飲品一杯。

地址： 東京都武藏野市吉祥寺本町 2-18-15
電話： 04-2221-7901
營業時間： 11:00am-9:00pm

INFO

小巷不易發現，內藏很多食肆。

本日限定海鮮丼，每早店家都會在牆壁寫上當天的限定刺身飯。

抵食海鮮丼

⑮まぐろのなかだ屋

MAP 14-1 C2

JR 吉祥寺駅北口步行 2 分鐘

在吉祥寺駅附近，有條隱蔽的小巷，藏著不少地道食肆，大概只有本地人才知道。當中まぐろのなかだ屋專賣海鮮丼，而且價錢非常便宜。日文的「まぐろ」，即是吞拿魚的意思，所以這裡主要供應吞拿魚刺身飯，而熟食也以吞拿魚為主，最便宜的 ¥690，最貴的都只不過是 ¥1,240。

海鮮丼的餐牌都有相片，不懂日文也能點菜。

三品丼十分抵食，有帆立貝、吞拿魚和香蔥拖羅蓉。

INFO

地址： 東京都武藏野市吉祥寺本町 1-1-1
電話： 04-2229-0297
營業時間： 11:00am-10:00pm，星期日至 9:00pm

吉祥寺 Kichijoji

懷舊風古著店 MAP 14-1 B1
ZOOTIE ⑯

JR 吉祥寺駅北口步行 8 分鐘

Zootie於1996年便開始在吉祥寺營業，此店主要售賣古著，以40至70年代的風格為主，老闆植田先生經常親自往歐洲挑選，貨品多數來自英國，法國、德國、意大利等地方也有，大多一件起兩件止，對衣著有要求的朋友最適合不過，價錢比裏原宿的還便宜。

地址： 東京都武藏野市吉祥寺本町 2-26-12
電話： 04-2222-3290
營業時間： 12:00nn-8:00pm
網頁： www.zootie-styling.com

INFO

MAP 14-1 D2 ⑰ 雞料理
おもてなしとりよし 吉祥寺店

JR 吉祥寺駅步行 4 分鐘

鳥良在昭和59年已創業，而這家4號店近年才在吉祥寺開張，專門提供雞料理。午餐時間這裡常坐滿人，但不要點午市的定食，因為這裡吃雞才是重點。除了手羽先是人氣超高之外，也可試吃雞刺身，因為肉質上乘，吃下去不會有腥味，店家自信得連調味也不下，在東京不是常常可以吃到。

名物手羽先，即是雞翼，一人前有5隻，¥550。

雞腎也做得相當不錯，鶏砂肝のごま塩和え，¥638。

地址： 武蔵野市吉祥寺南町 1-21-1 井の頭パークサイドビル B1
電話： 050-5595-3804 **營業時間：** 11:30am -10:00pm
網頁： https://toriyoshi.jp/

INFO

自然簡樸 MAP 14-1 B2 ⑱
Natural Laundry

JR 吉祥寺駅北口步行 10 分鐘

Natural Laundry 的服飾以自然簡樸為主題，多採用圓點、格仔等簡單圖案，材料以麻和棉為主，走日系路線，設計簡約自然，價錢屬中等，勝在不易撞衫。

地址： 東京都武藏野市吉祥寺本町 2-18-15
電話： 04-2220-0399
營業時間： 11:00am-7:00pm，每月第三個星期三休息
網頁： www.naturallaundry.com

INFO

英國風生活雜貨 MAP 14-1 B2

Coeur de coeur 19

JR 吉祥寺駅北口步行 6 分鐘

這家店已有18年歷史，老闆從歐洲搜羅英國和法國製的生活雜貨，單是門口的裝潢已洋溢法國小鎮的風情。近來北歐風興起，所以店內也增加了很多北歐風格的產品，而姆明更佔據了很多地方，不少姆明的粉絲會走來入貨。

店內還有許多歐洲風格的產品

姆明在日本有很多粉絲，所以近來也成為這店的主打。

北歐風格的飲管和筷子

地址： 東京都武藏野市吉祥寺本町 2-17-14
電話： 04-2222-0472
營業時間： 11:00am-6:00pm

INFO

悠閒餐廳 MAP 14-1 B2

Shutter 20

JR 吉祥寺駅北口步行 6 分鐘

Shutter在東京已有多間分店，不過選址都在悠閒的小區。吉祥寺店同樣有他們的招牌菜燒豬肋骨，這款豬肋骨有多達八款醬汁可選，來到這裡一定要試試！另外，他們的蘋果批雪糕也是必點菜式。其他菜式如意大利麵、沙律和甜品皆相當不錯，逛完吉祥寺後，可以考慮在這裡晚餐。

蘋果批雪糕（アップルパイアラモード），¥900。

燒豬肋骨（スペアリブ），¥2,000。

地址： 東京都武藏野市吉祥寺本町 2-19-8 YS ビル
電話： 04-2229-7000
營業時間： 11:00am-11:00pm
（平日午餐時段 11:00am-3:00pm）
收費： ¥3,000 起
網頁： https://www.ys-int.com/kichijoji.html

INFO

吉祥寺 Kichijoji

淺草 晴空塔 秋葉原 上野 池袋 吉祥寺 自由之丘

森林熊食堂 くまもり食堂 ㉑

MAP 14-1 B2

JR 吉祥寺駅北口步行 6 分鐘

全店都以老闆設計的森林熊作主題，窗和門都貼上可愛的森林熊，菜單也是運用森林熊設計。整間餐廳很有歐陸café 的味道，桌椅和裝潢皆是老闆精心挑選。這店雖然不是排隊人龍店，但也曾經獲不同媒體報道。這裡的菜式以歐陸式為主，午餐￥1,200起。

地址： 東京都武藏野市吉祥寺本町 2-20-7 **電話：** 04-2223-2533
營業時間： 11:30am-10:00pm，星期二休息 **收費：** ￥1,000 起
網頁： https://tokyo.pegaschool.com/sakuhin/seito/site-201210/index.html

INFO

大人的生活 Free Design ㉒

MAP 14-1 B2

JR 吉祥寺駅北口步行 6 分鐘

Free Design的概念就是「為大人而開的雜貨店」，從大人的角度，於不同地方搜羅了以設計為題的生活雜貨，最適合一眾喜歡Design產品的人。日本近年掀起了一股北歐風，所以這裡賣的貨品也有很多北歐設計商品。除了北歐風的家品，還有Fire King的杯子、日本傳統的瓷器等。

這裡選的貨都不花巧

更有日本的瓷器，迎合不同品味的人。

他們也有入Fire King的杯子，而且款式很多。

地址： 東京都武藏野市吉祥寺本町 2-18-2 2F
電話： 04-2221-2070
營業時間： 11:00am-7:00pm
網頁： http://freedesign.jp/

INFO

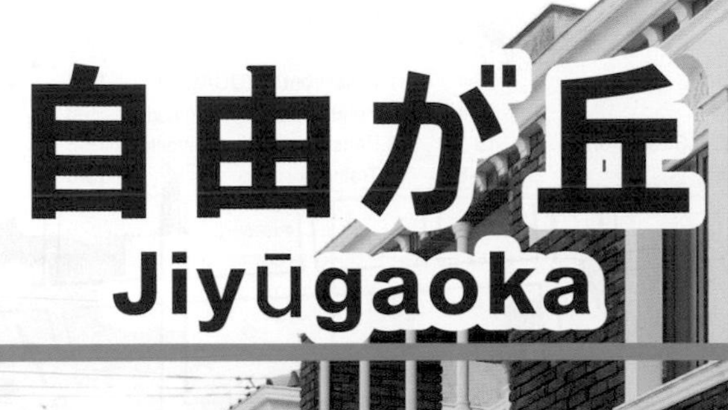

自由が丘
Jiyūgaoka

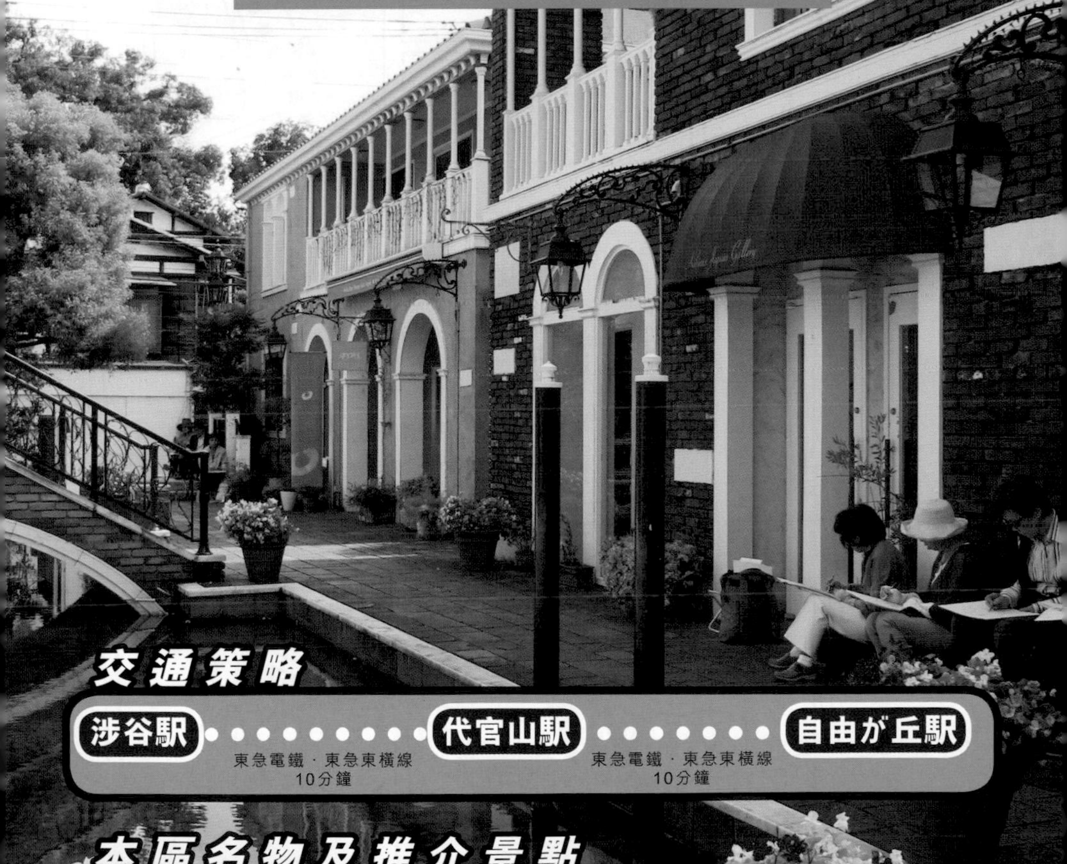

交通策略

涉谷駅 ●●●●●●●●● 代官山駅 ●●●●●●● 自由が丘駅

涉谷駅 → 代官山駅	代官山駅 → 自由が丘駅
東急電鐵．東急東橫線 10分鐘	東急電鐵．東急東橫線 10分鐘

本區名物及推介景點

和菓子老鋪
蜂の家

甜品樂園
自由が丘
Sweet Forest

九州蜂蜜蛋糕
黑船

古民宅茶室
古桑庵

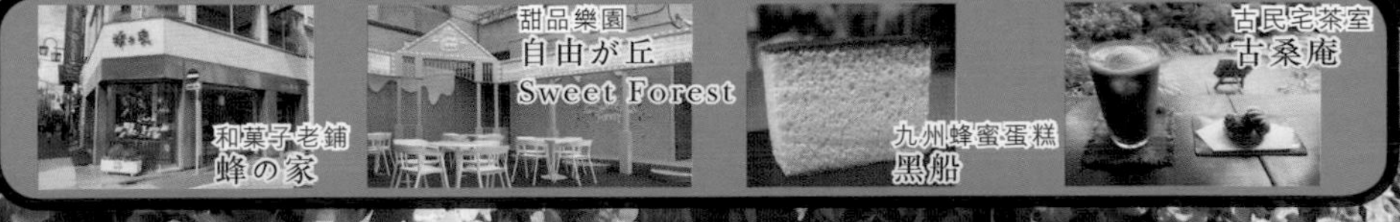

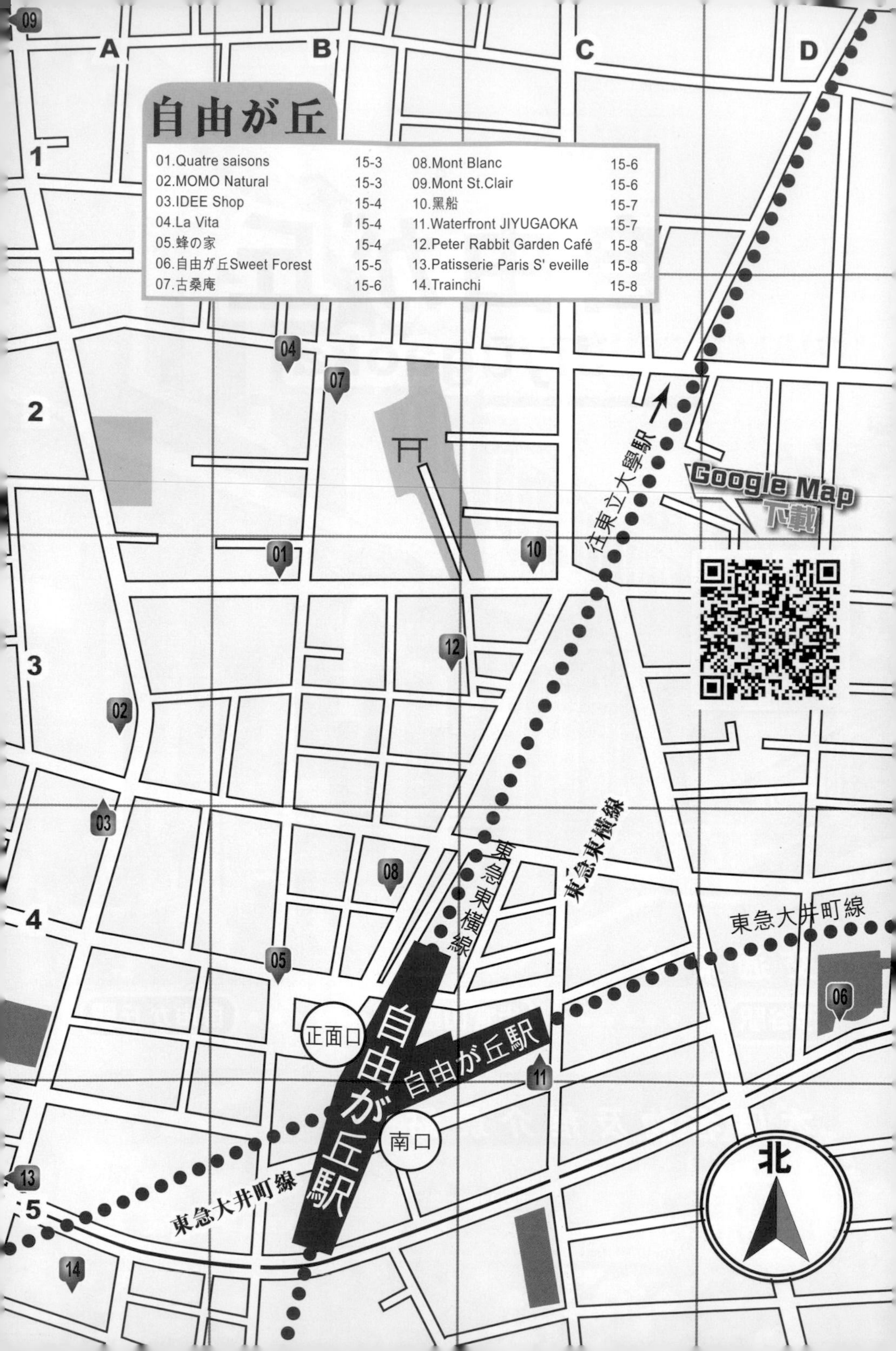

自由が丘
01.Quatre saisons 15-3
02.MOMO Natural 15-3
03.IDEE Shop 15-4
04.La Vita 15-4
05.蜂の家 15-4
06.自由が丘Sweet Forest 15-5
07.古桑庵 15-6
08.Mont Blanc 15-6
09.Mont St.Clair 15-6
10.黑船 15-7
11.Waterfront JIYUGAOKA 15-7
12.Peter Rabbit Garden Café 15-8
13.Patisserie Paris S' eveille 15-8
14.Trainchi 15-8
A
B
C
D
1
2
3
4
5
往東立大學駅
Google Map 下載
東急東橫線
東急東橫線
東急大井町線
東急大井町線
正面口
南口
自由が丘駅
自由が丘駅
北

Thanks Nature Bus

Thanks Nature Bus是行走自由が丘的免費巴士，它是利用餐廳回收食用油作燃料的環保巴士，分八雲線及駒沢公園線。

電話： 03-5729-2511
時間： 12:00nn-9:00pm，約半小時一班
費用： 免費
網頁： www.thanksnaturebus.org

法式生活情懷 MAP 15-2 B3

Quatre saisons 01

東急東橫線自由が丘駅正面口步行 2 分鐘

Quatre saisons是 法文「四季」的意思，第一間店在1965年已開業，總店在巴黎，後來於1987年把這法式品味帶到日本。他們的產品把法式和日式混合起來，強調高品味而且實用的設計，少用誇張鮮艷色調，也因此而大受歡迎。

門口放了不少傢俱，很融入小區的風格。

這裡一部份是賣布製產品。

相比北歐風，法式風格偏向優雅。

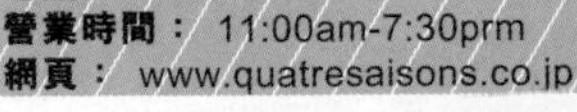

地址： 東京都目黑區自由が丘 2-9-3
電話： 03-3725-8590
營業時間： 11:00am-7:30prm
網頁： www.quatresaisons.co.jp
INFO

02 北歐生活品味 MAP 15-2 A3

MOMO Natural

東急東橫線自由が丘駅正面口步行 5 分鐘

這裡有不少大型傢俬，不過運費會較貴。

近年日本流行北歐風，很多生活雜貨店都從北歐引入產品，而MOMO Natural的傢俱都是自家設計，比起直接從北歐入口價格便宜得多。店內有大型傢俬，也有擺設和餐具，所以值得來這裡走一圈。看膩了IKEA的瑞典口味，不妨來這裡可能更有驚喜。

MOMO natural在2F。

各種家居配飾，總有一款合你心意。

地址： 東京都目黑區自由が丘 2-17-10 ハレマオ 自由が丘ビル 2F
電話： 03-3725-5120 **營業時間：** 11:00am-8:00pm
INFO

自由が丘 Jiyūgaoka

優質雜貨 IDEE Shop

MAP 15-2 A3

03

東急東橫線自由が丘駅正面口步行 5 分鐘

★★★

IDEE Shop的概念是「設計生活」，專門搜羅各國的家居精品。他們在很多地方都有分店，例如Midtown、丸之內等高級商場。自由が丘店是樓高四層的旗艦店，款式亦是眾多分店中最多的。這裡更有Café，提供輕食及自家烘焙糕點，買完家品可以嘆一個下午茶。

地址： 東京都目黑區自由が丘 2-16-29
電話： 03-5701-7555
營業時間： 11:30am-8:00pm，星期六日及假日 11:00am-8:00pm
網頁： www.idee.co.jp

★ INFO

迷你水都 La Vita

MAP 15-2 B2

04

東急東橫線自由が丘駅正面口步行 5 分鐘

La Vita是自由が丘的一個小型購物區，商店不多，只有五間，但非常適合散步。這裡模仿水都威尼斯，西洋建築配上運河和小橋，是個不錯的拍攝地點。

地址： 東京都目黑區自由が丘 2-8-3
電話： 03-3723-1881
營業時間： 8:30am-8:00pm

★ INFO

老舖菓子店 蜂の家

MAP 15-2 B4

05

東急東橫線自由が丘駅正面口步行1 分鐘

見到名字，便知道這裡賣的和菓子跟蜜蜂有關。這裡最人氣的是以蜂蛹作造型的和菓子「まゆ最中」，共有紅豆、黑芝麻、柚子、白豆沙和黑糖五款口味。當然，這裡的蜂蜜蛋糕也相當出名，來到自由が丘不妨買一點回去做手信。

地址： 東京都目黑區自由ケ丘 2-10-6
電話： 03-3717-7367
營業時間： 10:00am-7:00pm，星期六 6:00pm
網頁： www.hachinoya.co.jp

★ INFO

靠韓流重生

06 MAP 15-2 D4 自由が丘 Sweet Forest

東急自由が丘駅南口步行約 5 分鐘

自由が丘 Sweet Forest於 2003年11月 開業，是東京著名的甜品勝地。可惜Sweet Forest不敵疫情，於2021年9月光榮結業。好彩不足一年，Sweet Forest已浴火重生。新的Sweet Forest仍繼續行少女夢幻路線，更揉合哈韓路線，一口氣引入多間韓國人氣甜品店，出品美味之餘又 IGable，繼續延續 Sweet Forest的傳奇。

地址： 目黑區綠が丘 2-25-7ラ·クール自由が丘
營業時間： 10:00am-8:00pm
網頁： www.sweets-forest.jp

INFO

Sweet Forest8大甜品店

Montheim

薄荷芝士蛋糕¥700

主打可愛青BB的薄荷專門店，包括薄荷朱古力、薄荷芝士蛋糕及薄荷蛋白曲奇，薄荷控不可錯過，在炎夏份外清涼。

Atmosphere

花形忌廉馬卡龍¥580

主打港女至愛馬卡龍，在韓國的本店時常擠得水洩不通。馬卡龍造型可愛，顏色鮮艷，肯定是相機先食之作。

MND Coffee

另一人氣韓國過江龍，招牌出品「Wave Toast」，把粉紅及藍色忌廉芝士塗上多士，味道是否一絕可能見仁見智，不過肯定勁吸睛。

波浪多士¥800

Chicone

如果怕淨食甜品不夠飽，可以幫襯Chicone買件窩夫。Chicone咸甜口味都有，其中雞肉及蝦仁混合咸甜醬汁，味道獨特又飽肚。

烤雞肉窩夫¥750

首爾火鍋

心形烤餅¥650

外脆內軟的烤餅，採用來自韓國的精製麵團發酵而成，配上惹味醬汁，再裁以心心的外形，健康又好味。

北海氷水

雪花チーズピンス(乳酪刨冰)¥1,150

北海氷水把煉乳和楓糖漿等幾種原料混合快速冷凍，然後用特制的機器將它們磨成冰粉，口感非常特別。

Snowing

來自韓國的冷萃咖啡專門店，採用10種最優質的咖啡豆，並以最佳混合比例萃取，品味獨一無二。

下雪拿鐵/冷萃咖啡(ICE)¥600

Cake JP

日本的甜品代表，以可愛的蛋糕造型吸引顧客，熱賣的罐頭蛋糕，造型特別又攜帶方便，帶回香港做手信最啱！

漫畫芝士蛋糕¥500

自由が丘 Jiyū gaoka

淺草 晴空塔 秋葉原 上野 池袋 吉祥寺 自由之丘

古民宅茶室 古桑庵 07

MAP 15-2 B2

東急東横線自由が丘駅正面口步行 5 分鐘

古桑庵是自由之丘的一間充滿京都風味的茶室，由古老民居改建而成，仿如置身於京都百年町家一樣，客人可坐在榻榻米上，一邊欣賞日式庭園，一邊享受這裡的抹茶甜品。因屋內用了很多古桑作為建材，因此取名古桑庵。

抹茶フロート，¥930。

這裡還有手作產品出售。

地址： 東京都目黑區自由ケ丘 1-24-23
電話： 03-3718-4203
營業時間： 12:00nn-6:30pm，星期六日 11:00am 開門，星期三休息
網頁： http://kosoan.co.jp

INFO

人氣蛋糕店 MONT BLANC 08

MAP 15-2 B4

東急自由が丘駅正面口步行 2 分鐘

MONT-BLANC於1933年已在自由が丘營業，算是這一帶老字號的甜品店。這裡天天都擠滿了人，招牌商品是結合了日本和西洋做法的栗子蛋糕，栗子泥做得相當綿密，而且甜度來自栗子本身，不會感到太膩。

地址： 目黑區自由が丘 1-29-3
電話： 03-3723-1181
營業時間： 10:00am-7:00pm
網頁： www.mont-blanc.jp

INFO

得獎甜品 Mont St.Clair 09

MAP 15-2 A1

東急東橫線自由が丘駅正面口步行 10 分鐘

Mont St.Clair主打法式甜品，老闆辻口博啟先生曾獲多個國際獎項，家族本身亦是做和菓子的。他把傳統甜品的甜味降低，還很注重蛋糕的層層口感，讓口感豐富起來，所有作品都是憑他對甜品的熱情所製作出來。

獲獎蛋糕 Cest La Vie是這裡最具人氣的甜品，想吃到最好早點來到。

蛋糕款式很多，堂食也可。

紅桑莓蛋糕也是人氣之選，每層都有不同的口感。

地址： 東京都目黑區自由ケ丘 2-22-4
電話： 03-3718-5200
營業時間： 11:00am-6:00pm，星期三休息
網頁： www.ms-clair.co.jp

INFO

九州蜂蜜蛋糕 10

黑船 MAP 15-2 C3

東急東橫線自由が丘駅正面口步行5分鐘

黑船的母公司是大阪的長崎堂，1919年便已創業，是京都有名的甜品店然花抄院的姊妹店。這裡主打的是九州長崎常見的蜂蜜蛋糕Castella，原裝版味道會偏甜，不過他們加以改良，更適合都市人的口味，加上選用優質雞蛋，便成了專屬口味的Castella。2樓是Café，遊客可以馬上在店內吃到人氣甜品。

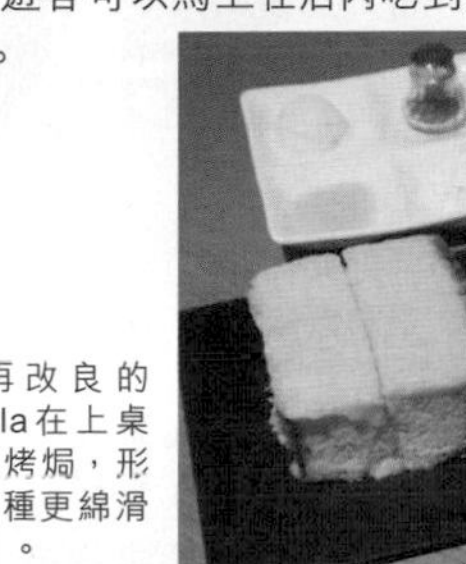

季節限定芭菲，也是人氣甜品。

這款再改良的Castella在上桌前再度烤焗，形成了一種更綿滑的口感。

最受歡迎的長崎蜂蜜蛋糕，每份¥1,404，可於上機前購買。

長崎蜂蜜蛋糕Castella，香甜而不膩。

他們還會在店內即沖抹茶，用上宇治茶葉和奈良清水。

一樓還有用伊萬里燒製的酒杯。

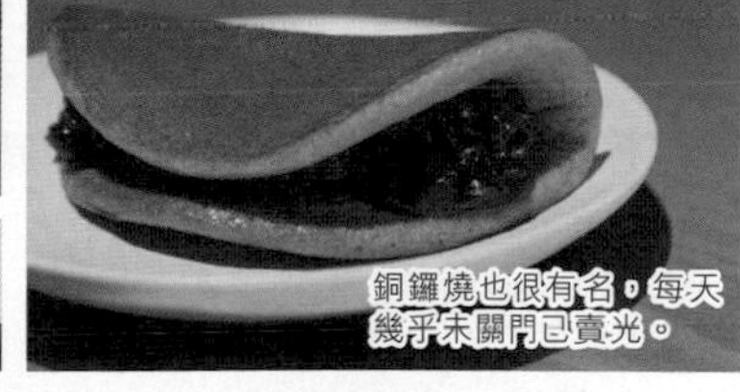

銅鑼燒也很有名，每天幾乎未關門已賣光。

地址： 東京都目黑區自由ケ丘 1-24-11 **電話：** 03-3725-0038
營業時間： 10:00am-6:00pm，星期一休息
網頁： www.quolofune.com **消費：** ¥850 起

INFO

MAP 15-2 C4 11 東京最大雨傘旗艦店

Waterfront JIYUGAOKA / TOKYO

東急東橫線自由が丘駅南口步行約1分鐘

日本製造的雨傘一向都是信心的保證，不少人去日本旅行時都會順手買幾把回去傍身。位於自由が丘駅附近的Waterfront JIYUGAOKA / TOKYO是東京號稱規模最大的雨傘旗艦店，四層共展出五百多款品牌Water Front的雨傘，包括淑女傘、男士傘、充滿日本特色的傘或多用途傘，絕對令人愛不釋手。

地址： 東京都目黑區自由が丘 1 丁目 9-1
電話： 03-6421-2108
營業時間： 10:00am-8:00pm
網頁： www.water-front.co.jp

INFO

彼得兔粉絲必到

MAP 15-2 B3 ⑫

Peter Rabbit Garden Café

東急東橫線自由が丘駅正面口步行 5 分鐘

由蛋包飯連鎖店 Rakeru 與來自英國 Peter Rabbit crossover 的 Caf ē，店內仿照故事中彼得兔的家，充滿英式風情。它們的食材均使用日本國產特選的雞蛋及時蔬，味道不錯，最重要是店內到處都可愛到彼得兔的蹤影，粉絲們絕對不可錯過。

INFO

地址： 東京都目黑區自由が丘 1-25-20 自由が丘 MYU 1F
電話： 03-3725-4118
營業時間： 11:00am-7:00pm，星期六日及假日至 8:00pm
網頁： https://www.peterrabbit-japan.com/cafe/jiyugaoka/index.html

MAP 15-2 A5 ⑬

人氣法國甜品

Patisserie Paris S' eveille

東急東橫線自由が丘駅正面口步行 3 分鐘

老闆金子美明曾在法國工作了四年，將法式甜品帶回日本，開了這間 Patisserie Paris S' eveille。要知道全日本的餐廳多達六萬幾間，想晉身日本人氣飲食網頁食べログ頭5,000強，實在不是易事。這裡設有少許座席，可即食店內甜品，採訪當日是下午三時左右，人氣甜品已所剩無幾，建議早一點來到。

不只蛋糕，手工麵包、果醬和曲奇也同樣受歡迎。

地址： 東京都目黑區自由が丘 2-14-5 館山ビル 1F
電話： 03-5731-3230
營業時間： 11:00am-7:00pm

INFO

家品雜貨天地

MAP 15-2 A5

Trainchi

⑭

東急東橫線自由が丘駅南口步行 2 分鐘

Trainchi 是由舊電車車廠改建而成，共兩層 13 家店鋪，大部分都是售賣很有個性的家品，例如優質廚具的 Kitchen Kitchen、售賣雜貨的 one's terrace 等。

地址： 東京都目黒区自由が丘 2-13-1
營業時間： 8:00am-7:00pm，星期六日及假日 9:30am-5:30pm，各商店營業時間不同
網頁： https://www.trainchi.com/

INFO

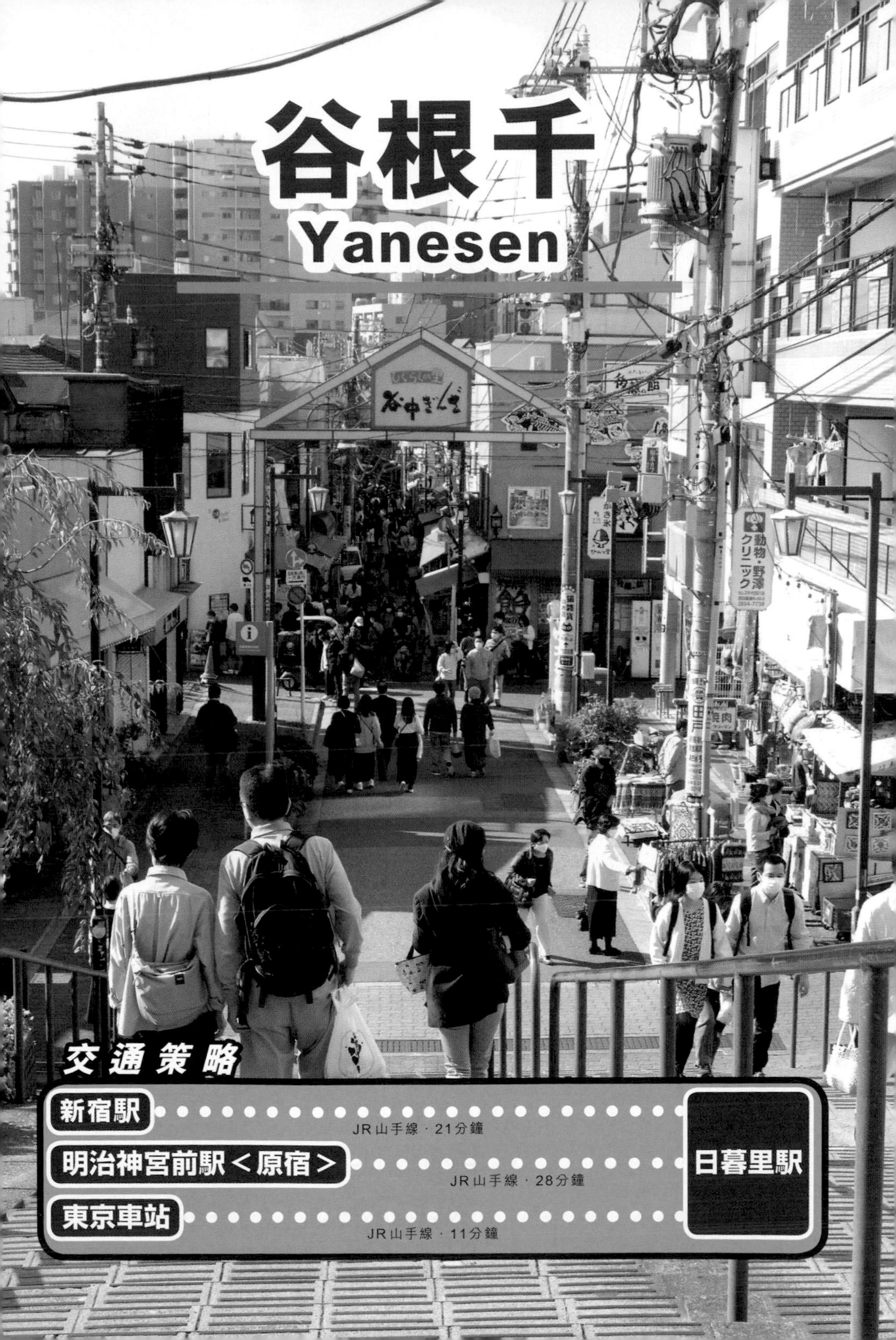
谷根千
Yanesen
谷中ぎんざ
動物・野澤クリニック
交通策略
新宿駅
JR山手線 · 21分鐘
明治神宮前駅＜原宿＞
JR山手線 · 28分鐘
東京車站
JR山手線 · 11分鐘
日暮里駅

A
B
C
D
1
2
3
4
5
03、05、06
04
13
02
07
08
01
11
16
14
15
09
12
10
JR日暮里駅
京成本線
JR山手線
Metro千代田線
千駄木駅
谷根千
01.谷中靈園 16-3
02.谷中松野屋 16-3
03.谷中銀座商店街 16-4
04.伊藤製作所 16-4
05.肉のサトーさん 16-4
06.和栗や 16-5
07.ひみつ堂 16-5
08.やなか珈琲 16-5
09.旧吉田商店 16-6
10.亀の子束子カメノコタワシ 16-6
11.菊寿堂いせ辰 16-6
12.根津神社 16-7
13.夕焼けだんだん 16-7
14.谷中堂 16-8
15.Gallery貓町 16-8
16.コーヒー乱步 16-8
Google Map
下載
Metro千代田線
根津駅
上野動物園
京成本
Map 16-2

日暮里駅是谷根千行程的出發點。

谷根千簡介

下町地區「谷根千」是指三個地方：谷中、根津和千駄木。下町的意思，是指江戶時代基層平民居住的地方，日本人稱為「庶民」。下町包括很多地方，大家認識的有淺草和上野。谷中這個地方，除了有著名的德川家的墓地之外，還有古舊的建築、小貓和商店街，集歷史文化和購物於一處，而且還可體驗到日本人最地道的生活。

谷中並非一個景點，而是一個散步區域。可以在以下一個車站開始行程：
1. JR 山手線：從日暮里駅的谷中開始
2.Metro 千代田線千駄木駅 1 號出口
[連接 - 副都心線 (明治神宮前站 - 原宿)、銀座線 (表參道站)、丸ノ內線 (霞ケ関駅)、日比谷線 (日比谷站 - 銀座)、新宿線 (新御茶ノ水駅)]

名人的安息地
01 谷中靈園

MAP 16-2 C2

JR 日暮里駅南口步行 6 分鐘 /Metro 千駄木駅 1 號出口步行 15 分鐘

谷中靈園在日本很有名，這裡還有居民住在靈園內，日本人很流行在靈園散步。在櫻花盛開時，谷中靈園也是日本人賞櫻名所。谷中靈園佔地10萬平方米，範圍原本屬天王寺的一部份，在1874年劃分為公眾墓地，當中埋葬了不少名人，包括德川家最後的將軍德川慶喜。

這裡也是賞櫻名所，春天時兩旁都是滿開櫻花。

這裡有很多學者、名人都葬於此。

INFO
地址：東京都台東區谷中 7-5-24

藤器家品
02 谷中松野屋

MAP 16-2 B1

JR 日暮里駅南口步行 3 分鐘 /Metro 千駄木駅 1 號出口步行 7 分鐘

這家店在1945年便在谷中誕生，最初是包包的批發商，後來才轉營為現在看到的生活雜貨店。他們所賣的用品，全部都是人手造的，而且大多都是用上自然的素材，如竹、茅草、木頭等，全部都是簡單實用的東西。

地址：東京都台東區西日暮里 3-14-14　電話：03-3823-7441
時間：11:00am-7:00pm (星期六日及假期 10:00am 開始營業)；星期二休息
網頁：http://www.yanakamatsunoya.jp/index.html
INFO

谷根千 Yanesen

過在地人生活

MAP 16-2 B1

谷中銀座商店街 03

JR 日暮里駅西口步行 5 分鐘 /Metro 千駄木駅 2 號出口步 10 分鐘

此「銀座」不同彼銀座，在東京除了名店林立的那個銀座，凡是商店街也會稱為「銀座」。因為日文中「銀座」可解作為製作、售賣金屬塊的地區，後來引申為繁華地區的代名詞。這裡就算不是假日，遊人都熙來攘往，好不熱鬧。而這裡有一條樓梯亦非常人氣，稱為「夕焼けだんだん」(夕焼け意為夕陽，だんだん解作漸漸)，因為站在這個位置會看到很漂亮的夕陽美景因此而得名。

地址： 東京都荒川區西日暮里 3-10-13
時間： 一般商店營業時間為 10:00am-6:00pm
休息： 因各店而異
網頁： www.yanakaginza.com/home.htm

INFO

周末假日這裡的人特別多，可以的話在平日來比較好。

店家把部份人氣的蓋章款式放大貼於店內，十分方便。

下單利用「注文書」即可，先填寫款式的編號及名字，然後選字型及顏色，店內有提供樣本參考。

MAP 16-2 B1

自己專屬印章

伊藤製作所しにもるぐるい 04

JR 日暮里駅西口步行 5 分鐘 /Metro 千駄木駅 2 號出口步 10 分鐘

日本人在生活中，常常都用到蓋章，所以雕刻蓋章便成為了日本人經常要做的事。假如你都想擁有一個屬於自己的和風蓋章，來到伊藤製作所可以幫到你。這裡有很多可愛的卡通款式，除了用漢字之外，這裡也接受用英文名來製作，只要名字不太長，可以容納在圓圈內即可。蓋章只要30分鐘便可，不用懂日語都可以買到。

地址： 東京都台東區谷中 3-11-15
時間： 11:00am-5:30pm; 不定休，但大多數是星期二
網頁： http://www.ito51.com/

INFO

人龍店

MAP 16-2 B1

肉のサトーさん 05

JR 日暮里駅步行 5 分鐘 / Metro 千駄木駅步 4 分鐘

每次來到這裡，總是大排長龍，大家都在等新鮮炸起的牛肉可樂餅。店內販售日本國產肉與可樂餅等多種油炸肉餅，最受歡迎的是「谷中肉餅」(谷中メンチ)，肉餅會混和國產牛及A5和牛；還有「谷中可樂餅」(凡寫著コロッケ都是可樂餅) 也值得一試。不過要注意，買完之後要在山旁邊吃，日本人基本都不會邊走邊吃的。

炸牛肉餅 (谷中メンチ) ¥200。

地址： 東京都台東區谷中 3-13-2
時間： 10:30am-7:30pm；星期一休息

INFO

¥90已有一個，相當便宜。

栗子控必去 06

和栗

MAP 16-2 B1

JR 日暮里站西口步行 5 分鐘 /
Metro 千駄木駅 2 號出口步 8 分鐘

和栗や是谷中的一間很人氣的甜品店，2011年才開業，主打栗子甜品，除了甜品還可以外賣炒栗子和雪糕。他們有自家的農場種植栗子，保證栗子的質素。此外，他們會用到北海道出產的乳製品，難怪一直都深受歡迎。和栗や人氣的甜品是栗薫モンブラン，還會推出不同季節的限定口味，喜歡栗子的人不可錯過。

モンブランテセル ¥850。

地址：東京都台東區谷中 3-9114
電話：03-5834-243
時間：11:00am-7:00pm；星期一
網頁：http://waguriya.com/

INFO

新鮮果汁刨冰 

ひみつ堂

MAP 16-2 B1

JR 日暮里駅西口步行 3 分鐘 /
Metro 千駄木駅 2 號出口步 8 分鐘

這間刨冰店每天未開門便有人在排隊等食，就算冬天也一樣有人龍。老闆沒有什麼特別的技巧，就是用上一部古老的刨冰機來做，所以特別綿密。此外，吃刨冰的果汁，都是老闆自己調配，全都用上新鮮的水果來做，老闆會不停研發新味道，所以每次來到都會有驚喜。

這部刨冰機十分古老，而且還是用人手操作。

冬季menu的士多啤梨刨冰。

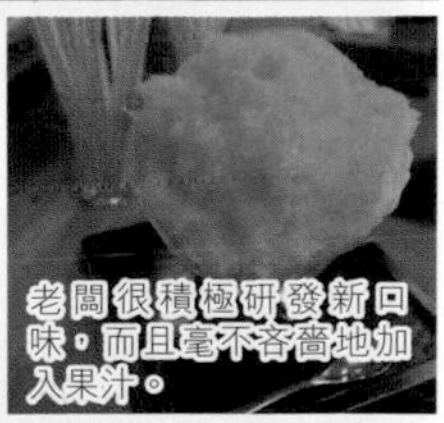

老闆很積極研發新口味，而且毫不吝嗇地加入果汁。

地址：東京都台東區谷中 3-11-18
電話：03-3824-4132
時間：11:00am-6:00pm
網頁：http://himitsudo.com/

INFO

地道烘焙咖啡

MAP 16-2 A1

やなか珈琲 08

JR 日暮里駅西口步行 12 分鐘 /
Metro 千駄木駅 2 號出口步 5 分鐘

這咖啡店在區內很有名，店面小小經常擠滿了買咖啡的人。店內基本上是不設堂飲，但店家有一些小椅放在店外，你可以坐下來喝，也可以一邊散步一邊喝。這裡也有賣咖啡豆，而且種類非常多，喜歡咖啡的朋友，或可以在這裡買到心頭好。

INFO

地址：東京都台東區谷中 3-8-6
電話：0120-874-877
時間：10:00am-8:00pm；每月第 3 個星期四休息
網頁：http://www.yanaka-coffeeten.com

他們用的是保溫杯，可以隔熱又不燙手，杯上的圖案是自家設計。

他們有自己烘焙的咖啡豆。

谷根千
Yanesen

下町風俗資料館
旧吉田商店 09

MAP 16-2 C4

Metro 根津駅 1 號出口步 10 分鐘 / 從谷中園靈園步行 6 分鐘

下町風俗資料館由一所古老的吉田商店變身而成，於明治31年建成(1898年)，已有百多年歷史，保留了商店的陳設，沒有厚厚的玻璃，你可以幻想自己就是商店老闆，最重要的是完全免費。因為這裡是賣酒的，所以有許多古老的酒瓶展出，也保留著昔日的裝飾。

地址： 台東區上野桜木 2-10-6
電話： 03-3823-4408
時間： 9:30am-4:30pm；星期一休息
網頁： http://www.taitocity.net/zaidan/shitamachi/shitamachi_annex/
INFO

昔日的海報。

你都可以扮演一下老闆，不過眼看手勿動。

谷根千 河口湖 深大寺 鎌倉

MAP 16-2 B4

10 高質鮑魚擦
亀の子束子カメノコタワシ

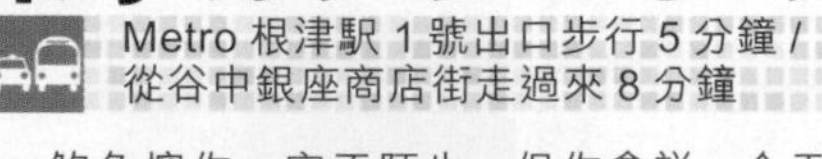
迷你鮑魚擦390日圓起。

Metro 根津駅 1 號出口步行 5 分鐘 / 從谷中銀座商店街走過來 8 分鐘

鮑魚擦你一定不陌生，但你會說，今天還有人會用嗎？百年老店亀の子束子一早便了解到這個問題，所以將這個好像不能登大雅之堂的東西重新包裝。外表看這起來，這間店就像賣一些design小商品，或者以為是文青店，但其實這裡是家品店。

INFO
地址： 東京都台東區谷中 2-19-8
電話： 03-5842-1907
時間： 11:00am-6:00pm；星期一休息（如遇公眾假期則翌日休息）
網頁： http://www.kamenoko-tawashi.co.jp/

百年紙品店
菊寿堂いせ辰 11

MAP 16-2 A2

Metro 千駄木駅団子坂出口步行 5 分鐘 / 從谷中銀座商店街走過來 10 分鐘

菊寿堂いせ辰是一家百年的紙品店，從1864年便開始在這裡創業，他們做的犬張子十分受歡迎。犬張子是古時家庭買來保護小孩子的擺設，也是谷根千一帶有名的手工藝品。除了犬張子，這裡有很多充滿日本古風的紙製品，每款都大有來頭，所以有很多歐美人士都專誠來買手信。

犬張子是人氣工藝品。

地址： 東京都台東區谷中 2-18-9
電話： 3-3823-1453
時間： 10:00am-6:00pm
網頁： http://www.isetatsu.com/
INFO

古老神社 根津神社

MAP16-2 A4

⑫

Metro 根津駅或千駄木駅步行 8 分鐘

相傳根津神社是日本武尊在千駄木的土地上所建的，有1900年歷史。到了1705年，第5代將軍綱吉將其兄長綱重的兒子綱豐（第6代德川家宣）收為養子之後，將這裡的房產捐獻給氏神根津神社，並進行了大規模改建。於翌年（1706年）完成的「權現造」風格的社殿等7棟建築，至今仍得以保存很好，並於1931年被指定為國寶 – 重要文化財。

這裡也有稻荷神社，鳥居就是商家的願望靈驗後，便在這裡捐獻。

★ INFO

地址： 東京都文京區根津 1-28-9
電話： 03-3822-0753
時間： 9:00am-5:00pm
網頁： http://www.nedujinja.or.jp/

號外！貓星人出沒注意

只要到谷中散步路線，可以隨時遇上貓星人。而各位貓奴，你們又可以大買特買貓貓產品。根據兩位貓精品店的老闆説，谷中一帶起碼有100隻貓，其實以前更多，但後來有志願團體幫牠們做絕育手術之後，便大幅減少。以下是谷中一帶貓貓出沒的熱點：

在街角遇上貓 夕焼けだんだん

MAP16-2 B1

⑬

到這裡遇見貓的機率是99%！ 因為這裡有幾隻喵喵常駐在梯級上，可以選擇黃昏和上午的時候來到。只要你從日暮里走到谷中銀座商店街來，便會找到這條夕焼けだんだん。此外，谷中靈園裡都有很多貓貓，大家可以去那裡尋找牠們。

記得要和貓貓保持距離，切勿打擾牠們。

夕焼けだんだん（夕陽之階）。

在這條樓梯附近，都很容易找到貓貓的蹤影。

手作貓擺設 谷中堂 14

MAP 16-2 B3

Metro 千駄木駅 1 號出口出口步行 6 分鐘 / 從谷中銀座商店街出發約 10 分鐘

這店專賣貓貓的擺設，特別之處是店內所有的擺設，都是老闆們親手做出來。每到不同的季節，他們又會做一些應節的擺設出來，數量不多，賣光就沒有了。此外，客人可以交照片給店家，他們可以人手按照貓貓的樣貌製作小擺設，這服務十分受歡迎，一般要幾個月才可以完成。

地址： 東京都台東區谷中 5-4-3
電話： 03-3822-2297
時間： 10:30am-5:30pm；星期一休息
網頁： https://www.yanakado.com/

INFO

招金運的貓擺設。

對於貓奴來說，這裡的產品都令人愛不惜手。

愛貓之人必去 Gallery 貓町 15

MAP 16-2 A3

Metro 千駄木駅 1 號出口出口步行 8 分鐘

老闆箱崎小姐非常喜歡貓，所以便開設了這個 Gallery。老闆不為賺錢，只望有更多人認識這些同樣愛貓的藝術家。這裡每兩星期都會換不同的展覽，而藝術家都會親自駐場，如果你喜歡他們的作品，不要猶豫，支持他們之餘，又買到獨一無二的東西。

未進入Gallery 貓町便已看到很多「貓貓」來歡迎你了。

老闆收集了不少關於貓貓的家具擺設。

地址： 東京都台東區谷中 2-6-24
電話： 03-5815-2293
時間： 10:00am-6:00pm；不定休
網頁： http://gallery.necomachi.com/

INFO

愛貓咖啡店 コーヒー乱步 16

MAP 16-2 A2

Metro 千駄木駅団子坂出口步行 6 分鐘

乱步的老闆很喜歡作家「江戶川乱步」和貓貓，cafe 裡養了一頭貓，但不愛見人，所以如果你遇見牠是很幸運的事。老闆希望喜歡江戶川乱步和貓貓的人，都可以聚在這裡一起聊天。店內有很多貓貓的擺設，除了貓貓，這裡的輕食是做得相當不錯，所以在附近都甚有名氣，不少街坊都喜歡來這裡休息吃點東西。

Pizza 多士是人氣之選。

地址： 東京都台中區谷中 2-9-14
電話： 03-3828-9494
時間： 10:00am-8:00pm

INFO

河口湖
Lake Kawaguchi

交通策略

新宿高速巴士總站 → 河口湖駅
Highway-Buses · 1小時45分

新宿駅 → 大月駅 → 河口湖駅
JR中央線 · 1小時30分
富士急行線 · 1小時

新宿駅 → 河口湖駅
特急富士回遊 · 2小時

東京往返河口湖交通

1. 高速巴士 Highway-Buses

新宿、涉谷及東京車站皆有高速巴士往返河口湖，詳情如下：

上車地點	車程	班次	費用
新宿高速巴士總站	1小時45分	6:45am-10:25pm （12:00nn前每小時2-3班，之後每小時一班）	成人 ¥ 2,200 兒童 ¥ 1,100
涉谷MARK CITY 高速巴士總站	2.5小時	6:45am-7:00pm （約1-2小時一班）	成人 ¥ 2,000 兒童 ¥ 1,000
東京車站八重洲鐵鋼大樓	2小時25分	6:30am-10:25pm （12:00nn前每小時2班，之後每小時一班）	成人 ¥ 3,800 兒童 ¥ 1,900

預購車票： https://highway-buses.jp/chi/

新宿高速巴士總站

2. JR中央線＋富士急行線

由「新宿駅」乘JR中央線至「大月駅」，再轉乘富士急行線至「河口湖站」，全程約2.5小時，行程比較轉接但車費較便宜。

JR特急富士回遊

3. JR特急富士回遊

每日提供3班往返列車從新宿直達河口湖，車程約2小時，單程 ¥4,130、來回 ¥8,260，持有「JR東京廣域周遊券」(¥10,180) 可免費乘坐，但上車前要先劃位。

MAP 17-2

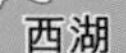

河口湖

01.新倉山淺間公園	17-3
02.Gateway Fujiyama 河口湖店	17-4
03.富士山景觀纜車	17-4
04.TANUKI茶屋	17-4
05.河口湖觀光船	17-5
06.八木崎公園	17-5
07.西湖療癒之鄉根場	17-5

河口湖簡介

河口湖位於山梨縣，是日本「神山」富士山腳下五大湖泊之一，面積排行第二。河口湖是五湖中唯一連接鐵路站，由東京有頻密的巴士及火車前往，所以也是五湖中最熱鬧及最多景點的地區。遊河口湖如果想悠閒點可以選擇二日一夜，否則一日也可以去匀重要的景點。

河口湖周遊巴士

河口湖一帶地方廣寬，遊湖最方便的交通工具就是乘坐河口湖周遊巴士。周遊巴士全線紅線（河口湖）、綠線（西湖）及藍線（鳴澤/精進湖/本栖湖）。紅線15分鐘一班，綠線30分鐘一班，票價按照區間站數而定，單程由￥150-1280，可以Sucia卡支付。如果計劃逗留兩天，可選擇￥1,500的兩天周遊券。

時刻表下載： http://bus-tw.fujikyu.co.jp/heritage-tour/detail/id/1/

富士山最佳取景處

新倉山淺間公園

01

河口湖高速巴士下吉田巴士站

經過鳥居再上山便到達觀景台。

如果乘坐巴士由東京至河口湖，可以考慮在河口湖前一個巴士站下吉田下車。該處連接新倉山淺間公園的入口。經過新倉富士淺間神社及鳥居，再踏上約400級階梯，便到達公園的忠靈塔，這裡也是公認拍攝富士山最佳的取景處。遊覽完畢，可以回山腳「下吉駅」乘坐JR富士急行線至「河口湖駅」繼續行程。

從忠靈塔拍攝富士山特別有靈氣。

地址： 富士吉田市浅間 2-4-1　★INFO

河口湖 Lake Kawaguchi

★★★ 谷根千 河口湖 深大寺 鎌倉

最佳手信入貨點 02 MAP 17-2
Gateway Fujiyama河口湖店

河口湖駅內

Gateway Fujiyama河口湖店設於河口湖駅內，差不多每位到河口湖的遊客都曾經幫襯。這裡分為購物區及用餐區，匯聚所有以富士山為主題的手信，當中最有人氣的，一定是富士山曲奇。另外由山梨縣出產的果汁，亦絕對值得一試。用餐區以鄉間料理為主，當中的名物吉田烏冬（吉田うどん），比一般的麵條有嚼勁，很有鄉土氣息。

地址： 富士河口湖町船津3641
營業時間： 9:00am-6:00pm
INFO

MAP 17-2 居高臨下欣賞河口湖
03 富士山景觀纜車

紅線巴士至第9站「遊覽船・纜車入口」下車

「絕景秋千」每次付出¥500，便能感受一飛沖天的快感。

坐觀光纜車是河口湖必遊的節目。富士山景觀纜車是建於天上山公園之內，山頂的展望台高海拔1075公尺，是欣賞富士山及河口湖的絕佳地點。山上除了觀景台，亦設有「絕景秋千」、「全景走廊」及多個打卡景點，一家大細都啱玩。

地址： 富士河口湖町浅川1163-1 **電話：** 0555-72-0363
營業時間： 9:30am-4:00pm，星期六日及假期至5:00pm
費用： 來回 成人¥900，小童¥450；單程 成人¥500，小童¥250
網頁： https://www.mtfujiropeway.jp/
INFO

山中傳説 MAP 17-2
TANUKI茶屋 04

TANUKI（狸貓）茶屋設於天上山公園山頂，是遊客休息及購買手信的地方。話説兔子與狸貓，都是天上山常見的裝飾，原來傳説在天上山曾有一隻壞狸貓，把收留牠的老夫婦害死，後來兔子把火石丟進狸貓的揹籃裡把牠燒死，為老夫婦報仇。自此狸貓和兔子便成為天上山的標記，到處也見到牠們的影蹤。

兔子神社护身符

地址： 天上山公園內
營業時間： 9:30am-4:00pm
INFO

在水中央欣賞「逆富士山」05

河口湖觀光船

MAP 17-2

紅線巴士至第 9 站「遊覽船 • 纜車入口」下車

到河口湖除了在山上對望富士山，也可以在湖中欣賞。河口湖觀光船名為天晴號，以日本戰國時期的武將為主題，每半小時開出一班，船程大約20分鐘。在湖中遊客可以進一步拉近與富士山的距離，而遇上好天氣，更可以拍到「逆富士山」—在湖中富士山清晰的倒影，是非常難得的體驗。

地址： 富士河口湖町船津 4034
營業時間： 9:00am-5:30pm，不同季節的營業時間會有調整
費用： 成人 ￥1,000，小童 ￥500；
【景觀纜車 + 觀光船套票】成人 ￥1,800，小童 ￥800
網頁： https://www.fujigokokisen.jp/

INFO

薰衣草盛開

八木崎公園

MAP 17-2 06

綠線巴士至第 24 站「八木崎公園」下車

八木崎公園位在河口湖南岸，也是欣賞富士山的好地點。每年夏天6-7月，這裡的薰衣草盛開，更會舉行盛大的「薰衣草節」，非常熱鬧。在公園西側，設有「河口湖MUSE館 • 與勇輝館」，展出日本人形作家与勇輝先生之作品。大師捕捉不同人物的形態，再栩栩如生地展現，令人大開眼界。

【八木崎公園】
地址： 富士河口湖町小立 897 番地の 1 先
營業時間： 24 小時
費用： 免費入場

INFO

【河口湖 MUSE 館 • 與勇輝館】
地址： 富士河口湖町小立 923
營業時間： 9:00am-5:00pm，星期四休息
費用： 成人 ￥600，小童 ￥400

INFO

日本原有風景 07

西湖療癒之鄉根場

MAP 17-2

綠線巴士至第 48 站「西湖療癒之鄉根場」下車

村內有不同DIY班供參與。

大約百年前，西湖地區傳統的茅茸古屋林立，後來經歷風吹雨打，大部分古宅都已倒塌。2003年，當地居民決定重建部分茅茸屋，把該地命名為療癒之鄉。在療癒之鄉不但重現古鄉的風貌，每棟屋子更設置不同的商店及工作坊，包括陶藝及紡織等，讓遊客可體驗古人的工藝，把傳統文化一代一代地傳承。

地址： **電話：** 0555-20-4677
營業時間： 3-11 月 9:00am-5:00pm，12 月 -2 月 9:30am-4:30pm
費用： 成人 ￥500，小童 ￥250
網頁： https://saikoiyashinosatonenba.jp/

INFO

深大寺 Jindaiji

交通策略

新宿駅 → 調布駅
京王電鐵・京王線準特急・17分鐘

調布駅北口 → 深大寺
京王巴士・調34・15分鐘

吉祥寺駅南口 → 深大寺
小田急巴士・吉04・20分鐘

本區名物及推介景點

四季花卉
神代植物公園

千年古剎
深大寺

小型展館
鬼太郎茶屋

A
B
C
D
1
2
3
4
5
深大寺通り
深大寺巴士
調34
北
深大寺
01.神代植物公園 18-2
02.深大寺 18-3
03.あめや 18-3
04.鬼太郎茶屋 18-4
05.嶋田家 18-6
06.八起 18-6
Map 18-1A
Google Map 下載
旧甲州街道
京王線
調布駅北口巴士站
中央口
廣場口
東口
調布駅
京王相模線
Map 18-1B

深大寺 Jindaiji 蕎麥麵朝聖地

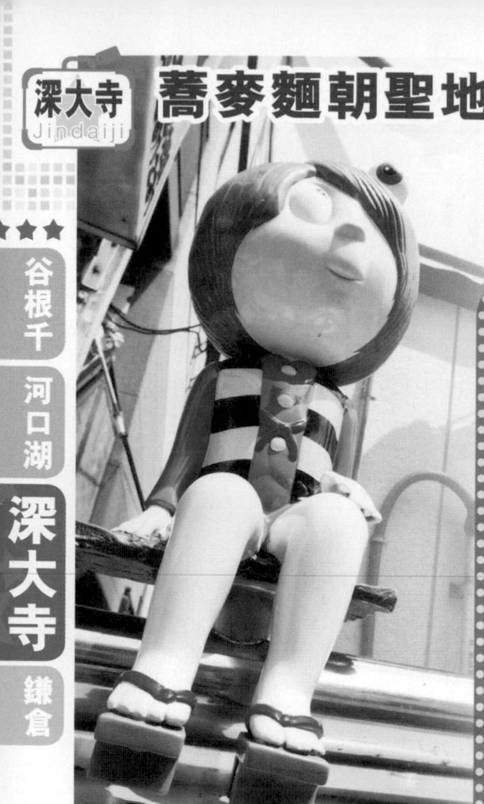

深大寺位於調布市，是繼淺草寺後東京第二大古剎。為向鬼太郎作者水木茂老師致敬，2003年選址在深大寺開設「鬼太郎茶屋」，令更多人認識這個地方。當地居民有句話：「武蔵野の水と緑と寺と蕎麦（水、樹木、寺廟和蕎麥麵就是調布市的特徵）」，由於寺廟多，自然就需要素食，因此蕎麥得以在此發揚光大，江戶時期開始便成為了蕎麥麵的「聖地」。

於調布駅北口巴士站，有前往深大寺的巴士，車費是¥210。

在新宿乘京王線準特急前往調布，車費為¥250，車程約17分鐘。乘準特急是最快到達調布的方法，其他只要能到達調布的班次也可以乘坐，惟耗時較多，所以出門前最好先查閱清楚班次。

京王電鐵網頁：www.keio.co.jp

在調布市會經常看到繪有鬼太郎角色人物的巴士，但這款巴士不到深大寺。

東京最大的玫瑰園 MAP18-1A C1

神代植物公園 01

京王電鐵京王線調布駅北口乘往深大寺巴士「調 34」，於「神代植物公園」下車

神代植物公園位於深大寺旁，佔地約為49萬平方公尺，全園共種有10萬棵樹木。園內按照植物的種類，分為玫瑰園、杜鵑園、梅園，和萩園等30個區域，所以一年四季都有花卉及植物園可觀賞。這裡設有東京最大的玫瑰園，每年春季與秋季都會舉行「玫瑰慶典」，非常熱鬧。

INFO

地址： 調布市深大寺元町 5-31-10
電話： 042-483-2300
營業時間： 9:30am-5:00pm，星期一休息
費用： 大人 ¥500、65 歲以上 ¥ 250、中學生 ¥200、小學生以下免費
網頁： https://www.tokyo-park.or.jp/jindai/

千年古剎 MAP 18-1B C1

深大寺 02

京王電鐵京王線調布駅北口乘往深大寺巴士「調 34」，於總站下車即見

相傳深大寺於天平5年，由滿功上人法相宗為了紀念父母而創建。當年滿功上人的父母因門不當戶不對，婚姻遭到女方家人反對，後因得深沙大王的幫助，有情人終成眷屬。滿功上人為替父母還願，先出家作僧侶，後創建寺院，並取深沙大王的「深大」作寺名。寺內供奉阿彌陀三尊像，正式名字是「浮岳山 昌樂院 深大寺」。

深大寺是滿功上人為紀念父母的愛情而建立，所以又稱為「緣結之寺」，寺方不時推出限定的緣結御守，很受女生歡迎。

深大寺每年3月3日及4日是日本三大達磨市之一，達磨是日本人的吉祥物，購買達磨後，可請僧侶為許願後的達磨開眼，在左眼球寫上「阿」之梵字，一年後願望成真，便回來再在右眼寫上「吽」之梵字，然後焚化便完成整個儀式。

地址： 東京都調布市深大寺元町 5-15-1
電話： 04-2486-5511
營業時間： 9:00am-5:00pm（辦公室）
網頁： www.jindaiji.or.jp

INFO

MAP 18-1B C2 蕎麥小吃

あめや 03

京王電鐵京王線調布駅北口乘往深大寺巴士「調 34」，於總站下車步行 3 分鐘

不想吃蕎麥麵的話，這裡也有蕎麥做的小吃，包括：そばぱん（蕎麥包）、そば大福、そばゆべし（柚子蕎麥餅）等等。除了蕎麥小吃之外，還有其他小吃和手工藝品發售。其實蕎麥並非高級食物，由於比較粗生，而且植株又耐寒，故曾經成為災難中的重要食糧。不過製作過程中，因為沒有小麥那種黏性，所以在搓麵時更花工夫。

蕎麥饅頭，一個只賣￥300。

推薦そばぱん（蕎麥包），有六款餡料，包括つぶ（紅豆）、白あん（白豆）、くり（栗子）、カボチャ（南瓜）、うぐいす（豌豆）、たかな油いため（炒高菜餡）。

地址： 東京都調布市深大寺元町 5-15-10
電話： 04-2485-2768
營業時間： 10:00am-15:00pm，星期六日及假日至約 4:00pm，星期一休息（逢公眾假期及祭典日則改為翌日）
網頁： https://chofu.com/ameya/

INFO

「ゲゲゲの鬼太郎」
鬼太郎茶屋

04

京王電鐵京王線調布駅北口乘往深大寺巴士「調 34」，於總站下車即見

★★★

2003年調布市邀請水木茂老師開設鬼太郎茶屋，選址在他妻子所寫的自傳改編電視劇《ゲゲゲの女房》中，在深大寺取景的地方。這裡原是一間有40年歷史的舊木屋，位於千年古剎前，配合鬼太郎陰森的氛圍。茶屋共兩層，二樓是個小型展館，展品會不定期作更換。地下乃是喫茶的地方「妖怪喫茶」和手信店「ゲゲゲの森」。

二樓是小型展館，當然少不了水木茂老師的珍貴手稿。在地下入口處有簽名簿和入場費收集箱，可簽名留念，也請大家自動自覺投入￥100，用作維持展館的經費。

二樓提供休憩的地方，大家可以在這裡休息。天晴時，店員會把窗戶打開，從這裡能看到深大寺的景色。

茶屋當天若營業，他們便會打開門監視客人。如果門關上，便代表茶屋那天休息。

茶屋的專用車

在後園的位置，即專用車的後面，營造日本墓園的氣氛。

展館有很多水木老師作品的相關資料，值得大家細心閱覽。

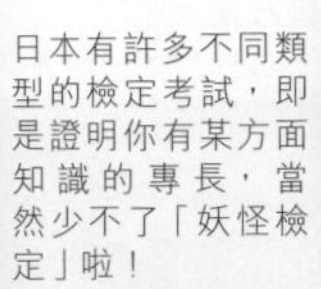

日本有許多不同類型的檢定考試，即是證明你有某方面知識的專長，當然少不了「妖怪檢定」啦！

這裡是茶屋，當然可以在這裡喫茶啦！

還有一系列不同造型的食物，有些食材更是從鳥取運過來。

這是目玉爸爸套餐，其實是紅豆沙湯丸，再加一件目玉糯米糍（中），¥600。最右手邊的小碗盛載的是鹹味昆布，吃完甜品後才吃，可以中和甜味。

地址： 東京都調布市深大寺元町 5-12-8　**電話：** 04-2482-4059
營業時間： 10:00am-5:00pm（Last Order4:30pm），星期一休息（逢公眾假期及祭典日則改為翌日休息）
網頁： http://kitaro-chaya.jp/
★INFO

為甚麼叫「ゲゲゲの鬼太郎」？

水木茂老師（水木しげる）在小時候曾被冠上「げげ」（ゲゲ，音為：GeGe）的綽號。2010年，「ゲゲゲの」更獲入選「新語 • 流行語大賞」。得獎原因是因為水木老師的妻子武良布枝女士，寫了自傳《ゲゲゲの女房》（中文：怪怪怪的妻子），後被NHK電視台改編成電視劇播放，收視很高，「ゲゲゲの」因此得名。

目玉爸爸的產品非常受歡迎，很多產品都只能在此和境港市才發售。

這裡有很多獨家精品，除了精品，還有境港的土產。

深大寺 Jindaiji

蕎麥老店元祖 嶋田家 05

MAP18-1B C2

京王電鐵京王線調布駅北口乘往深大寺巴士「調 34」，於總站下車步行 5 分鐘

嶋田家於文久年間創業(1860-1863年)，最初由屋台店起家，賣自家製的蕎麥麵。由於現時深大寺已無麥田，這裡的蕎麥來自青森七戶。東北盛產蕎麥，加上店家堅持以傳統的石臼研磨後，再用深大寺附近的「湧水」清洗及冷卻，提升麵的清香。這裡還有較少見的蕎麥麵糰，將蕎麥打成像饅頭一樣，吃的時候逐塊掰開再蘸醬汁吃，是另一種吃蕎麥的方法。

地址： 東京都調布市深大寺元町 5-12-10
電話： 04-2482-3578
營業時間： 10:00am-5:00pm，星期一休息
網頁： http://chofu.com/shimadaya

INFO

06 人氣蕎麥老店 八起

MAP18-1B C2

調布駅北口乘往深大寺巴士「調 34」，於總站下車步行 5 分鐘

深大寺有多間蕎麥麵老店，但要數到人氣店，非有60年歷史的八起莫屬，這裡更是木村拓哉主演的人氣電視劇《Mr Brain》的取景場地。八起堅持使用江戶時代的打麵方法，每天賣完即止。除了蕎麥麵，還有多款傳統小吃，店前擺著幾張日式餐桌椅，客人買了小吃後可坐在一旁慢慢享用，店家還供應免費茶水，是一個小休的好地方。

蕎麥麵冷吃最好，圖為ざるそば￥900。此款蕎麥麵煮好後，會用冷水清洗，再放在竹笊上(蕎麥麵專用的器皿)。這是一種很傳統的吃法，放在湯裡的蕎麥麵是較近代的吃法。

店外還售賣小吃，這是人氣小吃蕎麥饅頭，用上自家製的紅豆餡，連日本電視台也有採訪，每個￥120。

另一款人氣小吃草饅頭，同樣都是紅豆餡，先蒸好再微煎，吃起來比較香口，每個￥200。

傳統蕎麥麵店會於客人用餐完畢後送上一壺蕎麥茶。這茶有兩種做法，一種是用本來煮蕎麥麵的水，另一種用蕎麥粉開的。蕎麥本身含有大量維他命B及水溶性蛋白質，連水喝下會吸收更多。而蕎麥茶可倒在剛才蘸麵的醬油一起喝。

地址： 東京都調布市深大寺元町 5-13-6 **電話：** 04-2482-0141
營業時間： 9:00am-5:00pm，星期二休息
網頁： http://chofu.com/yaoki

INFO

深大寺蕎麥麵的威水史

從前深大寺雖然有很清澈的溪流，但是土質卻不適合種水稻。因此，居民改為種植比較粗生的蕎麥。後來，寺廟用蕎麥麵來招待參拜的人，很多人吃過後都讚不絕口，之後更加人氣急升，吸引各地諸侯派使者前來購買蕎麥麵，連德川第三代將軍德川家光也曾經專程前來吃深大寺的蕎麥麵。

交通策略

- 新宿駅 → 小田急電鐵 · 浪漫特快 · 55分鐘 → 藤沢駅（轉車）→ 江之島電鐵線 · 34分鐘 → 鎌倉駅
- 藤沢駅 → 江之島電鐵線 · 11分鐘 → 江ノ島駅 → 6分鐘 → 鎌倉高校前駅 → 14分鐘 → 長谷駅 → 5分鐘 → 鎌倉駅
- JR東京駅 → JR · 横須賀線 · 59分鐘 → 鎌倉駅
- JR新宿駅 → JR · 湘南新宿線（横須賀線）· 58分鐘 → 鎌倉駅
- JR新宿駅 → JR · 湘南新宿線 · 46分鐘 → JR大船駅（轉車）→ JR · 横須賀線 · 7分鐘 → 鎌倉駅
- JR大船駅 → 湘南單軌電車 · 9分鐘 → 西鎌倉駅 → 5分鐘 → 湘南江の島駅
- 新宿駅 → 小田急電鐵 · 浪漫特快 · 65分鐘 → 片瀬江ノ島駅

本區名物及推介景點

鎌倉之交通

前往鎌倉

從東京前往鎌倉，最方便的方法就是從新宿乘小田急電鐵前往。小田急電鐵有普通急行線，或乘小田急浪漫特快。前者車費￥640，每小時約有兩至三班直達藤沢駅；而後者則是特急列車，除了車費本身的￥640外，還要付特急料金券￥750，車費共￥1,390。兩車全程所花的時間是一樣的，不過浪漫特快唯一的好處是有指定座位，相對較為舒適。

可以買到小田急周遊券的新宿旅客中心

究竟要在哪個站下車？

如果想先乘江之電，便要在藤沢駅下車，否則，可直接乘小田急到鎌倉駅。如果想直接乘車到鎌倉駅，除了在新宿乘小田急線之外，還可以在東京或品川駅，乘JR橫須賀線前往JR鎌倉駅。

小田急電鐵網頁：www.odakyu.jp

如果乘坐小田急浪漫特快，而手上就算買了小田急的周遊券，也要在月台上補買特急券。

小田急浪漫特快的特急券￥750

小田急浪漫特快列車

江之島—鎌倉周遊券

小田急線為了方便遊客，推出了「江之島—鎌倉周遊券」，遊客可在當天內搭乘新宿至藤澤駅的小田急普通列車來回各一次，自由乘搭小田急線（藤沢駅-片瀨江ノ島駅）、小田急線區間（出發車站-藤沢駅）及江之電全線，售價成人￥1,640，兒童（6~12歲）￥430，若乘小田急浪漫特快需另加特急料金券￥750。如果一天來回新宿與鎌倉，就算不前往江之島，也能抵回票價。

江之電 1 日車票

如果不是乘小田急線往鎌倉，也可選擇「江之電 1 日車票」，成人￥800，兒童￥400，可全日任搭江之電全線，另外在江之島展望燈塔、新江之島水族館、長谷寺以及其它住宿設施和餐飲店可享受特別優惠。

除了1 日票，江之電還推出了多項優惠套票，包括「鎌倉、江之島 Afternoon Pass」（交通+景點套票）、「江之島 1day passport」（景點套票），方便遊客作不同的安排。

網頁： https://www.enoden.co.jp/tc/tourism/ticket/noriorikun/

長谷
1.鎌倉大佛高德院 19-6
2.長谷寺觀音 19-7
3.鎌倉オルゴール堂 19-7
4.鎌倉いとこ 19-8
5.麻心 Magokoro 19-8
Map19-3B
8.江之電鎌倉高校前站 19-12
北
Google Map 下載
江之島電鐵
長谷駅
Map 19-3A
江之電路線圖
藤澤
JR東海道本線
石上
柳小路
鵠沼
湘南海岸公園
江之島
腰越
鎌倉高校前
七里濱
江之島電鐵
稻村崎
極樂寺
長谷
由比濱
和田塚
鎌倉
JR橫須賀線
本鵠沼駅
小田急江之島線
鵠沼
海岸駅
片瀬江ノ島駅
Map 19-3B

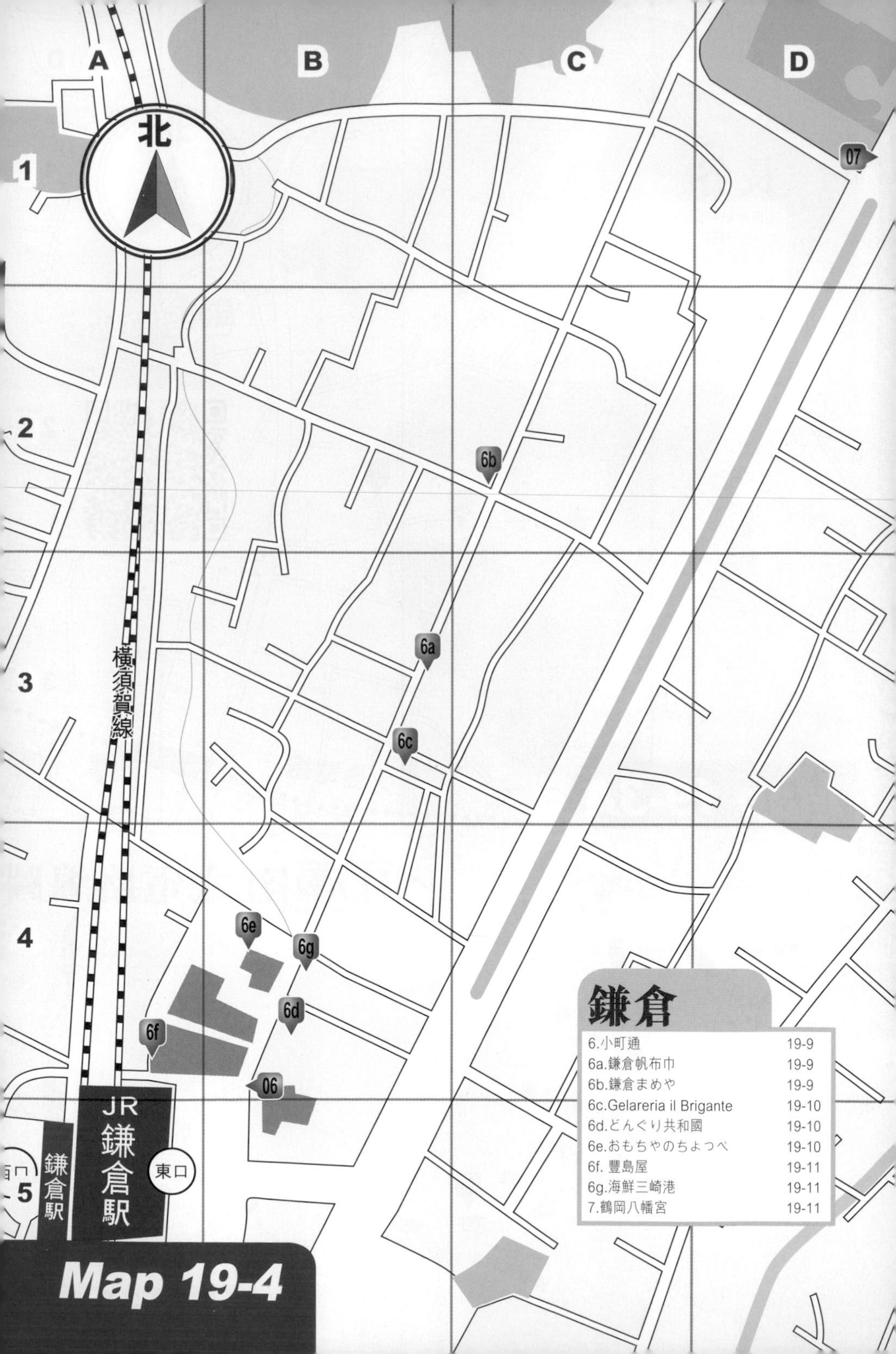
A
B
C
D
1
2
3
4
5
北
07
6b
6a
6c
6e
6g
6d
6f
06
橫須賀線
JR
鎌倉駅
東口
鎌倉駅
Map 19-4
鎌倉
6.小町通 19-9
6a.鎌倉帆布巾 19-9
6b.鎌倉まめや 19-9
6c.Gelareria il Brigante 19-10
6d.どんぐり共和國 19-10
6e.おもちゃのちょっぺ 19-10
6f. 豊島屋 19-11
6g.海鮮三崎港 19-11
7.鶴岡八幡宮 19-11

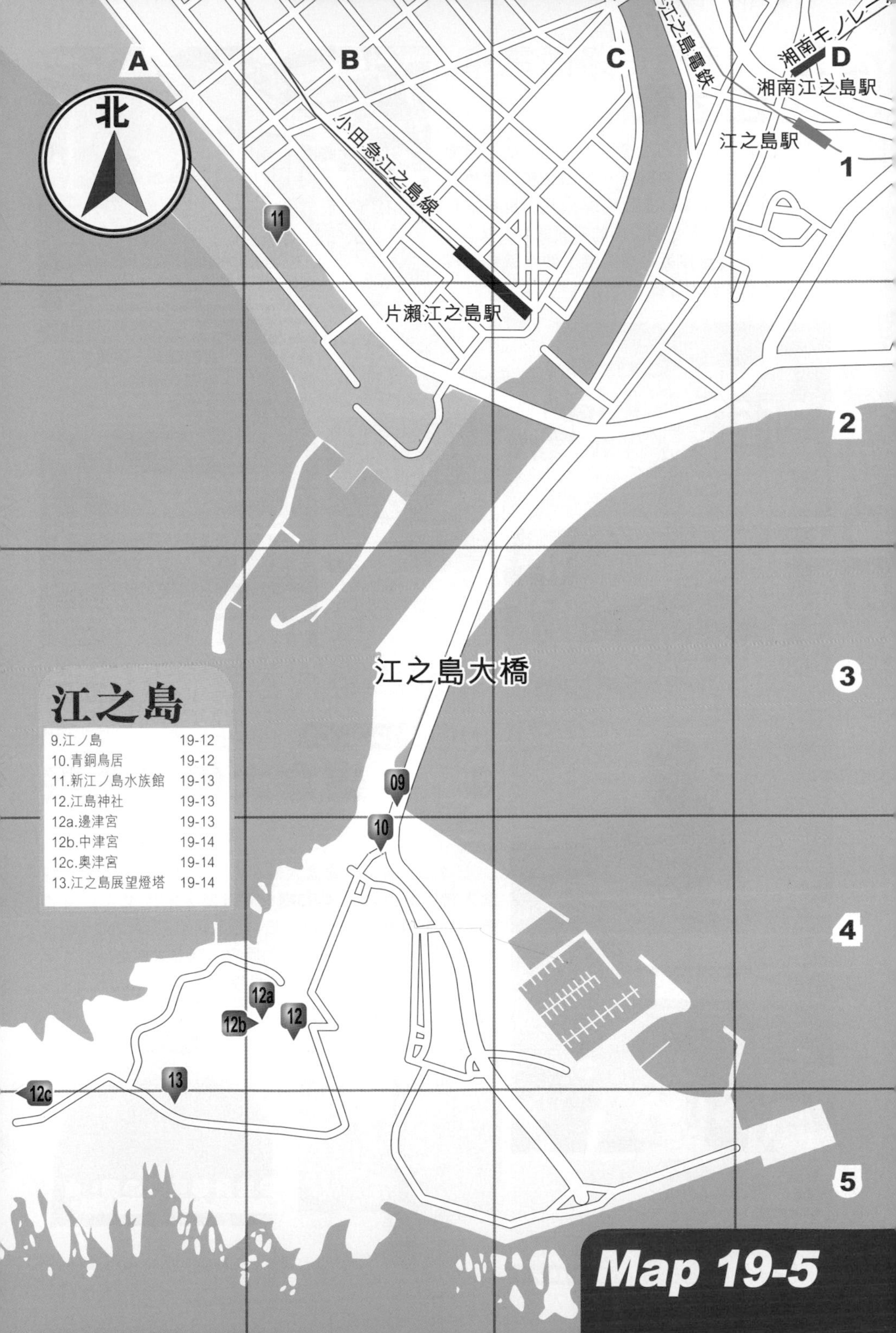

A
B
C
D
北
江之島電鉄
湘南モノレール
湘南江之島駅
江之島駅
小田急江之島線
1
11
片瀬江之島駅
2
江之島大橋
3
江之島
9.江ノ島 19-12
10.青銅鳥居 19-12
11.新江ノ島水族館 19-13
12.江島神社 19-13
12a.邊津宮 19-13
12b.中津宮 19-14
12c.奧津宮 19-14
13.江之島展望燈塔 19-14
09
10
4
12a
12b
12
13
12c
5
Map 19-5

百年歷史路面電車
江之電

江之電全名是「江之島電鐵線」，是一條連接鎌倉市與藤沢市的路線，於1902年已開始行走。它全長10公里，全程約34分鐘，是日本現存其中一條行走於民居之間的路面電車，以「和田塚駅」一段最接近民居，幾乎伸手就能觸摸到，是一個不錯的體驗。

江之電一日乘車券，單是來回藤沢跟鎌倉已差不多抵回成本，如果再到多一個車站便已賺了。

車站	景點
長谷駅	長谷觀音、鎌倉大佛
鎌倉駅	鶴岡八幡宮
江之島駅	江之島

從小田急線走到江之電線，約步行10分鐘，先要走過小田急百貨二樓，在自助售票機便可購得江之電一日乘車券。

在藤沢和鎌倉駅這兩個總站的路軌終端放有可愛的青蛙，代表「歡迎歸來」的意思。

江之電一共有15個車站。

道路上的風景，會不會令你聯想起某齣日劇？長谷寺駅是少有的雙軌車站，去參觀大佛時不妨留意一下。

費用： 採用區間收費，從藤沢駅前往鎌倉駅，車費為￥350
網頁： www.enoden.co.jp
INFO

MAP 19-3A C1

日本三大佛
01 鎌倉大佛高德院

乘江之電於長谷駅下車，步行 7 分鐘

日本三大佛像為鎌倉大佛、奈良大佛及飛鳥大佛，鎌倉大佛高13.35米，重93噸，屬於露天的阿彌陀佛青銅像。大佛的鑄造年份不詳，最早記載可追溯到1252年鎌倉時代，即是至少有七百多年的歷史。鎌倉大佛坐落於大異山，全名是大異山高德院清淨泉寺。

地址： 神奈川縣鎌倉市長谷 4-2-28
電話： 04-6722-0703
營業時間： 4 月至 9 月 8:00am-5:30pm，10 月至 3 月 8:00am-5:00pm
費用： 大人 ￥300，小學生或以下 ￥150
網頁： www.kotoku-in.jp
INFO

「大佛的草鞋」，長1.8米，寬0.9米，重45公斤，乃戰後1951年製作。

佛的內部可供參觀，由10:00AM-4:00，參觀費￥50。

千年觀音寺

長谷寺觀音

MAP 19-3A C1 02

乘江之電於長谷駅下車，步行 7 分鐘

長谷寺建於西元736年奈良時代，距今已有一千二百多年歷史。寺裡供奉著一尊9.18公尺的十一面觀世音菩薩，大家都稱其為「長谷觀音」，也是日本現存最大的木刻佛像。長谷寺跟鎌倉大佛的高德院一樣屬於淨土宗，正式名稱為「海光山慈照院長谷寺」，開山祖師為德道上人。兩者同樣值得參觀，遊客務必預留時間前往。

寺內有不同的觀音，需要祈求甚麼可找相應的觀音。

長谷寺的觀音御守。

觀音堂內供奉的十一面觀音像同時擁有地藏菩薩和觀音菩薩的力量。堂內不准拍照。

兒童樣貌的地藏菩薩像是用作供奉不幸夭折的嬰兒。

從觀音堂外可以俯瞰鎌倉的市景，也是看日落的名所。

地址： 神奈川縣鎌倉市長谷 3-11-22
電話： 04-6722-6300
營業時間： 4 月至 6 月 8:00am-5:00pm；其餘月份 8:00am-4:30pm
費用： 大人 ¥400，12 歲以下 ¥200
網頁： www.hasedera.jp

INFO

MAP 19-3A B2 03 不只小樽獨有

鎌倉オルゴール堂（鎌倉音樂堂）

乘江之電於長谷駅下車，步行 5 分鐘，可在遊覽長谷寺後順道前往

這裡有很多不同造型的音樂盒，非常可愛。

鎌倉音樂堂位於長谷寺的出口處，也是北海道小樽店的分店。店內有很多用鎌倉作主題的音樂盒，最受歡迎的是可DIY屬於自己的音樂盒。這裡還擺放了一座1860年在瑞士製造的古董音樂盒，加上超過一千款不同種類的音樂盒，活像一座音樂盒博物館。

地址： 神奈川縣鎌倉市長谷 3-10-33
電話： 04-6761-1885
營業時間： 9:00am-6:00pm
網頁： www.otaru-orgel.co.jp

INFO

谷根千 河口湖 深大寺 鎌倉

鎌倉甜品 MAP 19-3A C2

鎌倉いとこ 04

乘江之電於長谷駅下車，步行 3 分鐘

除了鴿子餅，鎌倉還有一種手信叫「きんつば」，中文即「金鍔燒」。雖然並不是獨有的點心，但鎌倉いとこ把它改良，成為了獨有的口味。金鍔燒主要用的是いとこ醬，而這個醬是採用南瓜或紅薯，再配合不同的豆類製成，非常香甜。本身「いとこ」一詞日語可解作「表兄弟姊妹」的意思，以這個來命名，也代表了親切之感。

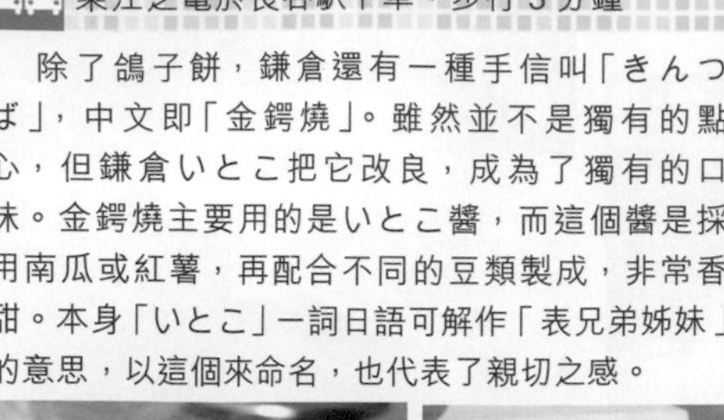

特別的櫻花味（左）和白朱古力味（右）。

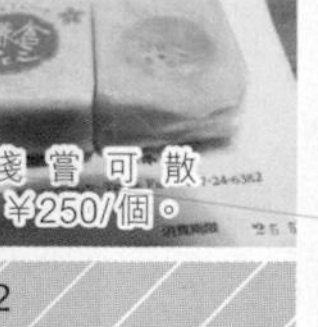

想淺嘗可散買，¥250/個。

除了菓子，這裡的布丁也不可錯過。

地址： 神奈川縣鎌倉市長谷 3-10-22
電話： 04-6724-6382
營業時間： 10:30am-5:30pm（賣完即止）
網頁： www.kamakura-itoko.com

★INFO

MAP 19-3A D3 海邊 Café

05 麻心 Magokoro

乘江之電於長谷駅下車，步行 5 分鐘

麻心的位置可以眺望一望無際的湘南海岸，因此客人都願意花時間排隊等位。「麻心」中的「麻」，是代表了可降血壓的亞麻籽。而「心」則是代表了「真心」，意即店主真心真意立定決心留在鎌倉為人們服務。店內選用有機食材，以蔬菜為主，配上鎌倉最新鮮的魚類，所以午餐的精選菜單每天不同，更甚者是每位客人都不同。

窗前的座位是值得等待的。

廚師精選午餐。

這裡有一個角落售賣一些關於麻的產品。

地址： 神奈川縣鎌倉市長谷 2-8-11
電話： 04-6738-7355
營業時間： 11:30am-8:00pm，星期六日至 9:00pm，星期一休息（如遇公眾假期照常營業）
網頁： www.facebook.com/magokorokamkura

★INFO

鎌倉最熱鬧街道 06
小町通

MAP19-4 B4

JR 鎌倉駅直達

小町通是從鎌倉駅前往鶴岡八幡宮的必經之路，兩旁各式商店鱗次櫛比，集合了鎌倉的新舊店舖。無論是舊式的玩具店、手信店、漬物店和懷舊咖啡廳，還是新型的意大利雪糕店、帆布袋店及雜貨店，這裡都一應俱全，所以每逢假日也是人山人海。

這裡老店雲集。

可在小町通買到鎌倉いとこ。

推薦商店

全由人手製造，鎌倉限定。

MAP19-4 B3 巧手製作

6a 鎌倉帆布巾

JR 鎌倉駅步行 6 分鐘

雖然鎌倉帆布巾屬後起新秀，不及京都一澤帆布歷史悠久，但布袋的手工質素相當高，很快便大受歡迎。鎌倉帆布採用100%天然材料，利用製造船帆相同的布料，加以改良，成為適合製造手袋的柔軟布料，耐用性不但沒有減弱，還可以染上不同顏色，款式多了更適合女性使用。

INFO
地址： 神奈川縣鎌倉市小町 2-8-4
電話： 04-6723 8982
營業時間： 9:30am-6:00pm，假日 9:30am-7:00pm
網頁： www.kamakurahanpukin.com

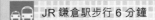

豆菓子專賣店
鎌倉まめや 6b

MAP19-4 B2

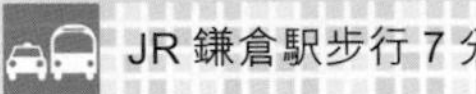

JR 鎌倉駅步行 7 分鐘

1954年創業的鎌倉まめや售賣的是日本零食豆菓子，外層有不同的味道，裡面則是一顆烘烤得香脆的豆。這店經常都逼滿人，因為店家提供試吃，讓客人找到適合自己的口味，款式超過七十種，每包￥210起，成為了鎌倉人氣的土產手信。豆的種類有很多，包括花生、大豆、蠶豆、納豆和各種堅果等。

地址： 神奈川縣鎌倉市雪之下 1-5-38
電話： 04-6723-9010
營業時間： 10:00am-6:00pm
網頁： www.mame-mame.com
INFO

店家努力研製新口味，圖為芝士味。

豆菓子色彩繽紛，紫藍色的是藍莓味。

無添加 Gelato

MAP 19-4 B3

Gelareria il Brigante 6c

JR 鎌倉駅步行 5 分鐘

Gelareria il Brigante 的老闆是意大利人，他在鎌倉賣的Gelato雪糕，堅持用天然材料，每款都是由他親手新鮮製造，而且口味獨特。Gelato不加任何牛奶，因為運用一個秘方，能夠使沒有加忌廉的雪糕一樣柔滑，減肥中的女士也可以吃很多。由於材料都是無添加，價格比其他Gelato稍貴，但依然每天大排長龍。

老闆說得一口流利日語，但英語卻屬「有限公司」，沒頭緒可請他推介口味。

INFO

地址： 神奈川縣鎌倉市小町 2-9-6 1F
電話： 04-6755-5085
營業時間： 11:30am-5:00pm，星期六及假日 11:30am-6:00pm（售完關門）

MAP 19-4 B4

宮崎駿粉絲必到

6d どんぐり共和國

JR 鎌倉駅步行 1 分鐘

どんぐり共和國在很多地方都有分店，而且地理位置相當好，全在受歡迎的景點附近。宮崎駿旗下的角色如龍貓、天空之城、風之谷、崖上的波兒等等都有，粉絲一定不會失望。鎌倉店面積也很大，共分兩層，產品相當齊全，小至嬰兒用品，大至園藝裝飾都有，走過小町通時不妨入內看看。

天空之城的守護兵花盤。

地址： 神奈川縣鎌倉市小町 1-5-6
電話： 04-6724-7705
營業時間： 10:00am-7:00pm
網頁： www.benelic.com

INFO

懷舊玩具店

MAP 19-4 B4

おもちゃのちょっぺ 6e

JR 鎌倉駅步行 3 分鐘

這間玩具店在小町通上總是會吸引路人停下來駐足觀看，因為裡面販賣許多懷舊的玩具，雖然店面不大，但藏量相當豐富。這裡還有一個特別之處，就是販賣江之電的產品，可說是在鎌倉中最齊的一間。此外還有很多鐵道的玩具精品，如果你是鐵道迷，或者能在此找到心頭好。

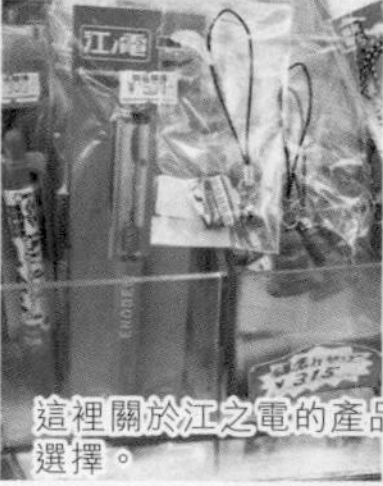

這裡關於江之電的產品有不少，是不錯的手信選擇。

地址： 神奈川縣鎌倉市小町 1-6-11
電話： 04-6722-3098
營業時間： 9:30am-5:00pm
網頁： http://choppe.net/index.html

INFO

鎌倉必買手信 6f

豐島屋 MAP 19-4 A4

（本店）JR 鎌倉駅步行 10 分鐘，鶴岡八幡宮前若宮大路上 /（鎌倉駅前店）JR 鎌倉駅步行 3 分鐘

豐島屋於明治27年（1894年）創立，大受歡迎的鴿子餅是一種呈鳥形的烤餅，用新鮮的牛油加砂糖製成，用鴿子狀的模子烤出來，是鎌倉不可不買的手信。

本店 INFO
地址： 神奈川縣鎌倉市小町 2-11-19
電話： 04-6725-0810
營業時間： 9:00am-7:00pm，星期三休息
網頁： www.hato.co.jp

鎌倉前店 INFO
地址： 神奈川縣鎌倉市小町 1-6-20
電話： 04-6725-0505
營業時間： 9:00am-7:00pm，星期二休息

八片裝 ¥972。
鎌倉駅前店。

MAP 19-4 B4 高質迴轉壽司 6g

海鮮三崎港

JR 鎌倉駅東口步行 1 分鐘

海鮮三崎港的壽司由 ¥120起，款式達廿二款之多，是眾多價錢中最多款式的。此外，鎌倉店也會推出其獨有的季節食材，到日本吃迴轉壽司絕對有保證。

三文魚壽司配上日本洋蔥味道更有層次。

價錢共分五種，¥120起，種類最多的是 ¥120。

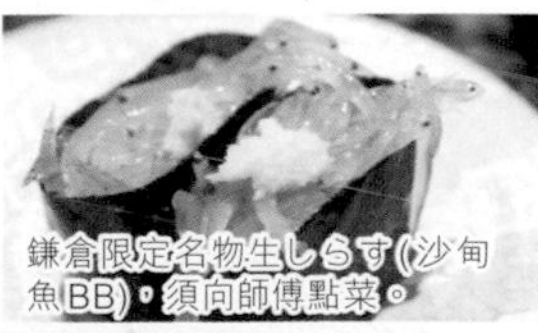
鎌倉限定名物生しらす(沙甸魚BB)，須向師傅點菜。

INFO
地址： 神奈川縣鎌倉市小町 1-7-1
電話： 04-6722-6228
營業時間： 11:00am-10:00pm
網頁： www.kyotaru.co.jp

800年歷史 MAP 19-4 D1

鶴岡八幡宮 07

乘江之電於鎌倉駅下車，步行10 分鐘，可先走小町通，再沿路旁的指示前往

鶴岡八幡宮為日本三大八幡宮之一。鎌倉幕府武將源賴義平定奧州返回鎌倉，為祀奉源氏的家神而於1180年建成。現時所看到的主殿，是1828年由江戶幕府十一代將軍德川家齊所修建。有不少日本人會到這裡舉行傳統婚禮，有緣的話可以看到神道教結婚儀式。

地址： 神奈川縣鎌倉市雪之下 2-1-31
電話： 04-6722-0315
營業時間： 24 小時
費用： 免費
網頁： www.hachimangu.or.jp
INFO

櫻花名所 若宮大路

若宮大路是鎌倉幕府首位將軍源賴朝為祈求妻子順產所建造，亦是古時主要道路，從海邊一直延伸到鶴岡八幡宮。大路兩旁種滿櫻花樹，為賞櫻名所。道路中央部分(段葛)以葛石鋪砌，是將軍參拜時的馬車道路，原本有三道鳥居，第一鳥居現已不見，只剩第二及三鳥居路段。

鎌倉 Kamakura

男兒當入樽

江之電鎌倉高校前駅

MAP 19-3B

08

江之電於鎌倉高校駅下車

來這裡的人，十居其九都是為了《男兒當入樽》，因為每次主角要出發參加全國大賽時，都是乘江之電出去，而這時，鎌倉高校前駅便會出現。這個無人車站跟下一站的七里 ケ浜駅都是沿著湘南海岸的，從車站能夠看到湘南海岸的景色，有時間可以在里 ケ浜駅下車，沿車路散步到鎌倉高校前駅，兩站很近，作為散步路線相當不錯。

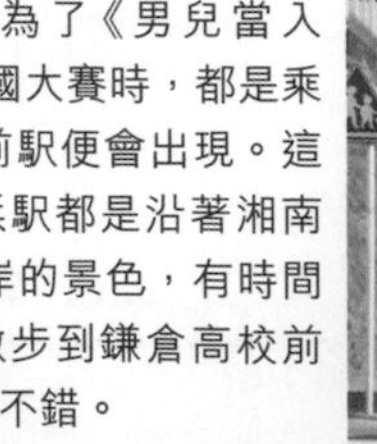

這裡是單線行車，上車前請留意列車的行駛方向。

站在月台上看海景，這裡也算是一個特色的車站。

大家都站在斜道上，等著列車經過，一般要兩三次才可拍到經典場面。

MAP 19-5 B3

09

值得遊半日

江之島

於藤沢駅乘小田急江之島線於片瀨江ノ島駅下車

江之島的面積不大，但島上的江島神社因供奉了女神弁財天而聞名全日本，從江戶時代開始已有不少人專程來這裡參拜。要遊覽江之島上的景點，大概也得花上3至4小時，最好早上便出發，到達山頂的展望塔便可以飽覽有「日本邁亞密」之稱的湘南海岸。如果想一併遊覽鎌倉的著名景點，便必須要花兩天一夜的時間了。

網頁： www.s-n-p.jp/enoshima INFO

罕見鳥居

青銅鳥居

MAP 19-5 B4

10

於藤沢駅乘小田急江之島線於片瀨江ノ島駅下車，步行 15 分鐘

看到鳥居便等於進入神的領域，當然要去江島神社一定會看到鳥居。在江之島入口不遠處，便有個罕見青銅鳥居（一般多為木造），最初興建是為了樹立弁財天信仰的精神象徵。現在我們看到的鳥居是1821年建成，已經有接近二百年的歷史，上面還清晰看到捐贈者的姓名。

地址： 神奈川縣藤沢市江之島 INFO

谷根千 河口湖 深大寺 鎌倉

可看富士山 MAP 19-5 B3

新江之島水族館 09

於藤沢駅乘小田急江之島線於片瀨江ノ島駅下車，步行 3 分鐘

© yoppy@flickr

© ajari@flickr

水族館主題是「相模灣與太平洋」，模擬了相模灣和太平洋的海洋生態，飼養了多種海洋生物。最特別的是館裡養的8,000條沙甸魚一到餵飼時間，全體便會在魚缸內追著魚糧游來游去，場面壯觀漂亮。

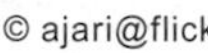
© ajari@flickr

表演舞台以富士山和左面的江之島為背景，景觀一流。

地址： 神奈川縣藤沢市片瀨海岸 2-19-1
電話： 04-6629-9960
營業時間： 9:00am-5:00pm（最後入場時間 4:00pm）
費用： 成人 ￥2,500、高中生 ￥1,700、小學生 ￥1,200、3 歲以上 ￥800
網頁： www.enosui.com

INFO

MAP 19-5 B4 島上神社

12 江島神社

於藤沢駅乘小田急江之島線於片瀨江ノ島駅下車，步行 20 分鐘

江島神社其實是江之島上三間神社的總稱，分別是邊津宮、中津宮和奧津宮，在西元522年日本天皇開始成為島中洞窟岩屋的祭神。這三座神社分別祭祀著神道教中的三姊妹神，包括海神、水神和代表幸福、增進技藝的神明。後來受佛教影響而供奉了弁財天女神。參拜時按著順序，會先到邊津宮、中津宮，最後才是奧津宮。

從青銅鳥居開始要一直往上爬，最好還是乘電梯上去。

五頭龍會實現人的願望，日本人相信把錢洗一洗便會帶來好運。

地址： 神奈川縣藤沢市片瀨海岸 2-3-8
電話： 04-6622-4020
營業時間： 24 小時
網頁： http://enoshimajinja.or.jp

INFO

江島神社本社 **邊津宮** 12a MAP 19-5 B4

江島三社中最先到達的會是邊津宮，也是江島神社的玄關口，供奉著女神田寸津比賣命。邊津宮最早於1206年建成，不過現在看到的是1976年重建後的樣貌。因為這裡是江島三社中的本社，所以很多宗教儀式都會在此舉行。而一旁的六角形建築，則供奉了財神弁財天女神。

從這裡可以俯瞰江之島的景色。

大家參拜時要通過綠色的圈圈，代表驅走了病氣和厄運。

美人與戀愛祈願
中津宮

朱紅色的中津宮，是第二個參拜的場所，供奉了市寸島比賣命，想要戀愛和美貌，可以在此參拜。中津宮於853年建成，歷史相當悠久，現在看到的是1996年復修後的樣貌。據説市寸島比賣命本身是三位女神中最漂亮的一位，因此順理成章成為戀愛和美麗之神，這裡還有「美人御守」，女士不妨買一個給自己。

最深處的神社 奧津宮

奧津宮位於岩屋附近，供奉了多紀理比賣命，即三女神中的大家姐，也是相模灣的守護神，因為她就是海神。這裡是昔日的「御旅所」，亦即是參與祭禮的神明轎子休息處。相比另外兩個神社，因為位於深處，所以較為寧靜，人流也較少。

飽覽相模灣
江之島展望燈塔

MAP 19-5 B4

13

於藤沢駅乘小田急江之島線於片瀨江ノ島駅下車，步行 25 分鐘

江之島展望燈塔位於江之島最頂的位置，攀上燈塔可馹在最高位置飽覽相模灣的景色。這裡也是江之島的地標，50年代以前一直都是跳傘訓練的跳台，直到1950年以後才轉為觀光用途。2003年，江之島展望燈塔重建成現在的模樣，每逢天氣好的時候，更可以眺望富士山和箱根等地，這裡也是欣賞夕陽落日的好地方。

電梯收費￥500，可以輕鬆遊江之島。

INFO

地址： 神奈川縣藤沢市片瀬海岸 2-3
電話： 04-6623-2444
營業時間： 9:00am-8:00pm（最後入場時間 7:30pm）
網頁： https://enoshima-seacandle.com
費用： 成人 ￥500、小童 ￥250

1) 簽證

香港特區護照及BNO持有人

由2004年4月1日開始，凡持有香港特區護照或英國（海外）公民護照(BNO)前往日本，均可享有免簽證入境、逗留當地90天的待遇。另於2005年3月25日起，凡持澳門特區護照者亦可享有免簽證入境、逗留當地90天的待遇。

其他旅遊證件持有人

若未持有香港/澳門特區護照或BNO之人士，欲前往日本旅遊、探親或公幹，需到日本簽證申請中心辦理簽證手續。辦理簽證申請約需兩個工作天。

日本簽證申請中心

地址：香港北角電氣道148號16樓3室
申請時間：周一至五8:30am-3:00pm
領證時間：周一至五8:30am-4:45pm
預約網址：https://www.vfsglobal.com/Japan/Hongkong/
簽證申請書下載：https://www.mofa.go.jp/mofaj/toko/visa/pdfs/application1_c2.pdf

2) 貨幣

流通貨幣為日圓YEN，¥100兑約HK$5.6（截至2023年5月）。港元可在日本兑換成日圓。關西機場兑換中心從6:00am開始營業，直至最後一班航班抵達。大阪的銀行由周一至周五9:00am-3:00pm營業，遊客亦可在郵局的辦公時間（9:00am-4:00pm）兑換日圓。雖然在大阪兑換兑換日圓甚方便，但編輯部建議讀者最好在香港先兑換，而且匯價較佳兼手續快捷。

提款卡海外提款

由2013年3月1日開始，所有信用卡/提款卡的海外自動櫃員機（ATM）每日提款限額（包括現金透支）及每日轉賬額將應**香港金管局要求被設定為港幣0元！**

旅客若打算在海外自動櫃員機進行提款，**應於出發前向有關發卡銀行進行啟動/激活**。

3) Visit Japan Web

網站：https://vjw-lp.digital.go.jp/zh-hant/

2022年11月14日起，入境日本的旅客必須使用Visit Japan Web預先登記才可以入境。旅客可以在電腦或手機上填寫個人及同行者（嬰幼兒或無法自行辦理入境手續之人士）資料，包括檢疫（針紙）及海關申報資料，便會獲得入境審查、檢疫及海關的QR碼，旅客可憑此入境及離開日本之用。

首次登記過程會較複雜，但坊間有不少視頻詳細教授整個過程，只要按指示便能順利完成。

另外由2023年5月8日開始，日本政府已撤銷入境時出示3劑疫苗接種證明或PCR檢測陰性證明，旅客未打針及檢測也可進入日本。

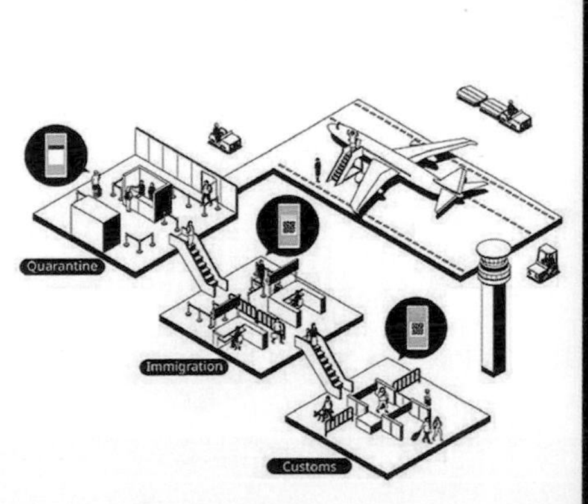

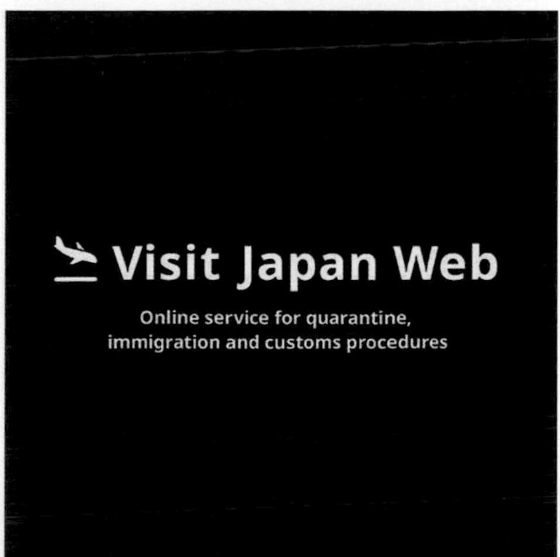

4）時差

時差方面，日本全國各地使用統一時間。時差比香港快1小時（＋1小時），如日本是8:30am，香港時間則為7:30am。請讀者緊記到埗後自行調校手錶、手機及手機的時間，以免稍後出現「瞓過龍」、「送車尾」，甚至「送飛機尾」等烏龍事。

5）氣象預測

出門前需留意當地的天氣。最快最直接的方面，就是上網查閱日本氣象廳的四日天氣預報！就連地震預警、海嘯預警都有齊！

東京天氣預報
www.jma.go.jp/

除了官方的氣象預報外，日本亦有一所民營的天文台，其準確程度不遜於日本氣象廳。

除了提供天氣預報外，用家更可以直接查閱主要大區的詳細天氣情況，細緻如早午晚時段的氣溫、降雨量、降雨機會率都有提供，最令人激賞的就是網頁更提供現場即時影像 LiveCam，天晴還是下大雨一目了然。

日本 Weathernews 網頁
http://weathernews.jp

櫻花花期預測

若你想得到當地最近的資料，可以到日本很有名的旅遊雜誌RuRuBu的網頁查看他們的報導。網頁內除了提供開花／紅葉的預測期、各地賞櫻／紅葉的熱門地方詳盡介紹外，更有讀者每週提供的現場照片，讓旅客可以做足心理準備，預算賞櫻／紅葉的最佳時間。

RuRuBu——櫻花最前線報導
http://www.rurubu.com/season/spring/sakura
RuRuBu——紅葉最前線報導
http://www.rurubu.com/season/autumn/koyo

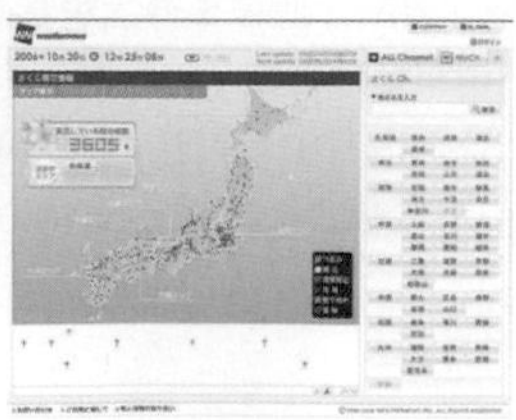

6）電壓及電話

日本的電壓是100V，頻率是50Hz。電插座是兩腳扁插頭。由香港帶來的電器，若是 110V-240V的插頭，當然沒問題，假如是220V便不能直接使用，需準備220V轉100V的變壓器。

日本的電話號碼由3部分組成，由香港致電東京，可撥81（日本國碼）-03（東京區都心區號）-個人電話號碼。例子如下：

香港至東京：81-3-213-1221　　"03"為東京都心區碼，但不用打"0"字
東京區內致電東京：213-1221
日本其他地區至東京：03-213-1221

7）4G日本無限數據卡

同Wi-Fi 蛋比較起來，數據卡最大好處是便宜、慳電，可以每人一張卡。Docomo 在日本的4G覆蓋度很高，但Softbank的覆蓋範圍也達到99%，在主要大城市兩者網絡訊號接收度，差別不大。中國聯通的8天4G無限數據卡，參考價只是HK$70，比其他品牌數據卡抵用，缺點是數據用量達4GB後有限速（不低於128kbps）。如果一定想用Docomo，可以考慮3HK日本4G 7日7GB無限數據卡，使用超過7GB會降速至256kbps，參考價為 HK$80。(資料截至2023年5月)

售賣地點：鴨寮街、各電訊公司

8）免費Wifi

日本流動網絡商SoftBank於2015年開始向遊客提供Wifi免費熱點服務。SoftBank的Wifi熱點主要分布在鐵路車站、高速公路休息處、便利店等地方。用戶必需利用非日本SIM卡，才可使用免費Wifi。每次登記後可連續使用2星期，最多可供5部裝置使用，到期後可重複登記一次。

登記方法：

1) 用手機撥打免費電話（英語：*8180 中文：*8181）
2) 取得Wifi密碼
3) 開啟手機Wifi，用戶名為「852」加「手機電話號碼」，輸入密碼後即可啟用。

https://www.softbank.jp/en/mobile/special/freewifi/zh-tw/

FREE Wi-Fi PASSPORT

11）有用電話

警局	110（日語）
	35010110（英語）
火警及救護	119
24小時求助熱線	0120-461-997
天氣預報	177
成田機場	0476-34-8000
羽田機場	03-5757-8111
中國駐日本大使館	03-3403-5633
香港入境事務處	852-1868
日本航空羽田機場辦事處	0570-025-031
港龍航空羽田機場辦事處	03-6746-1000

12）日本節日

1月1日	新年
1月的第2個星期一	成人節
2月11日	國慶節
2月23日	天皇誕生日
3月20日或21日	春分
4月29日	昭和日
5月3日	憲法紀念日
5月4日	綠之日
5月5日	兒童節
7月20日	大海之日
9月15日	敬老日
9月23日	秋分
10月第2個星期一	健康體育日
11月3日	文化節
11月23日	勞動感謝日

最新日本退稅

海外旅客在貼有「**免稅標誌**」的商店或百貨購物**滿￥5,000至￥50萬（未含稅）**，結帳時只要出示有效護照，即可享免8%消費稅優惠。退稅有兩種方式：

1. 店鋪結賬時，直接收取免稅價。
   （五大藥妝店均如此，由專屬免稅櫃檯辦理）
2. 店鋪先以含稅價格付款，之後顧客憑收據到退稅櫃檯領取現金。
   （百貨公司及Outlet的辦理方法，一般會收取1.1%手續費）

由2023年4月1日起，登記Visit Japan Web時，增設了「建立免稅QR碼」。到商店進行退稅時，只要出示「免稅QR碼」給店家掃瞄即完成登記，不用再出示護照，令退稅過程更快捷。此外，免稅手續已全面電子化，不再提供紙本收據，毋須在護照上釘夾免稅單，也不需要在離境時把單據交回海關櫃台。

雖然不用再把單據在出境時交給海關，但海關會在大家離境前設置櫃檯，要求每位旅客出示護照，馬上查閱所購的免稅品。記者於離境時給抽查，要求出示紀錄中的退稅商品，部份因為已托運無法出示，海關仍要求出示當時帶在身上的部份免稅品，並就已托運的退稅品進行問話（如：買了甚麼），只要如實回答即可。

※ 如購買的退稅品已在日本境內寄回所住的地方，請於郵寄時保留單據，離境時跟海關出示即可。

退稅退足13%？？

目前不少信用卡都與日本商戶有合作推出優惠，於指定商店或百貨公司用特定信用卡簽賬，即享額外5%-6% 折扣，優惠雖不算太多，但連同8%免稅就有13%折扣。由於店鋪眾多，未能盡錄，以下為銀聯卡之退稅優惠連結：

http://www.unionpayintl.com/cardholderServ/serviceCenter/merchant?language=en